金属材料热处理及加工应用

主　编　尹文艳
副主编　张　珺　张江娜

北京理工大学出版社
BEIJING INSTITUTE OF TECHNOLOGY PRESS

内 容 提 要

本书从高职和职业本科教学的实际出发，采用工作式手册的方式，结合省级精品课的内容，以提高高职和职业本科学生素养为依据，通过系统、科学地归纳整理，详细介绍了金属的基本性能、分类及应用。本书主要内容包括时光倒流，走进中国钢材简史；通晓性能，紧握材料脉搏；金属材料的心脏——铁碳合金相图；浴"火"自热成钢——钢的热处理工艺；铸造——金属材料成型工艺的领航者；实现金属的神奇变化，锻造过硬本领；焊接——融通心心相印之路七个教学模块。每个教学模块内容后都有相关任务，为学生加深理解和学用结合打下基础，也为教师教学提供了参考。

本书满足高职和职业本科教学的改革发展和教学要求，适用于高职和职业本科的各类教学和培训。

图书在版编目（CIP）数据

金属材料热处理及加工应用 / 尹文艳主编. －－北京：
北京理工大学出版社，2024.1
　　ISBN 978-7-5763-3949-9

Ⅰ. ①金… Ⅱ. ①尹… Ⅲ. ①金属材料-高等职业教育-教材 ②热处理-高等职业教育-教材 ③金属加工-高等职业教育-教材　Ⅳ. ①TG

中国国家版本馆 CIP 数据核字（2024）第 092317 号

责任编辑： 孟祥雪		**文案编辑：** 孙富国	
责任校对： 周瑞红		**责任印制：** 李志强	

出版发行 / 北京理工大学出版社有限责任公司
社　　址 / 北京市丰台区四合庄路 6 号
邮　　编 / 100070
电　　话 / (010) 68914026（教材售后服务热线）
　　　　　　 (010) 63726648（课件资源服务热线）
网　　址 / http://www.bitpress.com.cn

版 印 次 / 2024 年 1 月第 1 版第 1 次印刷
印　　刷 / 三河市天利华印刷装订有限公司
开　　本 / 787 mm×1092 mm　1/16
印　　张 / 17.5
字　　数 / 411 千字
定　　价 / 88.00 元

前　言

  本书从高职和职业本科教学的实际出发，采用工作式手册的方式，结合省级精品课的内容，以提高高职和职业本科学生素养为依据，通过系统、科学地归纳整理，详细介绍了金属的基本性能、分类及应用。本书主要内容包括七个模块，每个模块内容后都有相关任务，为学生加深理解打下基础，也为教师教学提供了参考。本书满足高职和职业本科教学的改革发展和教学要求，适用于高职和职业本科的各类教学和培训。

  "金属材料热处理及加工应用"是材料类、机械类专业的专业基础课，主要培养学生分析材料性能、掌握材料热处理工艺、能够区别不同工艺等方面的能力。教材采用活页式方式，利用实训设备和精品课线上资源将原有《金属工艺学》进行内容整合。课程团队设计了"活页理论教材+说明书式实训手册"的活页式教材，探索使用线上线下混合教学模式。活页式理论每部分包括模块引入、学习目标、模块分析、思维导图、任务描述、任务准备、任务计划、知识链接、任务实施、考核评分等。每部分设计使学生对该部分有一个宏观、全面，与实际联系紧密的认识，激发学生的学习兴趣，知识链接主要讲解该部分内容。特别指出，书中除加★为职业本科学生学习内容外，其余内容均适用于高职专科和职业本科学生学习。书中相关实训视频，可以加入学银在线中团队建设课程学习。

  本教材编写任务分工如下：尹文艳负责编写模块三至模块七，张珺负责编写模块一，张江娜负责编写模块二，张龙、秦勇、陈玉莲和李建莉负责模块五至模块七资料收集、整理。

  由于编者水平有限，加之时间仓促，书中不足之处在所难免，真诚欢迎读者批评、指正。

编　者

2024 年 6 月

目　　录

模块一　时光倒流，走进中国钢材简史 3

　　任务1　了解材料的发展史 5

　　任务2　熟知金属材料的分类 9

模块二　通晓性能，紧握材料脉搏 25

　　任务1　了解钢的静拉伸力学性能 27

　　任务2　掌握钢的硬度及冲击韧性测试方法 33

模块三　金属材料的心脏——铁碳合金相图 43

　　任务1　熟知铁碳合金相图的构成 45

　　任务2　掌握铁碳合金相图的组织变化规律 68

模块四　浴"火"百热成钢——钢的热处理工艺 97

　　任务1　熟知钢的热处理原理（加热） 99

　　任务2　熟知钢的热处理原理（保温） 105

　　任务3　熟知钢的热处理原理（冷却） 110

　　任务4　掌握钢的普通热处理方法（退火和正火） 118

　　任务5　掌握钢的普通热处理方法（淬火和回火） 125

模块五　铸造——金属材料成型工艺的领航者 139

　　任务1　熟知砂型铸造工艺 141

　　任务2　熟知特种铸造方法 145

模块六　实现金属的神奇变化，锻造过硬本领 161

　　任务1　熟知锻造方法 163

　　任务2　熟知锻造工艺 169

模块七　焊接——融通心心相印之路 183

　　任务1　认识焊接方法 185

　　任务2　熟知不同焊接方法的特点 190

课程导学

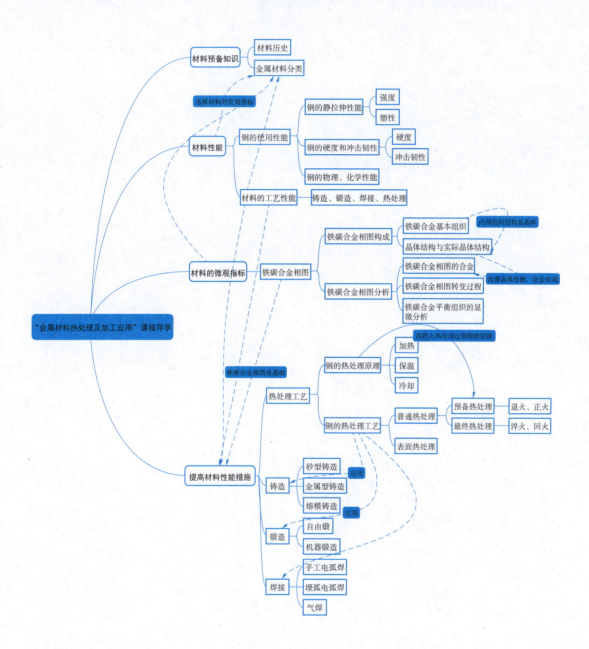

"金属材料热处理及加工应用"课程导学

- 材料预备知识
  - 材料历史
  - 金属材料分类
- 材料性能 —— 选择材料的宏观指标
  - 钢的使用性能
    - 钢的静拉伸性能
      - 强度
      - 塑性
    - 钢的硬度和冲击韧性
      - 硬度
      - 冲击韧性
    - 钢的物理、化学性能
  - 材料的工艺性能 —— 铸造、锻造、焊接、热处理
- 材料的微观指标 —— 铁碳合金相图是基础
  - 铁碳合金相图
    - 铁碳合金相图构成
      - 铁碳合金基本组织 —— 内部组织结构是晶体
      - 晶体结构与实际晶体结构
    - 铁碳合金相图分析
      - 铁碳合金相图的合金 —— 改善晶体性能，合金出现
      - 铁碳合金相图转变过程
      - 铁碳合金平衡组织的显微分析
- 提高材料性能措施
  - 热处理工艺
    - 钢的热处理原理 —— 四把火热处理过程围绕原理
      - 加热
      - 保温
      - 冷却
    - 钢的热处理工艺
      - 普通热处理
        - 预备热处理 —— 退火、正火
        - 最终热处理 —— 淬火、回火
      - 表面热处理
  - 铸造
    - 砂型铸造 —— 应用
    - 金属型铸造
    - 熔模铸造 —— 应用
  - 锻造
    - 自由锻
    - 机器锻造
  - 焊接
    - 手工电弧焊
    - 埋弧电弧焊
    - 气焊

模块一 时光倒流，走进中国钢材简史

模块引入

　　历史的星空，因有了众多的材料而更加辉煌灿烂。这其中有闻名世界的青铜器，也有如冰如玉的青瓷，有类雪似银的白瓷，也有田间铁制用具……阅读本部分内容，能让我们感受到它们的非凡用途，唤起我们对未来的憧憬与追求。

　　本单元属于教师引领、学生自学模式，在通览内容基础上，了解材料发展历史，掌握金属材料的分类，懂得金属材料在不同时期的地位。

学习目标

知识目标：

1. 了解材料发展史；
2. 掌握金属材料的分类方法。

技能目标：

1. 能够熟练描述金属材料发展史；
2. 能够准确分辨金属材料的牌号和类型。

素养目标：

1. 具备独立自主的学习能力；
2. 具备团队合作的能力；
3. 具备敬业精神，热爱劳动。

模块分析

模块内容	子任务	重点、难点
材料发展史及 金属材料的分类方法	了解材料的发展史	材料分类方法
	熟知金属材料的分类方法	
	★实训　火花鉴定实训 ★实训　断口检验实训	

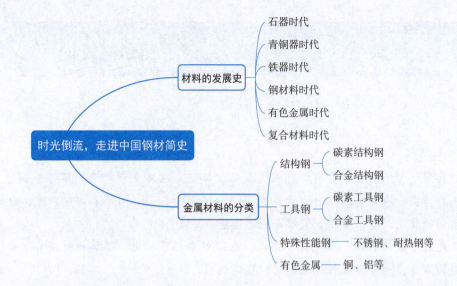

任务1 了解材料的发展史

材料发展史

任务描述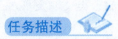

材料发展史是"金属材料热处理及加工应用"课程开始学习篇章。自从有了人类，材料就和人类不可分割，结下不解之缘。陶器、金属材料、冶炼青铜等，都是人类进步的标志。应用材料前要懂得材料发展史。请各位同学以组为单位，利用课程内容查阅并掌握材料发展史，并以不同方式在最终小组评价中展示出来。组长科学分工，小组成员共同协作，调动小组成员学习积极性、主动性。

任务准备

1. 请认真查阅资料，总结出材料发展史并选取材料进行故事演绎。

2. 摩拳擦掌（请完成以下问题，检测自己对材料发展史知识前期掌握情况）。

（1）如果你想制作一把宝剑，通过查阅资料，请描述你会用什么材料制作它。请画出剑的外形，以及标注所用材料。

（2）材料发展预示着人类文明发展，请你联系实际，和小组同学探讨，或者走访企业，追寻一种材料发展的脚步，并画出该种材料历史的思维导图。

任务计划

小组成员将收集到的信息进行汇总，并根据信息制定包括计划目标、工作步骤和组员分工等信息的多套可行性方案，编写以下计划单。（计划单设计示例如下）

姓名	计划分工	预计完成时间/天	任务目标和步骤	职务	计划内容展示
××	网络、书籍查阅	1	任务目标：查阅材料发展史和金属材料分类。具体步骤：任务划分—任务实施—任务总结	组长	以PPT演示等形式完成
××	走访企业	1		副组长	
××	精品课程资源查阅	1		组员	
××	汇总并制作	1		组员	

知识链接

材料发展史

1. 石器时代（几十万年至大约6 000年前）

在100万年以前，原始人以石头作为工具，称旧石器时代。1万年以前，人类对石器进行加工，使之成为器皿和精致的工具，从而人类进入新石器时代。新石器时代后期，我们的祖先学会了用黏土烧制陶器，并在 3 000 多年前的殷商时期发明了釉陶，到东汉时期又出现了瓷器，并流传海外。

2. 青铜器时代（公元前 5000 年至公元前 1000 多年）

青铜器时代是人类利用金属的第一个时代，是以使用青铜器为标志的人类文明发展的一个阶段。从此，虽然石器没有完全被淘汰，但石器时代已经被青铜时代所替代。

青铜是铜与锡或铅等形成的合金，熔点为 700~900 ℃，比纯铜的熔点（1 083 ℃）低。锡质量分数为 10% 的青铜，硬度是纯铜的 5 倍左右，性能优良。"三尺青锋"指的就是用青铜制造的宝剑——青锋剑。康有为曾用"千山风雨啸青锋"形容自己离京后仍大有可为，表明自己面对巨大压力时从容不迫、坚定不移的品格。

人类在寻找石器过程中认识了矿石，并在烧制陶器的生产中发明了冶铜术，开创了冶金技术。公元前 5000 年，人类进入青铜器时代。在 4 000 年前的夏朝，我们的祖先已经能够炼铜。到殷商时期，我国的青铜冶炼和铸造技术已经达到很高的水平，青铜已普遍用来制作工具与祭器。如商后母戊鼎是商王祖庚或祖甲为祭祀其母戊所铸，是商周时期青铜文化的代表作，四周刻有精美的花纹。商后母戊鼎是迄今世界上出土最大、最重的青铜礼器。

3. 铁器时代（公元前 1000 多年—20 世纪）

当人们在冶炼青铜的基础上逐渐掌握了冶炼铁的技术之后，人类历史便步入了铁器时代。铁器时代是人类发展史上一个极为重要的时代。铁器坚硬、韧性高、锋利，其性能远胜过石器和青铜器。铁器的广泛使用，使人类的工具制造技术进入一个全新的领域，生产力也因此得到极大的提高。春秋战国时代，旧制度、旧统治秩序被破坏，新制度、新统治秩序在确立，新的阶级力量在壮大，而隐藏在这一过程中并构成这一社会变革的根源则是以铁器为特征生产力的革命。生产力发展最终导致了各国的变革运动和封建制度的建立，也导致思想文化的繁荣。冶铜技术的发展为炼铁提供了必要条件，公元前 1200 年，人类开始使用铸铁，从而进入了铁器时代。我国是世界上最早进行生铁冶炼的国家，在春秋战国时期（公元前 770—前 221 年），我国人民便开始大量使用铁器，不仅有铁镰、铁铲、铁锹等农业工具，还有斧、锯、钻等木工用具。

4. 钢材料时代

含碳量在 0.021 8%~2.11% 的铁碳合金称为钢。与铁器相比，其冶炼温度更高，强度较高，用途更广。距今 1 800 年前出现了两步炼钢技术，即先炼成铁，再炼成钢，并一直沿用至今。但其工艺复杂，未能大面积推广。19 世纪上半叶，人类始终生活在"铁器时代"。

5. 有色金属时代

近代以来，人们除了发展钢铁材料以外，还进一步发展了金、银、铜、钛、铝、镁、钼等有色金属及其合金材料。

20 世纪上半叶，材料科学家利用合金化和时效强化，把 Al 合金的强度提高到 700 MPa，铝合金的比强度（强度/密度）是钢的比强度的 4 倍有余。这意味着达到同样强度，Al 合金的用量只有钢的 1/4，这就为 Al 合金作为一种结构材料带来极大优势，对于结构材料来说无疑是几千年来的一个飞跃。没有高比强度的 Al 合金做基础，就没有现代的航空航天成就。

6. 复合材料时代

20 世纪 40 年代，因航空工业的需要，发展了玻璃纤维增强塑料（又称玻璃钢），从此出现了复合材料这一名称。20 世纪 50 年代以后，陆续发展了碳纤维、石墨纤维和硼纤维等高强度和高模量纤维。20世纪70年代出现了芳纶纤维和碳化硅纤维。这些高强度、高模量纤维能与合成树脂、碳、石墨、陶瓷、橡胶等非金属基体或铝、镁、钛等金属基体复合，构成各具特色的复合材料。

（1）纤维增强复合材料，将各种纤维增强体置于基体材料内复合而成，如纤维增强塑料、纤维增强金属等。

（2）夹层复合材料，由性质不同的表面材料和芯材组合而成，通常面材强度高、薄；芯材质轻、强度低，但具有一定的刚度和厚度。其分为实心夹层和蜂窝夹层两种。

（3）细粒复合材料，将硬质细粒均匀分布于基体中，如弥散强化合金、金属陶瓷等。

（4）混杂复合材料，由两种或两种以上增强相材料混杂于一种基体相材料中构成。

 任务实施

小组成员根据课堂讲解，以及小组讨论，分析材料发展史。小组成员进行决策、实施，细化完成步骤，明确组员分工，确定完成时间，制定评价指标等充实方案的工作，进行任务实施，并且需要及时检查、不断调整计划，以确保方案目的的实现。小组成员需要根据自身知识储备和以往经验整体把握小组的完成进度，及时处理和记录相关内容。（决策表示例如下）

姓名	调整分工	完成时间/天	任务目标和步骤	教师指导意见	调整内容展示
××			任务目标：查阅资料，分析材料发展史以及确定以何种形式展开某种材料故事演绎。 具体步骤：任务划分—任务实施—任务总结		以 PPT、小品、视频、实物或者文字等方式完成
××					
××					
××					

 考核评分

小组完成本次主体工作任务后，按照原计划或课后实施决策进行组内自检和组间互检，查缺补漏。在所有小组完成本次任务后，全体学生和教师根据各小组的阶段性成果进行组内自评、组间互评和教师点评。各小组吸取经验，为下一次任务做准备。

考核构成	考核指标	考核标准	知识目标	能力目标	德育目标	占总分比
过程考核	学习态度	态度端正，学习主动，虚心请教，课前思考，上课认真，课后反思	10%	20%	70%	10%
	学习纪律	遵守纪律，不迟到、不早退，无缺课	0	0	100%	10%
	学习责任	工作认真，能为实践结果承担责任	10%	20%	70%	10%
	合作	能与小组成员保持良好合作关系，能采用合适方式表达不同意见，与他人合作顺利	25%	20%	55%	10%
成果考核	成果展示类型	能够运用现代化手段收集素材	50%	30%	20%	10%
	成果制作效果	内容准确、体例清晰、美观	10%	70%	20%	20%
	成果讲解效果	条理清晰、表达准确，时间控制合理	45%	50%	5%	10%
	试卷	实操考试	50%	30%	20%	20%

小组成果展示

（请将本模块展示结果文档粘贴于此）

任务2 熟知金属材料的分类

金属材料分类

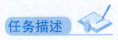 **任务描述**

金属材料如何分类以及怎样使用是"金属材料热处理及加工应用"课程开始学习篇章内容之一。如何使用金属材料？在掌握其性能之前，要懂得金属材料的分类，以及金属材料牌号区分。请各位同学以组为单位，利用课程内容查阅并掌握金属材料分类方法，以不同方式在最终小组评价中展示出来。组长科学分工，小组成员共同协作，调动小组成员学习积极性、主动性。

任务准备

1. 请认真查阅资料，总结出金属材料分类、材料牌号和用途。

2. 摩拳擦掌（请完成以下各题，检测自己对金属材料分类及材料牌号和用途知识前期掌握情况）。

（1）金属材料可分为（　　）两大类。

A. 重金属和轻金属

B. 黑色金属和有色金属

C. 硬质材料和软质材料

（2）材料发展史上，首次熔炼铁的是（　　）。

A. 中国人　　　　　　B. 美国人　　　　　　C. 埃及人

（3）材料作为描述人类文明发展的象征，正确的顺序是（　　）。

①石器时代　②青铜器时代　③铁器时代　④钢材料时代　⑤复合材料时代

A. ①②③④⑤　　　B. ②①③④⑤　　　C. ①③②④⑤　　　D. ①②③⑤④

（4）下列不是黑色金属的是（　　）。

A. 钢　　　　　　B. 铁　　　　　　C. 铁合金　　　　　　D. 铝合金

（5）具有形状记忆功能的是（　　）。

A. 钛镍合金　　　　　B. 钛铌合金　　　　　C. 钛铁合金

 任务计划

小组成员将收集到的信息进行汇总，并根据信息制定包括计划目标、工作步骤和组员分工等信息的多套可行性方案，编写以下计划单。（计划单设计示例如下）

姓名	计划分工	预计完成时间/天	任务目标和步骤	职务	计划内容展示
××	网络、书籍查阅	1	任务目标：查阅材料发展史和金属材料分类。 具体步骤：任务划分—任务实施—任务总结	组长	以PPT演示等形式完成
××	走访企业	1		副组长	
××	精品课程资源查阅	1		组员	
××	汇总并制作	1		组员	

1. 金属材料的分类

金属材料的分类如表1-1所示。

表1-1　金属材料的分类

名称	定义	用途
黑色金属材料	钢铁材料	各种用途的结构钢、不锈钢、耐热钢、精密合金等
有色金属材料	除铁、铬、锰以外的所有金属及其合金材料	轻金属、重金属、贵金属、半金属、稀有金属和稀土金属等
特种金属材料	不同用途的结构金属材料和功能金属材料	通过快速冷凝工艺获得的非晶态金属材料，以及准晶、微晶、纳米晶金属材料等；还有隐身、抗氢、超导、形状记忆、耐磨、减振阻尼等特殊功能合金以及金属基复合材料等

2. 黑色金属

1）钢

钢的分类如表1-2所示。

表1-2　钢的分类

分类方式	分类依据	分类名称	具体分类及应用
按化学成分分类	化学成分不同	碳素钢	低碳钢（$w_C < 0.25\%$）、中碳钢（$w_C = 0.25\% \sim 0.60\%$）和高碳钢（$w_C > 0.60\%$）
		合金钢	按钢中合金元素总含量可分为低合金钢（$w_{Me} < 5\%$）、中合金钢（$w_{Me} = 5\% \sim 10\%$）和高合金钢（$w_{Me} > 10\%$）
按冶金质量分类	钢中所含有害杂质（S、P）比重	普通钢	硫的质量分数 $w_S \leq 0.04\% \sim 0.050\%$，磷的质量分数 $w_P \leq 0.04\% \sim 0.045\%$
		优质钢	$w_S \leq 0.035\% \sim 0.04\%$，$w_P \leq 0.035\% \sim 0.04\%$
		高级优质钢	$w_S \leq 0.030\% \sim 0.035\%$，$w_P \leq 0.030\% \sim 0.035\%$
按用途分类	用途	结构钢	工程结构钢：碳素结构钢、低合金结构钢
			机器零部件钢：渗碳钢、调质钢、弹簧钢、滚动轴承钢等
		工具钢	碳素工具钢：剃刀、刮刀、刻字工具等
			合金工具钢：板牙、丝锥、冲模等
			高速工具钢：高性能刃具材料
		特殊性能钢	不锈钢、耐热钢、耐磨钢等

2）钢材料的牌号表示方法

钢牌号的表示方法如表1-3所示。

表 1-3　钢牌号的表示方法

钢的名称	钢牌号的表示方法	举例
碳素结构钢	屈服点的字母 Q、屈服点数值、质量等级符号（A、B、C、D、E）及脱氧方法符号（F、b、Z、TZ）等 4 个部分按顺序组成； 质量等级符号说明钢中硫、磷杂质含量比重（D 级杂质最少），脱氧方法符号 F、b、Z、TZ 分别表示沸腾钢、半镇静钢、镇静钢、特殊镇静钢	Q235-AF 表示屈服点不低于 235 MPa 的 A 级沸腾钢
优质碳素结构钢	两位数字表示，数字表示钢中平均碳质量分数的万分数	45 钢，表示 $w_C \approx 0.45\%$
合金结构钢	其牌号是按照合金钢中的含碳量+所含合金元素的种类+含量来编制的。 1. 牌号前两位数字表示钢中平均碳质量分数的万分数； 2. 中间为所含合金元素的种类，用元素符号表示；元素符号后的数字表示合金元素的近似含量，不含数字的，说明合金元素的质量分数低于 1.5%	40Cr，表示 $w_C \approx 0.4\%$，$w_{Cr} < 1.5\%$
合金结构钢	滚动轴承钢"G"为标志+Cr+Cr 后面的数字（表示钢中平均铬质量分数的千分数）	GCr15，表示 $w_{Cr} \approx 1.5\%$
合金结构钢	易切削钢，数字表示钢中平均碳质量分数的万分数	Y30，$w_C \approx 0.3\%$
碳素工具钢	"T"+数字表示钢中平均碳质量分数的千分数	T8 钢，表示 $w_C \approx 0.8\%$
合金工具钢	平均 $w_C < 1.0\%$ 时，牌号前的一位数字表示钢中平均碳质量分数的千分数，合金元素及其含量的表示方法与合金结构钢的表示方法相同	9Mn2V，$w_C \approx 0.9\%$、$w_{Mn} \approx 2\%$，$w_V < 1.5\%$
合金工具钢	平均 $w_C \geqslant 1.0\%$ 时，牌号中元素符号前不标数字（高速钢牌号中也不标含碳量）	CrWMn，$w_C \geqslant 1.0\%$，$w_{Cr} w_W w_{Mn} < 1.5\%$
特殊性能钢	平均 $w_C \leqslant 0.03\%$ 时，在牌号前加"00"表示含碳量极低（其他元素表示与合金工具钢相同）	00Cr18Ni10，$w_C \leqslant 0.03\%$
特殊性能钢	$w_C \leqslant 0.08\%$ 时，则在牌号前加"0"表示含碳量极低（其他元素表示与合金工具钢相同）	0Cr19Ni9，$w_C \leqslant 0.08\%$

3）铸铁

铸铁的分类如表 1-4 所示。

表 1-4　铸铁的分类

分类方式	分类名称	应用
按断口颜色分类	灰口铸铁	抗压强度与钢相当，具有良好的铸造性能、减振性能、耐磨性能和切削加工性能，以及低的缺口敏感性，可用来生产一些强度要求不高、主要承受压力的箱体或底座
按断口颜色分类	白口铸铁	不含石墨的铸铁，其几乎全部的碳都与铁形成渗碳体，具有很高的硬度和脆性，不能承受冷加工，也不能承受热加工，只能直接用于铸造状态，是一种良好的耐磨材料，一般用在犁、磨片和泵设备等方面
按断口颜色分类	麻口铸铁	介于白口铸铁和灰铸铁之间的一种铸铁，其断口呈灰白相间的麻点状。由于麻口铸铁性能不好，故应用较少

分类方式	分类名称	应用
灰口铸铁按生产方法和组织性能分类	灰铸铁	具有一定的强度、硬度，良好的减振性和耐磨性，高导热性，好的抗热疲劳能力； HT150 表示最小抗拉强度为 150 MPa
	可锻铸铁	一般是由白口铸铁经退火而成，只是比灰铸铁具有更高的韧性，用于制造形状复杂且承受振动载荷的薄壁小型件，如汽车和拖拉机的前后轮壳、低压阀门、管接头等。 KTH300-06 表示最小抗拉强度为 300 MPa，断后伸长率最小为 6% 的黑心可锻铸铁； KTZ300-06 表示最小抗拉强度为 300 MPa，断后伸长率最小为 6% 的珠光体可锻铸铁
	球墨铸铁	除塑性、韧性稍低外，其他性能均良好，是兼有钢和铸铁优点的优良材料； QT400-18 表示最小抗拉强度为 400 MPa，断后伸长率最小为 18%
按碳在铸铁中存在的状态分类	碳不以石墨形式存在	白口铸铁
	碳以石墨形式存在	灰铸铁中石墨以片状形式存在；可锻铸铁中石墨以团絮状形式存在；球墨铸铁中石墨以圆球形式存在；蠕墨铸铁中石墨以蠕虫状存在

3. 有色金属材料

1）铜

铜的分类如表 1-5 所示。

表 1-5　铜的分类

铜的分类	铜的组成	主要用途
紫铜	纯铜	主要品种有无氧铜、紫铜、磷脱氧铜、银铜
黄铜	铜与锌的合金 H68，表示铜含量为 68%	用于制造精密仪器、船舶的零件、枪炮的弹壳等。黄铜敲起来声音好听，因此锣、钹、铃、号等乐器都是用黄铜制作的
青铜	铜与锡的合金 QSn4-3，4 表示锡的含量，3 表示其他元素的含量	青铜一般具有较好的耐腐蚀性、耐磨性、铸造性和优良的机械性能
白铜	铜与镍的合金	常用于制造硬币、电器、仪表和装饰品

2）铝

铝及铝合金的分类如表 1-6 所示。

表 1-6　铝及铝合金的分类

铝的分类	铝及铝合金命名	牌号举例	应用
纯铝	纯铝	1×××	最后两位数表示最低铝含量的百分点，1050 系列表示铝含量为 99.5%	强度低，用来做装饰品

铝的分类	铝及铝合金命名		牌号举例	应用
铝合金	形变铝合金	防锈铝（LF）5A×× 3A××	LF、LY、LC 和 LD 后跟数字，数字表示序号	塑性和焊接性好，适用于受力小、质量轻、耐蚀的制品，如管道、制冷装置等
		硬铝（LY）2A××		耐蚀性差，常利用固溶和时效处理后获得足够的塑性，用来制造形状复杂、载荷较低的结构零件
		超硬铝（LC）7A××		固溶处理后比硬度强度高，适用于制造飞机机翼
		锻铝（LD）6A×× 2A××		热塑性及耐蚀性好，适用于航空及仪表工业中形状复杂、比强度要求较高的锻件
	铸造铝合金	铝硅系（Al-Si）	牌号：ZAl+合金元素符号+数字	适用于铸造形状复杂、受力很小的零件，如汽车发动机
		铝铜系（Al-Cu）	代号：ZL×××，1 为铝硅系合金，2 为铝铜系合金，3 为铝镁系合金，4 为铝锌系合金。第二、三位表示合金顺序号。ZL102 表示 2 号铝硅系合金	适用于形状简单的零件，温度在 300 ℃以下，如内燃机气缸盖
		铝镁系（Al-Mg）		适用于铸造不复杂但耐蚀度高的零件，如飞机零件
		铝锌系（Al-Zn）		适用于温度不超过 200 ℃，结构形状复杂的汽车、飞机零件等

任务实施

小组成员根据课堂讲解，以及小组讨论，分析金属材料分类及材料牌号和用途。小组成员进行决策、实施，细化完成步骤，明确组员分工，确定完成时间，制定评价指标等充实方案的工作，进行任务实施，并且需要及时检查、不断调整计划，以确保方案目的的实现。小组成员需要根据自身知识储备和以往经验整体把握小组的完成进度，及时处理和记录相关内容。（决策表示例如下）

姓名	调整分工	完成时间/天	任务目标和步骤	教师指导意见	调整内容展示
××			任务目标：查阅资料，分析金属材料分类及材料牌号和用途，并组织规划不同材料展示图片方式。具体步骤：任务划分—任务实施—任务总结		以 PPT、小品、视频、实物或者文字等形式展示
××					
××					
××					

考核评分

小组完成本次主体工作任务后，按照原计划或课后实施决策进行组内自检和组间互检，查缺补漏。在所有小组完成本次任务后，全体学生和教师根据各小组的阶段性成果进行组内自评、组间互评和教师点评。各小组吸取经验，为下一次任务做准备。

考核构成	考核指标	考核标准	知识目标	能力目标	德育目标	占总分比
过程考核	学习态度	态度端正，学习主动，虚心请教，课前思考，上课认真、课后反思	10%	20%	70%	10%
	学习纪律	遵守纪律，不迟到、不早退，无缺课	0	0	100%	10%
	学习责任	工作认真，能为实践结果承担责任	10%	20%	70%	10%
	合作	能与小组成员保持良好合作关系，能采用合适的方式表达不同意见，与他人合作顺利	25%	20%	55%	10%
成果考核	成果展示类型	能够运用现代化手段收集素材	50%	30%	20%	10%
	成果制作效果	内容准确，体例清晰、美观	10%	70%	20%	20%
	成果讲解效果	条理清晰、表达准确，时间控制合理	45%	50%	5%	10%
	试卷	实操考试	50%	30%	20%	20%

小组成果展示

（请将本模块展示结果文档粘贴于此）

拓展内容

1. 碳素钢

碳素钢简称为碳钢。碳钢分为普通碳素结构钢、优质碳素结构钢和碳素工具钢。

1）普通碳素结构钢

按 GB/T 700—1998 规定，普通碳素结构钢按屈服强度等级分为 5 级，即 Q195、Q215、Q235、Q255、Q275。其中，Q195、Q275 未分等级；Q215、Q255 只有 A、B 两个等级；Q235 分 A、B、C、D 四个等级。等级主要以有害元素硫、磷的质量分数来划分。

普通碳素结构钢大部分以热轧成品供货，少数以冷轧薄板、冷拔管和丝供货。使用时通常不再进行热处理。

2）优质碳素结构钢

优质碳素结构钢（w_S，$w_P \leqslant 0.035\%$）主要用于制造各种比较重要的机器零件和弹簧。优质碳素结构钢的牌号、成分和力学性能见表 1-7。

表 1-7　常用优质碳素结构钢的牌号、成分和力学性能（GB/T 699—1999）

牌号	$w_C/\%$	$w_{Mn}/\%$	正火态力学性能（试样，纵向）				钢材交货状态硬度/HBS	
			σ_b/MPa	σ_s/MPa	$\delta_5/\%$	$\psi/\%$	不大于	
			不小于				未热处理	退火钢
08F	0.05~0.11	0.25~0.50	295	175	35	60	131	—
08	0.05~0.12		325	195	33	60	131	—
10	0.07~0.14	0.35~0.65	335	205	31	55	137	—
20	0.17~0.24		410	245	25	55	156	—
25	0.22~0.30		450	275	23	50	170	—
40	0.37~0.45		570	335	19	45	217	187
45	0.42~0.50	0.55~0.80	600	355	16	40	229	197
50	0.47~0.55		630	375	14	40	241	207
60	0.57~0.65		675	400	12	35	255	229
70	0.67~0.75		715	420	9	30	269	229
15Mn	0.12~0.19	0.70~1.00	410	245	26	55	163	—
60Mn	0.57~0.65		695	410	11	35	269	229
65Mn	0.62~0.70	0.90~1.20	735	430	9	30	285	229
70Mn	0.67~0.75		785	450	8	30	285	229

优质碳素结构钢的力学性能主要取决于碳的质量分数及热处理状态。从选材角度来看，碳的质量分数越低，其强度、硬度越低，塑性、韧性越高，反之亦然。锰的质量分数较高的钢，强度、硬度也较高。Mn 较高的优质碳素结构钢，其性能和用途与相同 C 而 Mn 较低的钢基本相同，但其淬透性稍好，可用于制造截面尺寸稍大或对强度要求稍高的零件。

08~25钢属低碳钢，组织为铁素体和少量珠光体，具有良好的塑性和韧性，强度、硬度较低，其压力加工性能和焊接性能优良，主要用于制造冲压件、焊接件和对强度要求不高的机器零件；当对零件的表面硬度和耐磨性要求较高且有高韧性要求时，可经渗碳、淬火加低温回火处理（渗碳钢），用于要求表层硬度高、耐磨性好的零件（如轴、轴套、链轮等）。

30~55钢属中碳钢，具有较高的强度、硬度和较好的塑性、韧性，通常经过淬火、高温回火（调质处理）后具有良好的综合力学性能，除作为建筑材料外，还大量用于制造各种机械零件（如轴、齿轮、连杆等）。

60钢及碳的质量分数更高的钢属高碳钢，具有更高的强度、硬度及耐磨性，但塑性、韧性、焊接性能及切削加工性能均较差。经过淬火、中温回火后具有优异的弹性，主要用于制造要求较高强度、耐磨性及弹性的零件（如钢丝绳、弹簧、工具）。

3）碳素工具钢

碳素工具钢的 w_C 为 0.65%~1.35%（以保证高硬度、高耐磨性），经淬火、低温回火后得到的组织为高碳回火马氏体+碳化物+少量残余奥氏体。不同牌号的碳素工具钢经淬火（760~820 ℃）、低温回火（≤200 ℃）后硬度差别不大，但耐磨性和韧性有较大差别。w_C 越高，耐磨性越好，韧性越差。这类钢价格低、加工易，但淬透性低、热硬性差，综合力学性能不高。常用碳素工具钢的牌号、成分、热处理、力学性能和主要用途见表1-7。

2. 合金钢

合金钢是在普通碳素结构钢基础上添加适量的一种或多种合金元素而构成的铁碳合金。合金钢的主要合金元素有硅、锰、铬、镍、钼、钨、钒、钛、铌、锆、钴、铝、铜、硼、稀土等。合金化的目的是提高钢的某些性能。合金钢主要分为合金结构钢、合金工具钢和特殊性能钢。

1）合金结构钢

合金结构钢分为工程构件用合金钢与机器零件用合金钢。

（1）低合金高强度钢。

在普通碳素结构钢基础上加入少量合金元素（一般总量低于3%）形成了低合金高强度钢。低合金高强度钢具有较高的强度和韧性，工艺性能较好（如良好的焊接性能），部分低合金高强度钢还具有耐腐蚀、耐低温等特性。

低合金高强度钢的供货状态通常为热轧或控制轧制状态，也可根据用户要求以正火或正火加回火状态供应，用户在使用时通常均不再进行热处理。低合金高强度钢通常为F-P组织，其屈服极限约为460 MPa。若要求更高强度和韧性的配合，就需要考虑选择其他类型组织的低合金钢，因而发展了F-M双相钢（在软相铁素体基体上分布着一定量的硬质相马氏体）、针状铁素体、低碳贝氏体和低碳马氏体钢。

低合金高强度钢常用于铁路、桥梁、船舶、汽车、压力容器、焊接结构件、输油输气管道等大型重要钢结构对性能要求高，并且能减轻结构自重、节约钢材、降低成本的情形。低合金高强度钢比普通碳素结构钢有更低的冷脆临界温度。可用于高寒地区使用的构件及运输工具。

低合金高强度钢的牌号、成分和力学性能见表1-8。

表 1-8　低合金高强度钢的牌号、成分和力学性能（GB/T 1591—2008）

牌号（等级）	σ_s/MPa	σ_b/MPa	δ/%	冲击能量（KV2）/J	w_C/%	w_{Si}/%	w_{Mn}/%
Q345（A~E）	345	470~630	A~B 级≥20 C~E 级≥21	≥34	A~C 级≤0.20 D~E 级≤0.18	≤0.50	≤1.70
Q390（A~E）	390	490~650	≥20	≥34	≤0.20	≤0.50	≤1.70
Q420（A~E）	420	520~680	≥19	≥34	≤0.20	≤0.50	≤1.70
Q460（C~E）	460	550~720	≥17	≥34	≤0.20	≤0.60	≤1.80
Q500（C~E）	500	610~770	≥17	≥34	≤0.18	≤0.60	≤1.80
Q550（C~E）	550	670~830	≥16	C 级≥55	≤0.18	≤0.60	≤2.00
Q620（C~E）	520	710~880	≥15	D 级≥47	≤0.18	≤0.60	≤2.00
Q690（C~E）	590	770~940	≥14	E 级≥31	≤0.18	≤0.60	≤2.00

注：元素 V、Ti、Nb、Ni、Cu、Cr、Mo、B、Al 以及 P 和 S 的含量见 GB/T 1591—2008。表中所列屈服强度为厚度不大于 16 mm、抗拉强度和断后伸长率为厚度不大于 40 mm、冲击能量为 12~150 mm 时的数据。

（2）合金调质钢。

合金调质钢是指调质处理后使用的合金结构钢，是在中碳调质钢基础上发展起来的，适用于对强度要求高、截面尺寸大的重要零件。其主要用于制造受力复杂的汽车、拖拉机、机床及其他机器的各种重要零件，如齿轮、连杆、螺栓、轴类件等。

成分：中碳，碳的质量分数通常在 0.25%~0.50%，以保证既强又韧；加 Mn、Si、Cr、Ni、B、Ti、V、W、Mo 等。其中主加元素 Mn、Si、Cr、Ni、B 等提高钢的淬透性，并产生固溶强化；辅加合金元素 Ti、V、W、Mo 等形成高稳定性碳化物，阻止淬火加热时奥氏体晶粒的长大，起细晶强韧化作用，Mo、W 还能防止产生高温回火脆性。合金元素还可明显提高钢的抗回火能力，使钢在高温回火后仍能保持较高硬度。

调质钢常采用调质处理。在回火索氏体状态下使用，有时也在回火屈氏体、回火马氏体状态下使用。部分钢种如 45MnV、35MnS 通过控制锻造工艺参数直接生产零件，也可达到调质的性能。有些钢种如 20CrMnTi、20MnV、15MnVB、27SiMn 等，处理成低碳马氏体或贝氏体也可代替调质钢在常温下使用。

常见调质钢的牌号、热处理、力学性能和用途见表 1-9。

表 1-9　常用调质钢的牌号、热处理、力学性能和用途（GB/T 3077—1999）

类别	牌号	热处理/℃		力学性能（不小于）					用途
		淬火	回火	σ_b/MPa	σ_s/MPa	δ_5/%	ψ/%	A_K/J	
低淬透性	45	840，水	600，空	600	355	16	40	39	尺寸小、中等韧性的零件，如主轴、曲轴、齿轮等
	40Cr	850，油	520，水、油	980	785	9	45	47	重要调质件，如轴、连杆、螺栓、重要齿轮等
	40MnB	850，油	500，水、油	980	785	10	45	47	性能接近或优于 40Cr，作调质零件

类别	牌号	热处理/℃		力学性能（不小于）					用途
		淬火	回火	σ_b/MPa	σ_s/MPa	δ_5/%	ψ/%	A_K/J	
中淬透性	40CrNi	820，油	500，水、油	980	785	10	45	55	作大截面齿轮与轴等
	35CrMo	850，油	550，水、油	980	835	12	45	63	代 40CrNi 作大截面齿轮与轴等
	30CrMnSi	880，油	520，水、油	1 080	885	10	45	39	高速砂轮轴、齿轮、轴套等
高淬透性	40CrNiMoA	850，油	600，水、油	980	835	12	55	78	高强度零件，如航空发动机轴及零件、起落架
	40CrMnMo	850，油	600，水、油	980	785	10	45	63	相当于 40CrNiMoA 的调质钢
	37CrNi3	820，油	500，水、油	1 130	980	10	50	47	高强韧大型重要零件
	38CrMoAl	940，水、油	640，水、油	980	835	·14	50	71	氮化零件，如高压阀门、钢套、镗杆等

（3）合金渗碳钢。

合金渗碳钢是指经渗碳、淬火和低温回火后使用的结构钢。合金渗碳钢基本上都是低碳钢和低碳合金钢。

合金渗碳钢主要用于制造高耐磨性、高疲劳强度以及要求具有较高心部韧性（即表硬心韧）的零件，如汽车、拖拉机上的变速箱齿轮，内燃机上的凸轮、活塞销等。低碳钢的淬透性低，经渗碳、淬火和低温回火后虽可获得高的表面硬度，但心部强度、韧性低，只适用于制造受力不大的小型渗碳零件。低碳合金钢适用于整体强度要求高或截面尺寸较大的零件。

低碳：合金渗碳钢的 w_C 通常为 0.10%~0.25%，以保证心部有足够的塑性和韧性。

加入提高淬透性的合金元素 Cr、Ni、Mn、Si、B，可使较大截面零件的心部在淬火后获得具有高强度、优良的塑性和韧性的低碳（板条）马氏体组织，此组织既能承受很大的静载荷（由高强度保证），又能承受大的冲击载荷（由高韧性保证），从而克服了低碳合金渗碳钢零件心部得不到有效强化的缺点。

加入阻碍奥氏体晶粒长大的合金元素 Ti、V、W、Mo 的主要作用是形成高稳定性、弥散分布的特殊碳化物，防止零件在高温长时间渗碳时奥氏体晶粒的粗化，从而起到细晶强韧化和弥散强化作用，并进一步提高表层耐磨性。常用合金渗碳钢的牌号、热处理、力学性能和用途见表 1-10。

表 1-10　常用合金渗碳钢的牌号、热处理、力学性能和用途（GB/T 3077—1999）

类别	牌号	热处理/℃		力学性能（不小于）					用途
		第一次淬火	第二次淬火	σ_b/MPa	σ_s/MPa	δ_5/%	ψ/%	A_K/J	
低淬透性	15	890，空	770~800，水	500	300	15	—		小轴、活塞销等
	20Cr	880，水、油	780~820，水、油	835	540	10	40	47	齿轮、小轴、活塞销等
	20MnV	—	880，水、油	785	590	10	40	55	齿轮、小轴、活塞销等，也可作锅炉、高压容器、管道等
中淬透性	20CrMnMo	—	850，油	1 175	885	10	45	55	汽车、拖拉机变速箱齿轮等
	20CrMnTi	880，油	870，油	1 080	835	10	45	55	汽车、拖拉机变速箱齿轮等
	20MnTiB		860，油	1 100	930	10	45	55	代 20CrMnTi
高淬透性	18Cr2Ni4WA	950，空	850，空	1 175	835	10	45	78	重型汽车、坦克、飞机的齿轮和轴等
	12Cr2Ni4	860，油	780，油	1 080	835	10	50	71	重型汽车、坦克、飞机的齿轮和轴等
	20Cr2Ni4	880，油	780，油	1 175	1 080	10	45	63	重型汽车、坦克、飞机的齿轮和轴等

注：淬火后的回火温度均为 200 ℃（另列出 15 钢数据以便进行对比）。

（4）合金弹簧钢。

合金弹簧钢是一种专用结构钢，主要用于各种弹簧和弹性元件，有时也用于制造具有一定耐磨性的零件。

成分特点：中、高碳，弹簧钢一般为高碳钢和中、高碳合金钢（以保证弹性极限及一定韧性）。碳素弹簧钢的 w_C 为 0.6%~0.9%，合金弹簧钢的 w_C 为 0.45%~0.70%。高碳弹簧钢（如 65、70、85 钢）的 w_C 通常较高，以保证高的强度、疲劳强度和弹性极限，但其淬透性较差，不适于制造大截面弹簧。

合金化：主要加 Si、Mn、Cr、B、V、Mo、W 等，以提高淬透性和回火稳定性，强化铁素体，细化晶粒；提高强度和弹性极限。其可用于制造截面尺寸较大、对强度要求高的重要弹簧。Si 和 Mn 的主要作用是提高淬透性，但 Si 在热处理时促进表面脱碳，Mn 则使钢易于过热。因此，重要用途的弹簧钢，必须加入 Cr、V、W 等元素，以防止由 Mn 引起的过热倾向和由 Si 引起的脱碳倾向。

弹簧钢的热处理与弹簧成型方法、弹簧钢的原始状态密切相关。冷成型（冷卷、冷冲压等）弹簧，因弹簧钢已经冷变形强化或热处理强化，只需进行低温去应力处理即可。热成型弹簧通常要经淬火、中温回火处理（得到回火屈氏体），以获得高的弹性极限。弹簧在热处理后通常还要进行喷丸处理，使表面强化并在表面产生残余压应力以提高疲劳强度。

常用弹簧钢的牌号、热处理、力学性能和用途见表1-11。

表1-11　常用弹簧钢的牌号、热处理、力学性能和用途（GB/T 1222—2007）

牌号	热处理/℃		力学性能（不小于）				用途
	淬火	回火	σ_b/MPa	σ_s/MPa	δ_{10}/%	ψ/%	
65	840，油	500	980	784	9	35	截面<12 mm 的小弹簧
65Mn	830，油	540	980	784	8	30	截面≤15 mm 的弹簧
55Si2Mn	870，油	480	1 274	1 176	6	30	截面≤25 mm 的机车板簧、缓冲卷簧
60Si2Mn	870，油	480	1 274	1 176	5	25	
60Si2CrVA	850，油	410	1 862	1 666	6（δ_5）	20	截面≤30 mm 的重要弹簧，如汽车板簧、≤350 ℃的耐热弹簧
50CrVA	850，油	500	1 274	1 127	10（δ_5）	40	

（5）滚动轴承钢。

滚动轴承钢是指主要用于制造各类滚动轴承的内圈、外圈以及滚动体的专用钢，常简称为轴承钢。滚动轴承钢虽是制作滚动轴承的专用钢，但其成分与性能很接近工具钢，故也可制作冷冲模、精密量具等，还可制作要求耐磨的精密零件，如柴油机喷油嘴、精密丝杠。

滚动轴承钢为高碳成分，w_C 为 0.95%～1.10%，以保证高硬度和高耐磨性。加合金元素铬（w_{Cr} 为 0.40%～1.65%）的主要作用是提高钢的淬透性，并可形成合金渗碳体（Fe，Cr）$_3$C，提高钢的强度、接触疲劳强度及耐磨性；加入硅（w_{Si} = 0.40%）和锰（w_{Mn} = 1.20%）可进一步提高淬透性；对硫、磷含量限制很严（w_S ≤ 0.020%，w_P ≤ 0.007%），以进一步保证接触疲劳强度，属于高级优质钢。

高碳铬轴承钢是使用最为广泛的滚动轴承，约占轴承钢总量的90%。其牌号、成分、热处理、性能和主要用途见表1-12。

表1-12　常用滚动轴承钢牌号、成分、热处理和主要用途（GB/T 18254—2002）

牌号	w_C/%	w_{Cr}/%	w_{Si}/%	w_{Mn}/%	热　处　理		回火后硬度/HRC	用途
					淬火温度/℃	回火温度/℃		
GCr9	1.00～1.10	0.90～1.20	0.15～0.35	0.25～0.45	810～830，水、油	150～170	62～64	直径<20 mm 的滚珠、滚柱及滚针
GCr9SiMn	1.00～1.10	0.90～1.20	0.45～0.75	0.95～1.25	810～830，水、油	150～170	62～64	壁厚<12 mm、外径<250 mm 的套圈，直径为 25～50 mm 的钢球，直径<22 mm 的滚子
CGr15	0.95～1.05	1.40～1.65	0.15～0.35	0.25～0.45	820～840 油	150～170	62～64	与 GCr9SiMn 同
GCr15SiMn	0.95～1.05	1.40～1.65	0.45～0.75	0.95～1.25	820～840 油	150～170	62～64	壁厚>12 mm、外径>250 mm 的套圈，直径为 25～50 mm 的钢球，直径>22 mm 的滚子

预先热处理为球化退火，可获得细小均匀的粒状珠光体。其目的是降低硬度（硬度为 170~210 HBS），改善切削加工性能；并为淬火提供良好的原始组织。最终热处理是淬火和低温回火，获得极细（隐针）回火马氏体加均匀分布的细粒状碳化物及少量残余奥氏体，硬度为 61~65 HRC。对精密轴承，为保证尺寸稳定性，可在淬火后立即进行冷处理（-80~ -60 ℃），以尽量减少残余奥氏体量。低温回火和磨削后，进行时效处理（120~130 ℃，5~10 h）。

2）合金工具钢

为克服碳素工具钢淬透性低等缺点，在其基础上加入 Cr、Mn、Si、W、Mo、V 等合金元素就形成了合金工具钢（合金刃具钢）。加入 Cr、Mn、Si 等的主要作用是提高钢的淬透性，Si 还能提高钢的回火稳定性；加入 W、Mo、V 等的主要作用是提高钢的硬度、热硬性和耐磨性（弥散强化），并能防止淬火加热时奥氏体晶粒长大，起细晶强韧化作用。

合金刃具钢的热处理特点与碳素工具钢相同，仍为淬火后低温回火，组织为"高碳回火马氏体+合金碳化物+少量残余奥氏体"（部分也采用等温淬火获得下贝氏体，以保证良好的强韧性），性能特点为高硬度、高耐磨性，但热硬性仍然较差，工作温度不能超过 300 ℃。合金刃具钢淬透性较高（如 9SiCr 在油中的临界淬透直径约为 40 mm），可用于制造截面尺寸较大、形状较复杂的刀具。

常用合金工具钢的牌号、热处理、力学性能和主要用途见表 1-13。

表 1-13　常用合金工具钢的牌号、热处理、力学性能和主要用途（GB/T 1299—2000）

钢组	钢号	交货状态硬度/HB	试样淬火		主要用途
			淬火温度/℃，冷却剂	硬度值不小于	
量具刃具用钢	9SiCr	241~179	820~860，油	62HRC	板牙、丝锥、钻头、铰刀、齿轮铣刀、冷冲模、冷轧辊等
	Cr2	229~179	830~860，油	62HRC	
冷作模具钢	Cr12	269~217	950~1 000，油	60HRC	冷冲模冲头、冷切剪刀、粉末冶金模、拉丝模、木工切削工具等圆锯、切边模、螺纹滚丝模等
	Cr12MoV	255~207	950~1 000，油	58HRC	
	9Mn2V	≤229	780~810，油	62HRC	
	CrWMn	255~207	800~830，油	62HRC	
	6W6Mo5Cr4V	≤269	1 180~1 200，油	60HRC	
热作模具钢	5CrMnMo	241~197	820~850，油	324~364 HBS	中大型锻模、螺钉或铆钉热压模、压铸模等
	5CrNiMo	241~197	830~860，油	364~402 HBS	
	3Cr2W8V	255~207	1 075~1 125，油	40~48HRC	
	4Cr5MoSiV	≤235	1 000，空	—	
	4Cr5MoSiV1	≤235	1 000，空	—	
	4Cr5W2VSi	≤229	1 030~1 050，油或空	—	

高速工具钢是一类具有很高耐磨性和很高热硬性的工具钢，在高速切削条件（如 50~80 m/min）下刀部温度达到 500~600 ℃时仍能保持很高的硬度，使刃口保持锋利，从而保证高速切削，高速工具钢由此得名。高速工具钢主要用来制造中高速切削刀具，如车刀、

铣刀、铰刀、拉刀、麻花钻等。

高速工具钢为高碳高合金钢。高碳（$w_C = 0.7\% \sim 1.6\%$）可保证钢在淬火、回火后具有高的硬度和耐磨性。高速钢中含有17%以上的合金元素（W、Mo、Cr、V、Co、Al等）。常用的高速钢牌号有W18Cr4V、W6Mo5Cr4V2、W9Mo3Cr4V（GB/T 9943—2008）。

高速工具钢的退火与碳素工具钢相似，也属于不完全退火或球化退火。退火温度为A_{c1}以上30~50 ℃（840~860 ℃），在此温度下，碳化物未全部溶入奥氏体，最终获得"共晶碳化物（已锻造细化）+索氏体球化组织"，以降低硬度，利于切削加工，并为淬火做组织准备。W6Mo5Cr4V2钢退火后硬度为229~269 HBS。

高速钢的淬火、回火工艺特殊、复杂，十分重要，必须予以严格控制，要点如下：①淬火加热温度较高；②分段加热；③分级淬火；④淬火后采用多次高温回火。高速钢使用状态组织一般为"回火马氏体+粒状碳化物+极少量残余奥氏体"。

3）特殊性能钢

特殊性能钢具有特殊的物理或化学性能，用来制造除要求具有一定的机械性能外，还要求具有特殊性能的零件。其种类很多，机械制造中主要使用不锈钢、耐热钢和耐磨钢。

（1）不锈钢。

不锈钢是以不锈性、耐蚀性为主要特性的高铬含量的钢种。

铁铬合金具备两个条件才能称为不锈钢，一是铬含量必须超过10.5%，其碳含量最大不超过1.2%。因为当铬含量达到10.5%时，钢的腐蚀速率就降低到一个极低的水平。二是合金必须具有钝性，即其表面在腐蚀介质中能够形成一层保护性的膜——钝化膜。

不锈钢钢种多，性能差异大，分类方法较多。按国际通用分类方法可以将不锈钢分成5类，即铁素体不锈钢、马氏体不锈钢、奥氏体不锈钢、奥氏体-铁素体双相不锈钢和沉淀硬化不锈钢。各系列不锈钢与国家牌号的对应关系及其具体成分见GB/T 20878—2007（不锈钢和耐热钢 牌号及化学成分）。

（2）耐热钢。

耐热钢是在高温下具有良好的化学稳定性或较高强度的钢。

耐热钢多为中碳合金钢、低碳合金钢（w_C较高则使塑性、抗氧化性、焊接性及高温强度下降），所含合金元素主要有Cr、Ni、Mn、Si、Al、Mo、W、V等，这些合金元素均可产生固溶强化作用。其中的Cr、Si、Al在高温下可被优先氧化形成致密的氧化膜，将金属与外界氧气隔离，避免氧化的进一步发生；Mo、V、W、Ti等元素可与碳结合形成稳定性高、不易聚集长大的碳化物，起弥散强化作用。同时这些元素大多数可提高钢的再结晶温度，增大基体相中原子之间的结合力，提高晶界强度，从而提高钢的高温强度。如含少量稀土（RE）元素，则使性能进一步提高。

按使用特性不同，耐热钢分为抗氧化钢和热强钢；按组织不同，耐热钢又可分为铁素体类耐热钢（又称α-Fe基耐热钢，包括珠光体钢、马氏体钢和铁素体钢）和奥氏体类耐热钢（又称γ-Fe基耐热钢）。

（3）耐磨钢。

耐磨钢一般是指高锰钢。由于高锰耐磨钢极易冷变形强化，很难进行切削加工，因此高锰耐磨钢件大多是铸态的。高锰钢用于工作时受到剧烈的冲击或较大压力作用、摩擦磨损严重的机械零件，如坦克或拖拉机履带板、球磨机滚筒衬板、破碎机牙板、挖掘机的铲齿及铁路上的道岔等。此外，高锰钢也可用作保险箱钢板、防弹板。

典型钢种为 ZGMn13。奥氏体高锰钢通常采用水韧处理，即将钢加热到 1 000~1 100 ℃，使碳化物溶入奥氏体，得到单一的奥氏体组织，然后迅速进行水淬。

水韧处理后硬度并不高（180~220 HBS）。当它受到外界剧烈冲击或较大压力作用时，表面迅速产生加工硬化，并伴有马氏体相变，使表面硬度提高到 52~56 HRC，因而具有高的耐磨性，而心部仍为奥氏体，具有良好的韧性，以承受强烈的冲击力。

模块二　通晓性能，紧握材料脉搏

模块引入

子贡问为仁，子曰："工欲善其事，必先利其器。居是邦也，事其大夫之贤者，友其士之仁者。"——孔子（春秋）《论语·卫灵公》

让材料性能吹动你的长发，让它牵引走进材料脉搏中。材料的性能就像房子的地基一样，决定了材料的用途。无论是古代的青铜器还是现代金属材料，我们都应该掌握它的性能。

本模块属于教师引领、学生自学模式，在通览内容的基础上，了解材料性能的分类，掌握材料性能的基本知识，熟练操作材料性能测试器。

学习目标

知识目标：
1. 了解金属材料性能的分类；
2. 掌握金属材料的性能测量方法。

技能目标：
1. 能够熟练分析金属材料的性能特点；
2. 能够熟练操作材料性能测试仪器。

素养目标：
1. 具备独立自主的学习能力；
2. 具备团队合作的能力；
3. 具备敬业精神，热爱劳动。

钢的静拉伸力
学性能变化

模块分析

模块内容	子任务	重点、难点
钢的力学性能	了解钢的静拉伸力学性能	钢的静拉伸力学性能、硬度和冲击韧性
	掌握钢的硬度及冲击韧性测试方法	
	实训一　金属材料拉伸实训	
	实训二　金属材料硬度实训	
	实训三　金属材料冲击实训	
	★实训四　断口检验实训	
材料物理、化学性能	材料物理、化学性能	

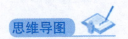
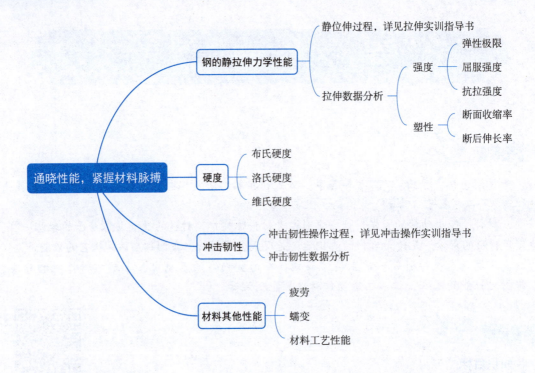

任务 1 了解钢的静拉伸力学性能

任务描述

开始本模块之前，给大家讲一个故事——震惊中外的"9·11"事件，美国纽约世界贸易中心双子大厦为何会在遭受飞机撞击后两个小时内整栋大楼完全倒塌？大楼为何会垂直倒塌？因为建造高层建筑使用的结构钢在热轧或正火状态下能满足使用要求，但是在高温下会变软，丧失原有强度。世贸大厦经过长时间的燃烧后，飞机撞击的那几个楼层的钢材软化而落下砸向下面的楼层，对下面楼层结构的冲击力远远大于其静止时的重力而使其难以承受，于是一层层垂直地垮塌下来。材料力学性能和后面热处理知识紧密结合。

材料的力学性能又称机械性能，它指材料抵抗载荷（即外力）作用的能力，主要包括强度、塑性、硬度、韧性、疲劳强度、耐磨性、断裂韧度等。在机械制造中，除在一些特殊的条件（如高温、高压、腐蚀气氛及要求导电、导磁）下服役外，一般机械零件及工具在设计和选材时大多以力学性能指标为主要依据。

钢的静拉伸是"金属材料热处理及加工应用"课程中的材料力学性能重要内容之一，它应用到金属热处理、金属加工应用和金属材料使用性能等方面。请各位同学以组为单位，利用课程内容查阅并掌握钢的静拉伸试验过程以及计算数值的公式，并以不同方式在最终小组评价中展示出来。组长科学分工，小组成员共同协作，调动小组成员的学习积极性、主动性。

任务准备

1. 请认真查阅资料，总结钢的静拉伸试验过程以及计算数值的公式。

2. 摩拳擦掌（请完成以下各题，检测自己对钢的静拉伸试验过程以及计算数值的公式知识前期掌握情况）。

1）填空题。

（1）力学性能是指金属在外力作用下所表现出来的性能，包括＿＿＿＿、＿＿＿＿、＿＿＿＿、＿＿＿＿及疲劳强度等。

（2）强度是指金属材料在＿＿＿＿载荷作用下，抵抗＿＿＿＿或＿＿＿＿的能力，强度常用的衡量指标有＿＿＿＿和＿＿＿＿。

（3）如果零件工作时所受的应力低于材料的＿＿＿＿或＿＿＿＿，则不会产生过量的塑性变形。

（4）断裂前金属材料产生＿＿＿＿的能力称为塑性，金属材料的＿＿＿＿和＿＿＿＿的数值越大，表示材料的塑性越好。

2）写出下列力学性能指标符号。

（1）抗拉强度（　　）；（2）屈服点（　　）；（3）规定残余伸长应力（　　）；（4）伸长率（　　）；（5）断面收缩率（　　）。

3）计算题。

有一直径 $d_0 = 10$ mm，$L_0 = 100$ mm 的低碳钢试样，拉伸时测得 $F_s = 25$ kN，$F_b = 32$ kN，

$d_1 = 6.5$ mm，$L_1 = 130$ mm。试求：

（1）S_0、S_1；（2）σ_s、σ_b、δ、ψ。

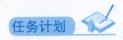 **任务计划**

小组成员将收集到信息进行汇总，并根据信息制定包括计划目标、工作步骤和组员分工等信息的多套可行性方案，编写以下计划单。（计划单设计示例如下）

姓名	计划分工	预计完成时间/天	任务目标和步骤	职务	计划内容展示
××	网络、书籍查阅	1	任务目标：查阅钢的静拉伸试验过程以及计算数值的公式。 具体步骤：任务划分—任务实施—任务总结	组长	以 PPT 演示等形式完成
××	走访企业	1		副组长	
××	精品课程资源查阅	1		组员	
××	汇总并制作	1		组员	

 **知识链接**

一、钢的静拉伸力学性能

静拉伸试验是测定强度指标最常用的方法。按 GB/T 228.1—2010 规定，标准拉伸试样有圆柱形、矩形、多边形、环形，特殊情况下为某些其他形状。常用的是圆柱形试样，如图 2-1 所示。圆柱形试样分为长试样（$L_0 = 10d_0$）和短试样（$L_0 = 5d_0$）两种。

拉伸试验按 GB/T 228.1—2010 规定进行，将低碳钢制成的标准试样装在拉伸试验机上，缓慢增加拉伸载荷，随时记录载荷与变形量的数值，直至试样断裂。所获得的载荷与变形量之间的关系曲线即拉伸曲线，如图 2-2 所示。塑性材料的拉伸试样前后变化如图 2-3 所示。

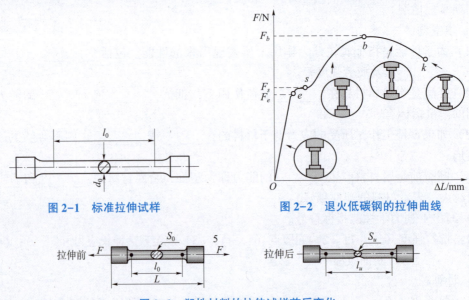

图 2-1　标准拉伸试样

图 2-2　退火低碳钢的拉伸曲线

图 2-3　塑性材料的拉伸试样前后变化

① 当 $0<F\leqslant F_e$ 时，若卸去载荷，试样立即恢复原状，试样此时的变形属于弹性变形，其中 Oe 段拉伸曲线是直线，表示载荷与伸长量成正比关系。

② 当 $F_e<F<F_s$ 时，若卸去载荷，试样不能恢复原状，发生的是永久变形，即塑性变形。因此，F_e 是试样产生纯弹性变形所承受的最大载荷。

③ 当 $F=F_s$ 时，拉伸曲线在 s 点处出现一个平台，即载荷不增加，试样继续伸长，这种现象称为屈服。

④ 当 $F_s<F<F_b$ 时，试样的伸长量与载荷又呈曲线关系上升，但曲线的斜率比 Oe 段的斜率要小，说明载荷的增加量不大，而试样的伸长量却很大。

⑤ 当 $F\geqslant F_b$ 时，试样的局部截面缩小，说明试样的塑性变形集中在局部进行，这种现象称为颈缩。由于试样局部截面的逐步减小，试样所承受的载荷也逐渐降低，当到达拉伸曲线点 k 时，试样被拉断。

二、拉伸数据分析

1. 强度

所谓强度，是指材料在外力作用下抵抗变形和断裂的能力。材料在载荷作用下，一般会出现相互联系的三个过程：弹性变形、塑性变形和断裂。

材料在外力作用下，其内部会产生相应的抵抗变形的内力。通常将单位面积上承受的内力称为应力，即

$$\sigma = F/S$$

式中：σ——应力（MPa）；

$\quad\quad F$——载荷（N）；

$\quad\quad S$——试样的原始横截面积（mm^2）。

屈服强度是材料开始发生屈服时的应力，用 σ_s 来表示。

$$\sigma_s = F_s/S$$

式中：σ_s——屈服强度（MPa）；

$\quad\quad F_s$——试验屈服时的载荷（N）；

$\quad\quad S$——试样的原始横截面积（mm^2）。

有些材料的拉伸曲线中没有明显的屈服现象。工程上规定试样产生 0.2% 残余伸长量的应力值为该材料的条件屈服强度，用 $\sigma_{0.2}$ 表示，如图 2-4 所示。

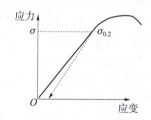

图 2-4　塑性材料的拉伸试样 $\sigma_{0.2}$

抗拉强度是试样被拉断前所能承受最大载荷时的应力，即

$$\sigma_b = F_b/S$$

式中：σ_b——抗拉强度（MPa）；

$\quad\quad F_b$——试样在断裂前的最大载荷（N）；

S——试样的原始横截面积（mm^2）。

2. 塑性

塑性是指材料在外力作用下，产生永久变形而不破裂的能力。常用的塑性指标有断后伸长率 δ 和断面收缩率 ψ 两种。

1）断后伸长率

断后伸长率用试样拉断后的相对伸长量来表示，即

$$\delta = \frac{L_1 - L_0}{L_0} \times 100\%$$

式中：δ——断后伸长率（%）；

L_1——试样拉断后标距长度（mm）；

L_0——试样原始长度（mm）。

断后伸长率与试样的标距长度有关，对于短、长比例试样的断后伸长率分别以 δ_5 和 δ_{10} 表示。对于同一材料而言，δ_5 要大于 δ_{10}，试样在拉断时的伸长量越大，δ 值就越高，材料的塑性越好。

2）断面收缩率

断面收缩率是指试样拉断后横截面积的相对收缩量，即

$$\psi = \frac{S_0 - S_1}{S_0} \times 100\%$$

式中：ψ——断面收缩率（%）；

S_0——试样原始横截面积（mm^2）；

S_1——试样拉断后断口处横截面积（mm^2）。

断面收缩率与试样尺寸无关，ψ 值越大，材料的塑性越好。它比断后伸长率更能反映材料塑性的好坏。

3. 刚度

材料在受力时抵抗弹性变形的能力称为刚度，它表示材料弹性变形的难易程度。材料刚度的大小，通常用弹性模量 E 表示。由图 2-2 可见，弹性模量 E 是拉伸曲线上的斜率，即 $\tan \alpha = E$。

斜率越大，弹性模量也越大，即弹性变形越不容易进行。弹性模量越大，材料的刚度越大，即具有特定外形尺寸的零件或构件保持其原有形状与尺寸的能力越大。

在设计零件时，要求刚度大的零件，应选用具有高弹性模量的材料。钢铁材料的弹性模量较大，所以对要求刚度大的零件，通常选用钢铁材料，例如镗床的镗杆应有足够的刚度，如果刚度不足，当进刀量大时镗杆的弹性变形就会大，镗出的孔就会偏小，因而影响加工精度。要求在弹性范围内对能量有很大吸收能力的零件，一般使用软弹簧材料磷青铜制造，其具有极高的弹性极限和低的弹性模量。

任务实施

小组成员根据课堂讲解，以及小组讨论，分析钢的静拉伸试验过程以及开展拉伸实训，掌握计算拉伸数值的公式。小组成员进行决策、实施，细化完成步骤，明确组员分工，确定完成时间，制定评价指标等充实方案的工作，进行任务实施，并且需要及时检查、不断

调整计划，以确保方案目的的实现。小组成员需要根据自身知识储备和以往经验整体把握小组的完成进度，及时处理和记录相关内容。(决策表示例如下)

姓名	调整分工	完成时间/天	任务目标和步骤	教师指导意见	调整内容展示
××			任务目标：查阅资料，分析钢的静拉伸试验过程以及开展拉伸实训，掌握计算拉伸数值的公式。具体步骤：任务划分—任务实施—任务总结		以 PPT、思维导图、视频、实物或者文字等形式展示
××					
××					
××					

考核评分

小组完成本次主体工作任务后，按照原计划或课后实施决策进行组内自检和组间互检，查缺补漏。在所有小组完成本次任务后，全体学生和教师根据各小组的阶段性成果进行组内自评、组间互评和教师点评。各小组吸取经验，为下一次任务做准备。

考核构成	考核指标	考核标准	知识目标	能力目标	德育目标	占总分比
过程考核	学习态度	态度端正，学习主动，虚心请教，课前思考，上课认真、课后反思	10%	20%	70%	10%
	学习纪律	遵守纪律，不迟到、不早退，无缺课	0	0	100%	10%
	学习责任	工作认真，能为实践结果承担责任	10%	20%	70%	10%
	合作	能与小组成员保持良好合作关系，能采用合适的方式表达不同意见，与他人合作顺利	25%	20%	55%	10%
成果考核	成果展示类型	能够运用现代化手段收集素材	50%	30%	20%	10%
	成果制作效果	内容准确、体例清晰、美观	10%	70%	20%	20%
	成果讲解效果	条理清晰、表达准确，时间控制合理	45%	50%	5%	10%
	试卷	实操考试	50%	30%	20%	20%

小组成果展示

（请将本模块展示结果文档粘贴于此）

钢的硬度和
冲击韧性

任务描述

钢的硬度和冲击韧性是"金属材料热处理及加工应用"课程中材料力学性能的重要内容之一，它应用到金属热处理、金属加工应用和金属材料使用性能等方面。请各位同学以组为单位，利用课程内容查阅并掌握钢的硬度概念以及操作过程和硬度值分析，钢的冲击试验过程及操作过程和冲击韧性指标计算，并以不同方式在最终小组评价中展示出来。组长科学分工，小组成员共同协作，调动小组成员的学习积极性、主动性。

任务准备

1. 请认真查阅资料，总结出钢的硬度操作过程、冲击试验操作过程以及计算数值的方法和分析思路。

2. 摩拳擦掌（请完成以下各题，检测自己对钢的硬度操作过程、冲击试验操作过程以及计算数值的方法和分析思路知识前期掌握情况）。

填空题：

（1）530 HBW/750 表示直径为＿＿＿＿＿mm 的＿＿＿＿＿球压头，在＿＿＿＿、＿＿＿＿N压力下，保持＿＿＿＿S，测得的＿＿＿＿硬度值为＿＿＿＿。

（2）韧性是指金属在＿＿＿＿吸收＿＿＿＿的能力，韧性的判据通过试验来测定，国标规定采用＿＿＿＿来作韧性判据，符号为＿＿＿＿，单位是＿＿＿＿，数值越大，冲击韧性越＿＿＿＿。

（3）金属材料抵抗＿＿＿＿载荷作用而＿＿＿＿能力，称为＿＿＿＿。

（4）试验证明，材料的多种抗力取决于材料的＿＿＿＿与＿＿＿＿的综合力学性能，冲击能量高时，主要取决于＿＿＿＿；冲击能量低时，主要取决于＿＿＿＿。

（5）洛氏硬度可由硬度计表盘上＿＿＿＿，材料越＿＿＿＿硬度值越大，用符号＿＿＿＿表示。

任务计划

小组成员将收集到的信息进行汇总，并根据信息制定包括计划目标、工作步骤和组员分工等信息的多套可行性方案，编写以下计划单。（计划单设计示例如下）

姓名	计划分工	预计完成时间/天	任务目标和步骤	职务	计划内容展示
××	网络、书籍查阅	1	任务目标：查阅钢的硬度操作过程、冲击试验操作过程以及计算数值的方法和分析思路。 具体步骤：任务划分—任务实施—任务总结	组长	以 PPT 演示等形式完成
××	走访企业	1		副组长	
××	精品课程资源查阅	1		组员	
××	汇总并制作	1		组员	

一、硬度

硬度是指材料表面抵抗局部塑性变形的能力。它是反映材料软硬程度的力学性能指标。硬度值的物理意义与测试方法有关。测定材料硬度的方法有多种，普遍应用的是压入法。工程上常用的硬度表示方法有布氏硬度、洛氏硬度、维氏硬度。几种硬度测量的比较如表 2–1 所示。

表 2–1　几种硬度测量的比较

名称	原理	数值命名	原理示意图	应用范围
布氏硬度	用一定直径（D）的淬硬钢球或硬质合金球，在规定载荷（F）的作用下，将钢球（或硬质合金球）压入试样表面并保持一定时间后卸除载荷，以单位压痕面积上所承受的载荷作为布氏硬度值	HBS（淬硬钢球压头）或 HBW（硬质合金球压头）170 HBS10/100/30 表示用直径 10 mm 的钢球，在 9 807 N 的试验力作用下，保持 30 s 时测得的布氏硬度值为 170		测定灰铸铁、有色金属、各种软钢等硬度不是很高的材料
洛氏硬度	采用 120° 金刚石圆锥体或直径为 1.588 mm 的淬火钢球压头，压入金属表面后，经规定保持时间后卸除主试验力，以测量的压痕深度来计算洛氏硬度值	HRA、HRB、HRC 为最常用的三种洛氏硬度，洛氏硬度值无单位，硬度符号前面注明硬度数值，如 52 HRC		用于硬度很高的材料，操作迅速，而且压痕小，故在钢件热处理质量检查中应用最多
维氏硬度	用一个相对夹角为 136° 的金刚石正四棱锥体压入试样表面。维氏硬度也是以单位压痕面积所承受的载荷作为硬度值	HV 硬度数值写在符号的前面，试验条件写在符号的后面。对于钢和铸铁，若试验力保持 10~15 s，可以不标出		维氏硬度试验法所加负载小，压痕小，测量的精度比布氏硬度高，适用于测定经表面处理及薄件的材料硬度

二、冲击韧性

1. 冲击定义

材料在使用过程中，除要求足够的强度和塑性外，还要求有足够的韧性。冲击韧性，就是指材料抵抗冲击载荷而不破坏的能力。韧性好的材料在断裂过程中能吸收较多能量，不易发生突然的脆性断裂，从而具有较高的安全性。

目前测量冲击韧度最普遍的方法是一次摆锤冲击试验。按 GB/T 229—2007 规定，将材料制成带缺口的试样，如图 2-5 所示，将试样放在冲击试验机的砧座上，让一质量为 G 的摆锤自高度 H 自由下摆。摆锤冲断试样后又升至 h，如图 2-6 所示。摆锤冲断试样所失去的能量即试样在被冲断过程中吸收的功，称为冲击吸收功，用 A_K 表示。用断口处单位面积上所消耗的冲击吸收功大小来衡量材料的冲击韧度，用 a_K 表示，单位为 J/cm²。

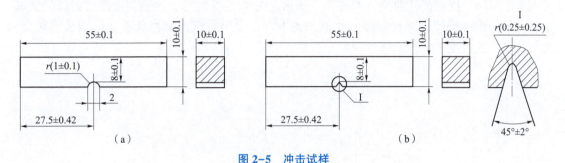

图 2-5　冲击试样

（a）U 形缺口；（b）V 形缺口

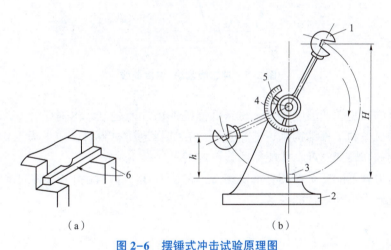

图 2-6　摆锤式冲击试验原理图

（a）砧座和试样；（b）摆锤冲击试验机

1—摆锤；2—机架；3—试样；4—表盘；5—指针；6—支座

2. 冲击数据分析

$$F = Gg$$
$$A_K = F(H-h)$$
$$a_K = A_K/S$$

式中：a_K——冲击韧度（J/cm²）；

　　　　S——试样缺口处的横截面积（cm²）；

　　　　A_K——冲击吸收功（J）；

　　　　F——摆锤重力（N）；

　　　　H——摆锤初始高度（m）；

　　　　h——摆锤冲断试样后上升的高度（m）。

对一般常用钢材来说，所测冲击吸收功越大，材料的韧性越好。但由于测出的冲击吸收功的组成比较复杂，因此有时测得的 A_K 及计算出来的 a_K 值不能真正反映材料的韧脆性质。

某些金属材料在一定的低温条件下，其韧性断裂转变为脆性断裂，表现为冲击韧性突然降低，这种现象称为冷脆。金属由韧性断裂转变为脆性断裂的温度称为韧脆转变温度。

为了确定材料的韧脆转变温度，可分别在一系列不同温度下进行冲击试验，测定出冲击功值随试验温度的变化曲线，如图 2-7 所示。由图 2-7 可见，冲击功随温度的降低而减少；在某一温度范围，材料的冲击功值急剧下降，表明材料由韧性状态向脆性状态转变，此变化对应的温度范围即韧脆转变温度。

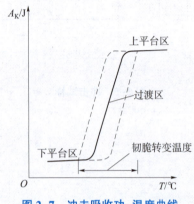

图 2-7　冲击吸收功-温度曲线

金属材料的韧脆转变温度越低，材料低温抗冲击性能越好。这对于在高寒地区或低温条件下工作的机械和工程结构来说非常重要。在选择金属材料时，应考虑工作的最低温度要高于金属的韧脆转变温度，才能保证其正常工作。

韧性对压力容器的安全性具有重要意义，它是压力容器设计和选材时的重要参考指标，也作为其他机械设计和选材的参考。

任务实施

小组成员根据课堂讲解，以及小组讨论，分析钢的硬度操作过程、冲击试验操作过程以及开展实训并分析实训数据。小组成员进行决策、实施，细化完成步骤，明确组员分工，确定完成时间，制定评价指标等充实方案的工作，进行实施任务，并且需要及时检查、不断调整计划，以确保方案目的的实现。小组成员需要根据自身知识储备和以往经验整体把握小组的完成进度，及时处理和记录相关内容。（决策表示例如下）

姓名	调整分工	完成时间/天	任务目标和步骤	教师指导意见	调整内容展示
××			任务目标：查阅资料分析钢的硬度操作过程、冲击试验操作过程以及开展实训并分析实训数据。 具体步骤：任务划分—任务实施—任务总结		以 PPT、思维导图、视频、实物或者文字等形式展示
××					
××					
××					

考核评分 ✍

　　小组完成本次主体工作任务后，按照原计划或课后实施决策进行组内自检和组间互检，查缺补漏。在所有小组完成本次任务后，全体学生和教师根据各小组的阶段性成果进行组内自评、组间互评和教师点评。各小组吸取经验，为下一次任务做准备。

考核构成	考核指标	考核标准	知识目标	能力目标	德育目标	占总分比
过程考核	学习态度	态度端正，学习主动，虚心请教，课前思考，上课认真，课后反思	10%	20%	70%	10%
	学习纪律	遵守纪律，不迟到、不早退，无缺课	0	0	100%	10%
	学习责任	工作认真，能为实践结果承担责任	10%	20%	70%	10%
	合作	能与小组成员保持良好的合作关系，能采用合适的方式表达不同意见，与他人合作顺利	25%	20%	55%	10%
成果考核	成果展示类型	能够运用现代化手段收集素材	50%	30%	20%	10%
	成果制作效果	内容准确、体例清晰、美观	10%	70%	20%	20%
	成果讲解效果	条理清晰、表达准确，时间控制合理	45%	50%	5%	10%
	试卷	实操考试	50%	30%	20%	20%

小组成果展示

(请将本模块展示结果文档粘贴于此)

一、疲劳强度

许多机械结构件，如连杆、齿轮等，经常要承受交变载荷。材料在交变应力的作用下，即使所受应力低于屈服强度也会发生断裂，这种现象称为疲劳断裂。断裂往往突然发生，因此具有很大的危险性，常常造成严重事故。疲劳强度是指材料经受无数次应力循环仍然不断裂的最大应力，用来表示材料抵抗疲劳断裂的能力，用符号 σ_r 表示，对于对称的应力循环，用 σ_{-1} 表示。

金属疲劳强度通常是在旋转对称弯曲疲劳试验机上测定的，如图 2-8 所示，试验时，试件两端被夹紧在两个空心轴中，利用电动机，通过软轴使之转动，转动次数可由转数读出，载荷大小由加在横杆中央砝码盘上的砝码质量确定。根据应力和断裂循环周次之间的关系曲线（疲劳曲线，见图 2-9）便可确定出该金属材料的疲劳强度。

图 2-8 疲劳试验机

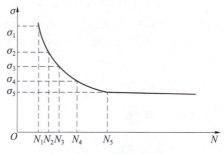

图 2-9 疲劳曲线

可通过以下措施提高机械零件的疲劳强度：一是在设计上要避免缺口、尖角和截面突变，以防应力集中而引起疲劳裂纹；二是对材料采取细化晶粒和减少缺陷的措施；三是机械加工要求降低表面粗糙度，减少表面的刀痕、碰伤和划痕等；四是可通过化学热处理、表面淬火等表面强化途径，使机械零件表面产生压应力，削弱表面拉应力。

二、材料的蠕变及松弛现象

1. 蠕变

在高压蒸汽机锅炉、汽轮机、化工炼油设备及航空发动机中，很多机件长期在高温条件下工作。对于这些机件所用材料，如果仅测定它们在室温下的性能是不够的。一般来说，随着温度的升高，材料的屈服强度、硬度等会降低，而塑性会提高；在高温下长时间受载，其塑性会显著降低，往往呈现脆性断裂。

蠕变强度是指材料在一定温度下和规定的持续时间内产生一定蠕变变形量所对应的应力值。它常用在给定温度下和规定的试验时间下，使试样产生一定蠕变变形量的应力值来表示。例如，某种金属材料在 700 ℃，经过 10 万 h 受载，总变形量为 1% 的应力值为 60 MPa，则该材料的蠕变强度是 60 MPa。

2. 松弛现象

压力容器的端盖或换热器的封头以及设备法兰等，都是借助于螺栓的预紧所产生的弹性力而达到密封的目的的。但是，当它在高温下长期工作时也会发生缓慢的蠕变变形。不过，它是在总变形量一定的特定条件下发生的弹性变形转化为塑性变形的过程。产生这种现象的原因，一般认为是承受弹性变形的金属，在高温条件下由于晶界的扩散过程和晶粒内部更小晶块的转动或移动过程，使弹性变形逐渐变为塑性变形。这样，虽然总变形（弹性变形与塑性变形之和）不变，但弹性变形逐步减少，因而拉应力也随之减少。

金属材料抵抗应力松弛的性能称为松弛稳定性，可通过专门的松弛试验所测得的松弛曲线来评定；或采用金属材料在一定温度和一定应力作用下，经规定时间后的残余应力的大小作为松弛稳定性的指标。

钢在常温下的松弛速度甚小，没有实际意义。但在高温条件下，松弛速度会增大，松弛现象就较明显。为了防止应力松弛产生泄漏，经过一定的使用期限，当螺栓应力下降到一定数值时，就要再次拧紧（例如，工作温度为 350 ℃ 的管道法兰用普通碳钢螺栓，约 8 个月就得再次拧紧），以保持密封所必需的预紧力。在高温下，除螺栓外，凡是相互连接而其中又有应力相互作用的零件，如弹簧、过盈配合零件等，都可能产生应力松弛现象。因此，对于高温紧固件等所用的金属材料，必须具有较好的松弛稳定性。

必须指出，金属的蠕变是在应力不变的条件下，不断产生塑性变形的过程；而金属的松弛则是在总变形不变的条件下，弹性变形不断变为塑性变形，从而使应力不断减小的过程。因此，可以将松弛现象视为应力不断减少条件下的一种蠕变过程。由此可知，金属的蠕变与应力松弛两者的本质是一致的，只是由于外界条件不同而有不同的表现而已。

三、材料的工艺性

材料的工艺性是指在加工过程中材料所表现出来的性能。工艺性能的好坏，直接影响到加工工艺方法和质量。按工艺方法的不同，材料的工艺性可分为铸造性、压力加工性（锻造、冲压）、冷弯性、焊接性、切削加工性及热处理性等。

1. 铸造性

将金属液浇注到与零件的形状、尺寸相适应的铸型型腔中，待其冷却凝固，以获得毛坯或零件的生产方法，称为铸造（又称翻砂）。对金属材料而言，铸造性主要指液态金属的流动性，凝固过程中的收缩性和偏析倾向。

流动性即液态金属的流动能力，是主要铸造性之一。金属的流动性越好，充型能力越强，越利于浇注出轮廓清晰、薄而复杂的精密铸件，还利于对金属冷凝过程中产生的收缩进行补缩。

收缩性是指金属凝固和冷却时，金属体积收缩的程度。收缩小即意味着铸件凝固时变形小；反之，不仅铸件凝固时变形大，若收缩得不到及时补缩，还很容易产生缩孔、疏松、裂纹等铸造缺陷。

偏析是指金属凝固后，化学成分的不均匀性。偏析小，说明铸件各部分成分均匀，这对保证铸件，尤其是大型铸件质量相当重要。一般而言，铸钢比铸铁的偏析倾向大。

常用金属中，以灰铸铁和锡青铜的铸造性最好。

对于某些工程塑料，在某些成型工艺方法中，也要求有较好的流动性和小的收缩率。

2. 压力加工性

压力加工性是指材料接受冷、热压力加工成型难易程度的一种工艺性能。热压力加工是指加热到某一温度下的压力加工，如锻造和热冲压等。冷压力加工则主要指冷冲压、挤压、冷锻等高效率的压力加工方法，它通常在室温下进行。

金属材料的压力加工性能常用金属的塑性和变形能力来综合衡量。塑性越大，变形抗力越小，则压力加工性越好，反之则越差。

1）锻造性

金属材料的锻造性取决于金属的本质和加工条件。前者主要指金属材料本身的化学成分、组织结构。例如低碳钢的锻造性比高碳钢好，碳钢的锻造性一般又比合金钢要好。而铸铁则无法锻造（可锻铸铁并非指可以锻造的铸铁）。又如单相固溶体（如奥氏体）的锻造性良好，而碳化物（如渗碳体）的锻造性就差。至于加工条件则指加热温度、应力状态等因素。显然，加热温度越高，锻造性越好。应力状态是指金属在经受不同方法变形时，所产生的应力大小和性质（压应力和拉应力）不同。实践证明，在加工方向上压应力数值越大，金属的塑性越好，锻造性越高；拉应力数值越大，锻造性越低。显然，这一影响因素也适用于其他压力加工性。

顶锻试验和锻平试验都是检验金属材料锻造性能的方法。

顶锻试验分为常温下进行的冷顶锻试验和在锻造温度下进行的热顶锻试验。金属材料试样按规定程度做顶锻变形后，对试样侧面进行检查，如无裂缝、裂口、贯裂、折叠或气泡等缺陷，则表示合格。

锻平试验是使试样在冷或热状态下承受规定程度的锻平变形，若无裂缝或裂口，则表示合格。

2）冲压性

冲压生产工艺有很大的经济效果，故广泛应用于有关制造金属产品的工业部门中。冲压加工有冷冲压和热冲压两种。一般薄金属板材采用冷冲压即可，厚度大于 8 mm 的板材则应采用热冲压。

检验金属材料冲压性的方法是杯突试验，又名艾利克森试验，适用于≤2 mm 的板材或带材。

试验在艾利克森试验机上进行，用规定尺寸的钢球或球形冲头，向夹紧于规定压模内的试样施加压力，直到试样开始产生第一条裂纹为止，此时的压入深度（mm）即金属材料的杯突深度。杯突深度不小于规定值时就认为试验合格。显然，金属材料能承受的杯突深度越大，则材料的冲压性就越好。

3. 冷弯性

金属材料在常温下能承受弯曲变形而不破裂的能力叫冷弯性。由于采用弯曲成型的工艺相当广泛，故冷弯性非常重要，一般在型材尤其是在建筑结构用钢材质保书上都标注上这一性能。

冷弯性主要通过冷弯试验进行检验。所用设备为压力机或万能材料试验机，甚至圆口虎钳。载荷应缓慢施加，其中冷弯试样长度、两支辊间距离、弯心直径、试样厚度（或直径）等均应符合国家标准规定。

弯曲程度一般用弯曲角度或弯心直径 d 对材料厚度 a 的比值来表示。弯曲角度越大或 d/a 越小，则材料的冷弯性越好。

4. 焊接性

材料的焊接性是指被焊材料是否易于焊接在一起，并能保证焊接质量的性能。

金属材料的焊接性与材料本身的化学成分、物理性能、力学性能及焊接方法等密切相关。如对钢铁材料而言，其焊接性随着碳、硫、磷含量的增大而降低；对导热性过高或过低、热膨胀系数过大、塑性低、易氧化的材料而言，焊接性均较差。

焊接性包括两方面：一是工艺可焊性，主要指焊接接头产生工艺缺陷的倾向，尤其是出现各种裂缝的可能性；二是使用可焊性，主要指焊接接头在使用中的可靠性，包括焊接接头的力学性能及其他特殊性能。

5. 切削加工性

切削加工性是指材料被切削加工的难易程度。它具有一定的相对性，某种材料的切削加工性的好坏往往相对于另一种材料而言，更与材料的种类、性质和加工条件等有关。常用衡量切削加工性的指标主要如下：

① 一定条件下的切削速度。材料允许的切削速度越高，切削加工性越好。

② 切削力。在相同的切削条件下，切削力较小的材料，耗能少，刀具寿命长，则切削加工性就好。

③ 已加工表面质量。凡容易获得好的表面质量的材料，其切削加工性较好。

④ 切削控制或断屑的难易。凡切削较易控制或易于断屑的材料，其切削加工性较好。

6. 热处理性

热处理性也是金属材料的一个重要工艺性能。对钢材而言，其主要指淬透性、回火脆性倾向、氧化脱碳倾向及变形开裂倾向等。这些将在"浴'火'百热成钢——钢的热处理工艺"模块中介绍。

模块三　金属材料的心脏——铁碳合金相图

模块引入

　　铁碳平衡图，又称铁碳合金相图或铁碳状态图。它以温度为纵坐标，碳含量为横坐标，表示在接近平衡条件（铁–石墨）和亚稳条件（铁–碳化铁）下（或极缓慢的冷却条件下）以铁、碳为组元的二元合金在不同温度下所呈现的相和这些相之间的平衡关系。

　　本模块属于教师引领、学生自学模式，在通览内容基础上，了解铁碳合金相图的构成，掌握铁碳合金相图的组织变化规律。

学习目标

知识目标：
1. 了解铁碳合金相图的形成方式；
2. 掌握铁碳合金相图的组织变化规律。

技能目标：
1. 能够分析铁碳合金相图的特征点、线、面的含义；
2. 能够分析铁碳合金相图的组织变化规律。

素养目标：
1. 具备独立自主的学习能力；
2. 具备团队合作的能力；
3. 具备敬业精神，热爱劳动。

铁碳合金相图
的构成

模块分析

学习任务	任务分解	重点、难点
熟知铁碳合金 相图的构成	铁碳合金相图的基本组织 晶体结构与实际晶体结构	铁碳合金相图组元 和实际晶体结构
掌握铁碳合金相图 的组织变化规律	铁碳合金相图构图	铁碳合金相图构图 及结晶转变过程
	合金的晶体结构	
	铁碳合金相图转变过程	
	实训一　铁碳合金平衡组织的显微分析	
	★实训　钢中夹杂物测定实训 ★实训　酸浸实训	

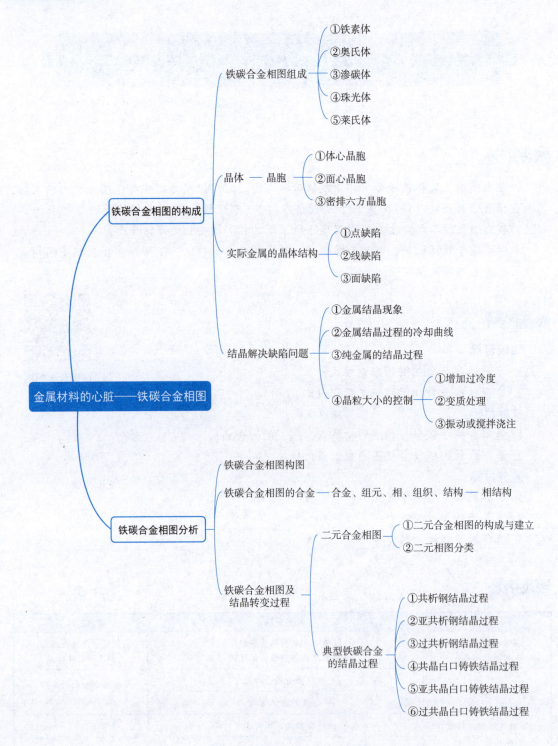

金属材料的心脏——铁碳合金相图
├─ 铁碳合金相图的构成
│   ├─ 铁碳合金相图组成
│   │   ├─ ①铁素体
│   │   ├─ ②奥氏体
│   │   ├─ ③渗碳体
│   │   ├─ ④珠光体
│   │   └─ ⑤莱氏体
│   ├─ 晶体——晶胞
│   │   ├─ ①体心晶胞
│   │   ├─ ②面心晶胞
│   │   └─ ③密排六方晶胞
│   ├─ 实际金属的晶体结构
│   │   ├─ ①点缺陷
│   │   ├─ ②线缺陷
│   │   └─ ③面缺陷
│   └─ 结晶解决缺陷问题
│   ├─ ①金属结晶现象
│   ├─ ②金属结晶过程的冷却曲线
│   ├─ ③纯金属的结晶过程
│   └─ ④晶粒大小的控制
│   ├─ ①增加过冷度
│   ├─ ②变质处理
│   └─ ③振动或搅拌浇注
└─ 铁碳合金相图分析
    ├─ 铁碳合金相图构图
    ├─ 铁碳合金相图的合金——合金、组元、相、组织、结构——相结构
    └─ 铁碳合金相图及结晶转变过程
        ├─ 二元合金相图
        │   ├─ ①二元合金相图的构成与建立
        │   └─ ②二元相图分类
        └─ 典型铁碳合金的结晶过程
            ├─ ①共析钢结晶过程
            ├─ ②亚共析钢结晶过程
            ├─ ③过共析钢结晶过程
            ├─ ④共晶白口铸铁结晶过程
            ├─ ⑤亚共晶白口铸铁结晶过程
            └─ ⑥过共晶白口铸铁结晶过程

任务1　熟知铁碳合金相图的构成

任务描述

铁碳合金相图是"金属材料热处理及加工应用"课程中的重要内容之一，它应用到金属热处理、金属加工应用和金属材料使用性能等方面。请各位同学以组为单位，利用课程内容查阅铁碳合金相图的晶体结构类型、晶体结构分类及控制实际晶粒的方法，并以不同方式在最终小组评价中展示出来。组长科学组织，小组成员共同协作，调动小组成员学习的积极性、主动性。

任务准备

1. 请认真查阅资料，总结出铁碳合金相图的晶体结构类型、晶体结构分类及控制实际晶粒的方法。

2. 摩拳擦掌（请完成以下各题，检测自己对铁碳合金相图的晶体结构类型、晶体结构分类及控制实际晶粒的方法知识前期掌握情况）。

填空题：

（1）在物体内部，原子呈无规律杂乱堆积的物体叫_____，原子按一定几何形状做有规律的_____物体称为_____，一般固态金属都属于_____。

（2）表示原子在晶体中排列规律的_____特征_____叫晶格，能够完整反映原子_____最小基本单元_____称为晶胞。

（3）晶体具有_____熔点，其性能呈各向同性，非晶体没有_____熔点，表示为各向异性。

（4）常见的金属晶格类型有_____、_____和_____三种。其中α-Fe属_____晶格，γ-Fe属_____晶格，δ-Fe属_____晶格。

（5）就现象讲，每个晶胞中的原子数：面心立方晶格为_____个，体心立方晶格为_____个，密排六方晶格为_____个。

（6）铁碳合金的基本组织有5种，它们是_____、_____、_____、_____和_____。其中属于固溶体的是_____和_____，属于金属化合物的是_____，属于混合物的是_____和_____。

任务计划

小组成员将收集到的信息进行汇总，并根据信息制定包括计划目标、工作步骤和组员分工等信息的多套可行性方案，并编写以下计划单。（计划表单设计示例如下）

姓名	计划分工	预计完成时间/天	任务目标和步骤	职务	计划内容展示
××	网络、书籍查阅	1	任务目标：查阅铁碳合金相图的晶体结构类型、晶体结构分类及控制实际晶粒的方法。 具体步骤：任务划分—任务实施—任务总结	组长	以思维导图、PPT 演示等形式完成
××	走访企业	1		副组长	
××	精品课程资源查阅	1		组员	
××	汇总并制作	1		组员	

知识链接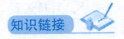

【铁碳合金晶体结构与实际晶体结构】

1. 铁碳合金相图组成

铁碳合金相图的基本组织：

1）铁素体（F）晶体

碳溶解在 α-Fe 中形成的固溶体称为铁素体，以 F 表示。它存在于 912 ℃以下，具有体心立方晶格。铁素体是间隙固溶体，溶解碳的能力很低，在室温下仅能溶解约 0.000 8% 的碳；当温度达到 727 ℃时，含碳量为最大，达 0.021 8%。实际上，碳是以原子的形式存在于 α-Fe 中的错位、空位、晶界等缺陷处。铁素体的组织和性能与纯铁没有明显区别，它的强度和硬度低而塑性和韧性好。

2）奥氏体（A）晶体

碳溶解在 γ-Fe 铁中形成的固溶体称为奥氏体，以 A 表示。奥氏体具有面心立方晶格，其间隙较大，所以奥氏体溶碳能力较铁素体大，在 727 ℃时为 0.77%，随着温度的升高，溶碳量不断增加，到 1 148 ℃时其溶碳量最大为 2.11%。在没有其他合金元素作用的情况下，铁碳合金中的奥氏体只有在 727 ℃以上才存在。

奥氏体的力学性能与其溶碳量及晶粒度大小有关。一般情况下，奥氏体的硬度为 170～220 HBS，延伸率为 40%～50%，具有良好的塑性变形能力和低的变形抗力，是绝大多数钢种在高温进行压力加工时需要的组织，也是钢和生铁在进行某些热处理时所需的晶体相。除某些高合金钢外，一般钢材在正常室温下是不会得到奥氏体的。

3）渗碳体（Fe₃C）晶体

渗碳体是铁与碳形成的化合物，以其分子式 Fe_3C 表示。其含碳量为 6.69%，熔点约为 1 227 ℃。当含碳量超过铁素体或奥氏体的最大溶解度时，多余的碳即从上述固溶体中析出并与铁形成渗碳体。渗碳体是一种晶体结构较为复杂的间隙化合物。它的性能特点是硬而脆，硬度为 800 HV，熔点高，塑性和韧性几乎为零，不能单独使用。

4）珠光体（P）晶体

珠光体是铁素体和渗碳体组成的机械混合物，其含碳量为 0.77%，以 P 表示。利用高倍显微镜观察时，能清楚看到铁素体和渗碳体间隔分布、交错排列的片状组织。由于珠光体是由强度和硬度低、塑性和韧性好的铁素体与硬而脆的渗碳体所组成的两相混合组织，因此它的性能介于上述两者之间，缓冷时硬度为 180～220 HBS。

5）莱氏体（Ld）

含碳量为 4.3% 的液态铁碳合金，缓慢冷却到 1 148 ℃时，可以同时结晶出奥氏体和渗碳体的共晶体。该共晶体称为高温莱氏体，以 Ld 表示。在温度低于 727 ℃时，组织发生转变，形成渗碳体和珠光体组成的机械混合物。该共晶体称为低温莱氏体，以 Ld′表示。莱氏体中存在着大量的渗碳体，性能硬又脆，是白口铸铁的基本组织。

2. 晶体

晶体指的是具有整齐规则的几何外形、固定熔点和各向异性的固态物质，是物质存在的一种基本形式。晶体内部结构中的质点（原子、离子、分子、原子团）有规则地在三维空间呈周期性重复排列，组成一定形式的晶格，外形上表现为一定形状的几何多面体。

为了描述晶体的结构，我们把构成晶体的质点假想成一个阵点，再用假想的线段将这些代表质点的各阵点连接起来，就绘成了像图中所表示的格架式空间结构。这种用来描述质点在晶体中排列的三维空间格架，称为晶格。简单晶体结构、晶格如图 3-1、图 3-2 所示。

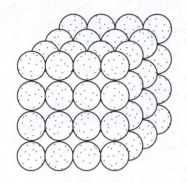

图 3-1　简单晶体结构

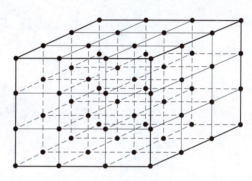

图 3-2　晶格

晶体中原子的排列是有规律的，可以从晶格中拿出一个完全能够表达晶格结构的最小单元，这个最小单元就叫作晶胞，如图 3-3 所示。许多取向相同的晶胞组成晶粒，由取向不同的晶粒组成的物体，叫作多晶体，而单晶体内所有的晶胞取向完全一致，常见的单晶体有单晶硅、单晶石英等。大家最常见到的一般是多晶体。

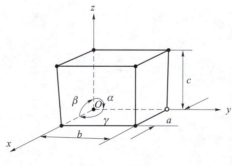

图 3-3　晶胞

不同的金属具有不同的金属结构，但在金属元素中有 90%以上的金属具有比较简单的晶体结构。其中最常见的金属晶体结构有三种类型，即体心立方晶格、面心立方晶格和密排六方晶格。晶格类型对比如表 3-1 所示。

表 3-1 晶格类型对比

晶格类型	定义	晶胞原子数	晶胞致密度	晶胞原子半径	配位数	金属类型示意图	常见金属
体心立方	8个顶角、中心各排列一个原子	$8\times\left(\dfrac{1}{8}\right)+1=2(个)$	0.68	0.87a	8	(a) (b) (c)	a-Fe、Cr、W、Mn、V
面心立方	8个顶角、6个面的中心各一个原子	$8\times\left(\dfrac{1}{8}\right)+6\times\left(\dfrac{1}{2}\right)=4(个)$	0.74	0.7a	12	(a) (b) (c)	γ-Fe、Cu、Al、Au、Ag、Pd
密排六方	除了六方柱体的12个顶角和上下两个底面的中心各排列一个原子外，在柱体中心还等距离排列着三个原子	$12\times\left(\dfrac{1}{6}\right)+2\times\left(\dfrac{1}{2}\right)+3=6(个)$	0.74	0.7a	12	(a) (b) (c)	Mg、Zn、Cd、Be
备注	晶胞致密度：晶胞中原子所占的体积与晶胞体积之比。 晶胞的原子半径：假设原子为具有一定大小的刚性球，把两个相互接触的小球的中心距离称为晶胞的原子半径。 配位数：在晶格中围绕任何一个原子的邻接最近的原子数。						

3. 纯金属的结晶

1）金属结晶现象

一切物质从液态到固态的转变过程统称为凝固。如果通过凝固能够形成固态晶体，则可称之为结晶。晶体的结晶过程具有一定的平衡结晶温度，高于这个温度发生熔化，低于这个温度才能产生结晶。而一切非晶体物质则没有这一明显的平衡结晶温度，凝固是在某一温度范围内完成的。

2）金属结晶过程的冷却曲线

由图 3-4 可见，金属在实际的结晶过程中，其实际结晶温度 T_n 一定低于理论结晶温度 T_m。实际结晶温度低于理论结晶温度的现象，称为过冷现象。理论结晶温度与实际结晶温度之间的温度差，称为过冷度，用 ΔT 表示，所以 $\Delta T = T_m - T_n$。实际结晶温度越低，过冷度 ΔT 越大。过冷度 ΔT 的大小，在成分不变的前提下，主要取决于液态金属的冷却速度。一般来讲，冷却速度越大，实际结晶温度越低，过冷度 ΔT 也随之增大。过冷度越大，为结晶所提供的推动力越大，结晶越容易进行。

综上所述，过冷是结晶的必要条件，液态金属必须具有一定过冷度才能够开始结晶。但应注意过冷并不是结晶的充分条件，这是因为除了热力学条件之外，还要求具有动力学条件，例如原子移动和扩散等因素的作用。

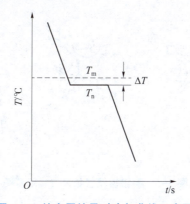

图 3-4　纯金属结晶时冷却曲线示意图

3）纯金属的结晶过程

纯金属结晶时，首先在液体中出现极微小的晶体，然后以它们为核心向液体中长大。与此同时，在金属液体中还会不断出现极微小的晶体，并不断向液体中长大，直到长大的晶体相遇，所有液体全部消失为止，这时整个结晶过程完成。在整个结晶过程中，直接从液体中出现的微小晶体称为晶核。晶核向液体中长大的全过程，称为晶核长大。因此可以认为，金属结晶过程，是通过不断形核和晶核长大两个过程来完成的。图 3-5 所示为金属结晶全过程示意图。

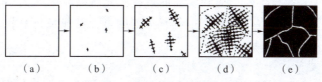

| (a) | (b) | (c) | (d) | (e) |

图 3-5　金属结晶全过程示意图

晶核的形成包括两种方式，即自发形核和非自发形核。从液体内部由金属本身原子自发生长出结晶核心，叫自发形核（也称均质形核）。而在一般工业生产的凝固条件下，晶核依附于液相中高熔点固相杂质粒子和铸型表面而形成，即晶核是以非自发形核（也称异质形核）方式形成的。自发形核时所需要的过冷度大约只是金属熔点的2%，比自发形核小得多。因此，在金属实际结晶过程中，非自发形核比自发形核更重要，往往起优先、主导的作用。

晶核一般呈现两种长大方式：平面长大方式和树枝状长大方式。平面长大方式在实际金属结晶中极少见到，以下主要讨论树枝状长大方式。

当过冷度较大时，特别是存在杂质时，晶核往往以树枝状的形式长大。开始，晶核可长为很小的但形状规则的晶体，然后由于热力学、晶体结构等方面的原因，在晶体继续长大的过程中优先沿一定方向生长出空间骨架形成树干，称为一次晶轴。在一次晶轴增长和变粗的同时，在其侧面生出新的枝芽，枝芽发展成枝干，称为二次晶轴。随着时间的推移，二次晶轴成长的同时又可长出三次晶轴，三次晶轴上再长出四次晶轴……如此不断成长和分枝下去，直至液体完全消失，结果结晶出一个具有树枝形状的所谓树枝晶。晶核树枝状长大方式示意图如图3-6所示。

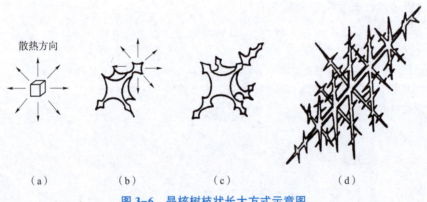

图3-6　晶核树枝状长大方式示意图

4）晶粒大小的控制

由于在常温下，具有细晶粒组织的金属材料的机械性能（包括强度、硬度、塑性和冲击韧性）都比由粗晶粒组织组成的金属材料优良，因此其一般用来制造工程结构件、机械零件和工具的金属材料，它们都希望晶粒越细小越好。

晶粒的大小称为晶粒度。生产中大都采用晶粒度等级来衡量晶粒的大小。ASTM标准晶粒度分为8级，1级晶粒度最粗（晶粒平均直径为0.25 mm），8级最细（晶粒平均直径为0.022 mm），更细的称为超细晶粒（9~12级）。晶粒度等级通常是在放大100倍的金相显微镜下观察金属磨面，对照标准晶粒度等级图来比较评定的。

金属的结晶过程是晶核不断形成和长大的过程，显然晶粒度的大小与结晶时的形核率N和长大速度G有关。凡能促进形核、抑制长大的因素，都能细化晶粒。细化晶粒的方法有以下三种：

（1）增加过冷度。

试验研究表明，金属结晶时的过冷度与形核率、长大线速度有如图3-7所示的关系。随ΔT增加，N/G的比值也将增大。所以，增加过冷度能细化铸件（锭）的晶粒。在连续冷却条件下，冷却速度越大，过冷度越大，晶粒越细小。增大冷却速度可以通过降低液体的浇注温度，选用吸热能力强和导热能力强的铸型材料等措施来实现。但在生产实际中，由于铸件（锭）的体积往往很大，难以用快速冷却的方法来提高金属液的过冷度来达到细化晶粒的目的，因此提高过冷度从理论上讲能够细化晶粒，但在实际生产中应用较少。

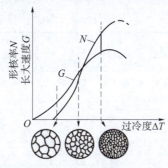

图 3-7　金属结晶时的过冷度与形核率、长大线速度的关系

（2）变质处理。

铸件的体积较大时，获得较大的过冷度是困难的。对于形状复杂的铸件，常常又不允许增加冷却速度，否则会引起铸件的收缩不一致而导致开裂。在实际生产中，最常用细化晶粒的方法是变质处理。利用变质剂来细化铸态金属晶粒的方法称为变质处理。变质剂大致分为两大类：一类促进形核，例如在铁水中加入硅铁、硅钙合金，能使石墨变细；另一类抑制晶核长大，例如在铝硅合金液中加入钠盐，钠能富集在硅的表面，阻碍粗大的硅晶体的形成。

（3）振动、搅拌等。

在浇注时，对金属液体加以机械振动、超声波处理或者利用电磁搅动等方法，使铸型中液体金属运动，造成枝晶破碎。碎晶块可以起到晶核的作用，这些破碎的晶体便可起形核的作用，进而增加形核率，同样能细化铸态金属的晶粒。

任务实施

小组成员根据课堂讲解，以及小组讨论，分析铁碳合金相图的晶体结构类型、晶体结构及控制实际晶粒的方法。小组成员进行决策、实施，细化完成步骤，明确组员分工，确定完成时间，制定评价指标等充实方案的工作，实施任务，并且需要及时检查、不断调整计划，以确保方案目的的实现。小组成员需要根据自身知识储备和以往经验整体把握小组的完成进度，及时处理和记录相关内容。（决策表示例如下）

姓名	调整分工	完成时间/天	任务目标和步骤	教师指导意见	调整内容展示
××			**任务目标：**查阅资料，修改铁碳合金相图的晶体结构类型、晶体结构分类及控制实际晶粒的方法，并制作晶体模型。 **具体步骤：任务划分—任务实施—任务总结**		以 PPT、思维导图、视频、实物或者文字等方式展示
××					
××					
××					

考核评分

小组完成本次主体工作任务后，按照原计划或课后实施决策进行组内自检和组间互检，查缺补漏。在所有小组完成本次任务后，全体学生和教师根据各小组的阶段性成果进行组内自评、组间互评和教师点评。各小组吸取经验，为下一次任务做准备。

考核构成	考核指标	考核标准	知识目标	能力目标	德育目标	占总分比
过程考核	学习态度	态度端正，学习主动，虚心请教，课前思考，上课认真、课后反思	10%	20%	70%	10%
	学习纪律	遵守纪律，不迟到、不早退，无缺课	0	0	100%	10%
	学习责任	工作认真，能为实践结果承担责任	10%	20%	70%	10%
	合作	能与小组成员保持良好的合作关系，能采用合适的方式表达不同意见，与他人合作顺利	25%	20%	55%	10%
成果考核	成果展示类型	能够运用现代化手段收集素材	50%	30%	20%	10%
	成果制作效果	内容准确、体例清晰、美观	10%	70%	20%	20%
	成果讲解效果	条理清晰、表达准确、时间控制合理	45%	50%	5%	10%
	试卷	实操考试	50%	30%	20%	20%

小组成果展示

（请将本模块展示结果文档粘贴于此）

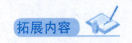拓展内容

1. 晶向指数和晶面指数

材料科学中讨论有关晶体的生长、形变、相变等问题时，常涉及晶体中原子的位置、原子列的方向（称为晶向）和原子构成的平面（晶面）。为了便于确定和区别晶体中不同方位的晶向和晶面，国际上通常采用米勒指数来统一标定晶向指数和晶面指数。

1）晶向指数

晶体中任何阵点 P 的位置可由矢量 $ruvw$ 或该阵点的坐标 u、v、w 来确定。不同的晶向只是坐标值的数值不同，因此用约化的 $[uvw]$ 来表示晶向指数，如图 3-8 所示。晶向指数的确定步骤如下：

① 以晶胞的三个棱边为坐标轴 x、y、z，以棱边长度（即晶格常数 a）作为坐标轴的长度单位；

② 过原点作与所求晶向平行的待定晶向；

③ 求出这个晶向上任一点的矢量在三个坐标轴上的分量（即求出任一点的坐标数）；

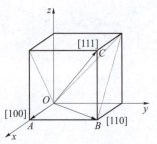

图 3-8　晶向指数

④ 将此数按比例化为最小整数 u、v、w，用方括号括起来成 $[uvw]$，即得所求的晶向指数。如坐标数为负值，即在相应指数上方加负号，如 $[1\overline{1}0]$。

晶向指数表示所有相互平行、方向一致的晶向。另外，晶体中因对称关系而等价的各组晶向归并为一个晶向族，用<uvw>表示，如立方晶系中的<111>晶向族。

$$<111>=[111]+[\overline{1}11]+[1\overline{1}1]+[11\overline{1}]+[\overline{1}\,\overline{1}1]+[\overline{1}1\overline{1}]+[1\overline{1}\,\overline{1}]+[\overline{1}\,\overline{1}\,\overline{1}]$$

2）晶面指数

晶面指数（见图 3-9）的标定步骤如下：

① 选取三个晶轴为坐标系轴，各轴分别以相应点阵常数为量度单位，正负关系同一般常例；

② 从要确定的晶面中选取一个不通过原点的晶面，找出它在三个坐标轴上的截距；

③ 取各截距的倒数，按比例化为简单整数 h、k、l，而后用括号括起来成 (hkl)，即所求晶面的指数。若某一截距为负数，则在相应的指数上方加负号。

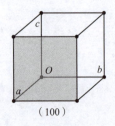　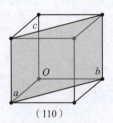　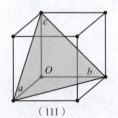　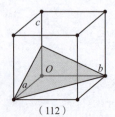

（100）　　　　　（110）　　　　　（111）　　　　　（112）

图 3-9　晶面指数

同样，晶面指数代表的不仅是某一晶面，而且是一组相互平行的晶面。在晶体内凡晶面间距和晶面上原子的分布完全相同，只是空间取向不同的晶面可归并为同一晶面族，用 $\{hkl\}$ 表示。

2. 晶体的原子堆垛方式和间隙

1）金属晶体中的原子堆垛

在纯金属的晶体点阵中，面心立方和密排六方结构是原子排列的紧密形式，它们的致密度相同，但却表现出不同的原子堆垛方式。

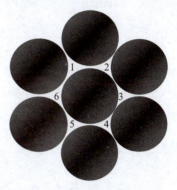

图 3-10 所示为原子在二维平面上唯一最紧密排列的情况。最紧密的堆积方式，是一个球与周围 6 个球相切，在中心的周围形成 6 个凹位，将其算为第一层（A 层）。

第二层对第一层来讲最紧密的堆积方式是将球对准 1、3、5 位（或对准 2、4、6 位，其情形是一样的，B 层）。

关键是第三层，对第一、二层来说，第三层可以有两种
最紧密的堆积方式。当第三层原子按 A 层堆垛，则该密排

图 3-10　原子堆垛模型

面的原子将与第一层原子中心完全对应重合，而第四层与第二层重合，以此类推。故这种堆垛方式以 ABAB…序列表示，并组成密排六方点阵结构。

当第三层原子排列在图 3-10 中的 2、4、6 位置处（与第二层原子错开）形成密排面时，不会出现上述重合情况，第四层原子的堆垛将与第一层原子中心重合，又开始进行依次的重复堆积，因此以 ABCABC…序列表示，并组成面心立方点阵结构。

2）金属晶体中的间隙

在由大量原子组成规则排列的晶体中，即使是在密堆情况下，各原子之间总要有许多间隙存在。位于 6 个原子所组成的八面体中间的间隙为八面体间隙，而位于 4 个原子所组成的四面体中间的间隙为四面体间隙。与晶体结构相关的间隙位置、大小和数量，对金属的性能、组成合金时的结构以及原子的扩散过程等有重要影响。

面心立方晶胞中八面体间隙中心位于晶胞体心和 12 个棱边中点，为正八面体间隙；四面体间隙中心处于距离晶胞各顶角 1/4 体对角线位置，由一个顶角原子和相邻三个面心原子围成，为正四面体间隙，如图 3-11 所示。体心立方和密排六方晶胞中的间隙不再赘述，如图 3-12、图 3-13 所示。三种晶体结构的间隙对比如表 3-2 所示。

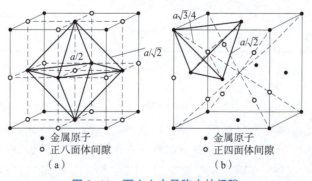

（a）

（b）

●金属原子
○正八面体间隙

●金属原子
○正四面体间隙

图 3-11　面心立方晶胞中的间隙

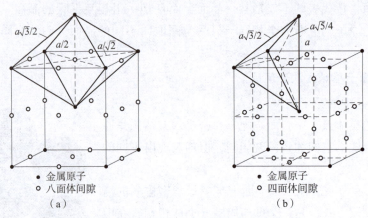

（a）　　　　　　　　　　　　（b）

图 3-12　体心立方晶胞中的间隙

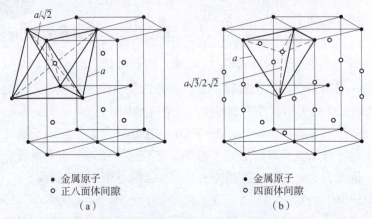

（a）　　　　　　　　　　　　（b）

图 3-13　密排六方晶胞中的间隙

表 3-2　三种晶体结构的间隙对比

晶体类型	间隙类型	一个晶胞的间隙	原子半径 r_A	间隙半径 r_B	r_B/r_A
面心立方	正八面体	4 个	$\sqrt{2}\,a/4$	$(2-\sqrt{2})\,a/4$	0.414
	正四面体	8 个		$(\sqrt{3}-\sqrt{2})\,a/4$	0.225
体心立方	八面体	6 个	$\sqrt{3}\,a/4$	$(2-\sqrt{3})\,a/4$	0.155
	四面体	12 个		$(\sqrt{5}-\sqrt{3})\,a/4$	0.291
密排六方	正八面体	6 个	$a/2$	$(\sqrt{2}-1)\,a/4$	0.414
	四面体	12 个		$(\sqrt{6}-2)\,a/4$	0.225

3. 晶体缺陷

在实际应用的金属材料中，原子的排列不可能像理想晶体那样规则和完整，总是不可避免地存在一些原子偏离规则排列的不完整性区域，这就是晶体缺陷。一般来说，金属中这些偏离规定位置的原子数目很少。即使在最严重的情况下，晶体中位置偏离很大的原子至多占总原子数的千分之一，所以从整体上看，其结构还是接近完整的。尽管如此，晶体缺陷的产生、发展、运动、合并与消失，对晶体的力学性能及其他性能仍具有重要影响。

根据晶体缺陷的几何特征，可以将它们分为以下三类：

（1）点缺陷。

晶体中的原子在其平衡位置上做热振动，温度越高，其振动能量越大。而且，各原子的能量并不完全相等，而是呈统计分布，并经常地变化着。于是，一些高能量的原子就有可能脱离原来的平衡位置，迁移到晶体表面或原子之间的间隙位置，使原来的位置空着，称之为空位，处于间隙中的原子则称为间隙原子。而占据在原来基体原子平衡位置上的异类原子称为置换原子。图 3–14 所示为点缺陷示意图。

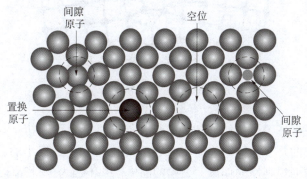

图 3–14   点缺陷示意图

空位、间隙原子和置换原子都属于晶体的点缺陷，即在三维方向上尺寸都很小的缺陷，它们的存在破坏了晶格的规则性，造成晶格的歪扭、产生，是导致固溶强化的主要原因。空位和间隙原子的存在还利于内部原子的扩散。

（2）线缺陷。

材料中常见的线缺陷是位错。位错是晶体中某一列或若干列原子发生错排现象。位错可能是由于晶体内部局部产生滑移造成的。图 3–15 所示为最简单的刃型位错示意图。最基本的形式是刃型位错和螺型位错。实际晶体中存在大量位错。在位错附近区域产生的晶格畸变，直接影响晶体的各种性能。

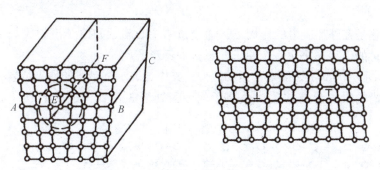

图 3–15   最简单的刃型位错示意图

（3）面缺陷。

实际应用的金属在结晶过程中，会形成许多位向不同的小晶体（单晶体），它们组合起来便是多晶体。构成多晶体的多个小晶体称为晶粒。晶粒与晶粒之间的过渡区域（边界）称为晶界，如图 3–16 所示。晶界是晶体中的主要面缺陷。晶界需要同时适应相邻晶粒的位向，所以就必须从一种位向过渡到另一种位向，出现了一定的过渡层，因而晶界上的原子排列处于无规则状态。

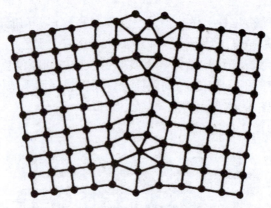

图 3-16　晶界示意图

晶体缺陷的存在破坏了晶体结构的完整性，使晶格产生了歪扭、畸变，对晶体的性能影响很大。但需指出的是，晶体缺陷的相对数量（比例）还是很小的，仅是在局部区域对于完整晶体的原子排列规则性的偏离，金属的晶体性并不因为少量晶体缺陷的存在而改变。

在实际晶体结构中，点、线、面缺陷并不是静止不变的，而是随一定的温度和加工工艺条件的改变而不断变化。它们可以产生、发展、运动和交互作用，也能合并和消失。晶体缺陷对晶体材料的性质，特别是对金属的塑性变形、强化和断裂，以及固态相变、扩散等过程都起着重要作用。

4. 位错的运动

位错的重要性质之一是它可以在晶体中运动，而宏观的塑性变形是通过位错运动来实现的。晶体的力学性能如强度、塑性和断裂等均与位错的运动有关。因此，了解位错运动的有关规律，对于改善和控制晶体力学性能是有益的。

位错的运动方式主要是滑移和攀移。

1）滑移

位错的滑移是在外加应力的作用下，通过位错中心附近的原子沿柏氏矢量方向在滑移面上不断做少量的位移（小于一个原子间距）而逐步实现的。

图 3-17 所示为刃型位错的滑移运动模型。其中 2 表示位错线的原来位置，在切应力作用下，该位错沿柏氏矢量滑移了一个原子间距，处于 3 位置，最后形成一个相对位移的台阶。

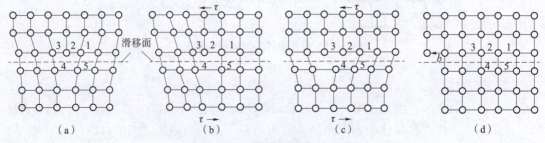

图 3-17　刃型位错的滑移运动模型

由上述位错滑移模型可知，晶体中的位错滑移只需要一个很小的切应力即可完成。当一个刃型位错在切应力作用下沿滑移面运动到晶体表面后，晶体将产生一个柏氏矢量的相对滑移台阶。当有 n 个柏氏矢量相同的位错，沿同一滑移面或分别沿彼此平行的滑移面扫过时，晶体将产生 nb 个滑移量的宏观塑性变形。

综上，刃型位错滑移时，位错线的运动方向与柏氏矢量方向一致，其所在的滑移面为位错线与柏氏矢量组成的平面，由于刃型位错线与柏氏矢量垂直，故刃型位错只有一个确定的滑移面。

同理，图 3-18 所示为螺型位错滑移运动模型。与刃型位错不同，螺型位错线的运动方向与切应力及柏氏矢量相垂直，当一个螺型位错线划过整个晶体后，表面也会产生一个柏氏矢量的相对位移台阶，得到与刃型位错相同的滑移结果。但由于螺型位错线与柏氏矢量平行，因此位错可在通过位错线的任何晶面上进行滑移。

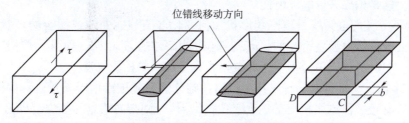

图 3-18　螺型位错滑移运动模型

位错的表示：为了便于描述晶体中的位错，更为确切地表征不同类型位错的特征，1939 年柏格斯（Burgers）提出了采用柏氏回路来定义位错，借助一个规定的矢量即柏氏矢量揭示位错的本质。图 3-19（a）、图 3-19（b）所示分别为含有一个刃型位错的实际晶体和用作参考的不含位错的完整晶体。

（1）柏氏矢量的确定方法。

① 首先确定位错线的正向（一般规定位错线垂直纸面时，由纸面向外为正向）。

② 在实际晶体中，从任一原子出发（避开位错线），围绕位错（避开严重畸变区）以一定步数做一右旋闭合回路 MNOPQ，称为柏氏回路。

③ 在完整晶体中按同样的方向和步数做相同的回路，该回路不闭合，由终点 Q 向起点 M 引一矢量，使回路闭合，这个矢量 b 就是实际晶体中位错的柏氏矢量。

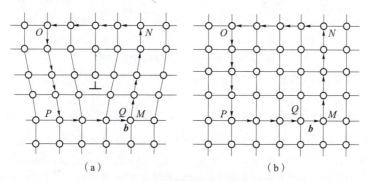

（a）　　　　　　　　　　（b）

图 3-19　刃型位错柏氏矢量的确定

由图 3-19 可见，刃型位错的柏氏矢量与位错线垂直，这是刃型位错的一个重要特征。

刃型位错的正、负可借右手法则来确定，即用右手的拇指、食指和中指构成直角坐标系，以食指指向位错线方向，中指指向柏氏矢量方向，拇指指向代表多余半原子面的位向，且规定拇指指向上者为正刃型位错；反之为负刃型位错。

同理，螺型位错的柏氏矢量也可用同样的方法确定，螺型位错的柏氏矢量与位错线平行，且规定柏氏矢量与位错线正向平行者为右螺旋位错，反之则为左螺旋位错。

（2）柏氏矢量的特性。

① 位错周围的所有原子，都不同程度地偏离其平衡位置。通过柏氏回路确定柏氏矢量的方法表明，柏氏矢量是一个反映位错周围点阵畸变总积累的物理量。该矢量的方向表示运动导致晶体滑移的方向，而该矢量的模表示畸变的程度。

② 确定柏氏矢量时，只规定了柏氏回路必须在好区内选取，而对其形状、大小和位置没有任何限制。这意味着柏氏矢量与回路起点及具体途径无关。一根位错线的柏氏矢量是恒定不变的，这是柏氏矢量的守恒性。

③ 一根不分叉的位错线，不论其形状如何变化（直线、曲线或闭合的环状），也不管位错线上各处的位错类型是否相同，其各部位的柏氏矢量都相同，而且当位错在晶体中运动或者改变方向时，柏氏矢量不变，即位错线具有唯一的柏氏矢量。

④ 若一个柏氏矢量可以分解成几个位错，则分解后各位错柏氏矢量之和等于原位错的柏氏矢量。若有数根位错线相交于一点（位错结点），则指向结点的各位错线柏氏矢量之和等于离开结点的各位错线柏氏矢量之和。若各位错线的方向都是指向结点或离开结点的，则柏氏矢量之和恒为零。

⑤ 位错在晶体中存在的形态可形成一个闭合的位错环，或连接于其他位错（交于位错结点），或终止在晶界，或露头在晶体表面，但不能中断在晶体内部。这种性质称为位错的连续性。

2）攀移

晶体中的刃型位错除了可以进行滑移运动外，还可以在垂直于滑移面的方向上发生攀移运动，即通过空位或原子的扩散而使位错线离开原滑移面做上下移动，如图3-20所示。

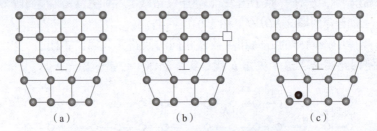

图3-20 刃型位错的攀移运动模型

（a）未攀移的位错；（b）空位运动引起的正攀移；（c）间隙原子引起的负攀移

当刃型位错的多余半原子面缩小时（原子离开位错线或空位向该处扩散），位错线向上攀移，称为正攀移；反之，当多余半原子面扩大时，位错线向下攀移，称为负攀移。

在螺型位错中，由于不存在多余半原子面，因此不能产生位错的攀移运动。

综上所述，晶体中的位错运动有滑移和攀移两种基本形式。刃型位错既可滑移，又可攀移，后者主要发生在高温或应力条件下。螺型位错可在包含位错线的不同晶面上进行滑移，但不能攀移。

5. 外表面

长期以来，人们一直以为晶体外表面和内部的结构相同，但试验证明这种说法是错误的。处于晶体外表面上的原子，由于其周围环境与晶体内部不同，致使约有几个原子层处于较高的能量状态，该表层结构组成了晶体的外表面。一般将晶体三维周期结构与真空之间的过渡区域定义为晶体的表面。表面层原子配位数明显少于晶体内部，同时由于表面层原子配位数的减少，相当于一部分结合键被割断，因此，表面原子将偏离点阵的平衡位置而处于能力较高的状态。

晶体的表面能可理解为单位表面面积的自由能增量，一般多以表面张力来表示。表面张力相当于单位面积表面的自由能——表面能。表面能也可用形成单位新表面所割断的结合键数目近似表达。

由于各晶面原子排列的密度不同，因而当不同晶面作为外表面时，表面能存在一定差别，因此晶体表面能具有各向异性的特点。

为了降低表面能，晶体往往以原子密度最大的晶面组成其外表面。实际晶体的外表面往往与密排面成一定角度，因此，为了保持低能量的表面状态，晶体的外表面大都呈台阶状，由许多密排面低表面能的小平面台阶连接而成。

6. 纯金属的形核规律

由前述可知，金属结晶过程是通过不断形核和晶核长大两个过程来完成的。金属在凝固时的形核方式主要分为两种：均匀形核与非均匀形核。均匀形核是指新相晶核在母相中均匀生成，即晶核由液相中的一些原子团直接形成，不受杂质粒子或外表面影响；新相优先在母相中存在的异质处形核，即依附于液相中的杂质或外来表面形核的方式为非均匀形核。

在实际溶液中不可避免地存在杂质和外表面（如容器表面），因此凝固方式主要是非均匀形核。但是，非均匀形核的基本原理是建立在均匀形核的基础上的，因此先讨论均匀形核。

1）均匀形核

晶体熔化后的液态结构从长程来说是无序的，而在短程范围内却存在着不稳定的、接近有序的原子集团（尤其是温度接近熔点时）。由于液体中原子热运动较为强烈，在其平衡位置停留时间甚短，这种局部有序排列的原子集团此消彼长，因此称之为结构起伏或称相起伏。当温度降至熔点以下，在液相中时聚时散的短程有序原子集团就可能成为均匀形核的"胚芽"或称晶胚，其中的原子呈现规则排列，其外层原子与液体中不规则排列的原子接触而构成界面。

因此，当过冷液体中出现晶胚时，一方面，由于在这个区域中原子由液态转变成晶态的排列状态，使体系内的自由能降低，这是相变的驱动力；另一方面，由于晶胚构成新的表面，又会引起表面自由能增加，构成相变阻力。在固-液相变中，晶胚形成时的体积应变能可在液相中完全释放，在凝固中不考虑这项阻力，但在固-固相变中，体积自由能不能忽略。

假设晶胚为球形，半径为 r，当过冷液体中出现一个晶胚时，总的自由能变化为

$$\Delta G = \frac{4}{3}\pi r^3 \Delta G_V + 4\pi r^2 \sigma$$

式中：ΔG_V——单位体积自由能变化；

σ——比表面能，可用表面张力表示。

在一定温度下，ΔG_V 和 σ 是确定值，因此 ΔG 是 r 的函数。ΔG 随 r 的变化曲线如图 3-21 所示。由图 3-21 可知，ΔG 在半径为 r_k 时达到最大值。当晶胚的 $r<r_k$ 时，晶胚的长大导致体系自由能的增加，故这种晶胚不稳定，难以长大，最终熔化而消失。当 $r \geqslant r_k$ 时，晶胚的长大使体系自由能降低，这些晶胚就成为稳定的晶核。因此，半径为 r_k 的晶核称为临界晶核，而 r_k 称为临界晶核半径。因此，在过冷液体中，不是所有晶胚都能成为稳定的晶核，只有达到临界半径的晶胚时才能实现。

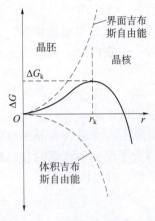

图 3-21　ΔG 随 r 的变化曲线

临界晶核半径 r_k 可通过求极值得到。由 $\dfrac{\mathrm{d}\Delta G}{\mathrm{d}r}=0$，求得

$$r_k = -\frac{2\sigma}{\Delta G_V} = \frac{2\sigma T_m}{L_m \Delta T}$$

由上式可知，临界晶核半径由过冷度决定，过冷度越大，临界半径越小，则形核的概率增大，晶核的数目也增多。当液态处于熔点时，过冷度为 0，则临界半径趋于无穷大，因此任何晶胚都不能成为晶核，凝固不能发生。

将临界半径代入总自由能变化公式得到临界形核功

$$\Delta G_k = \frac{16\pi\sigma^3}{3(\Delta G_V)^2} = \frac{16\pi\sigma 3 T_m^2}{3(L_m \Delta T)^2}$$

临界晶核表面积为

$$A_k = 4\pi r_k^2 = \frac{16\pi\sigma^2}{\Delta G_V^2}$$

得到

$$\Delta G_k = \frac{1}{3} A_k \sigma$$

综上，形成临界晶核时自由能仍是增高的，其增值相当于其表面能的 1/3，即液、固之间的体积自由能差值只能补偿形成临界晶核表面所需能量的 2/3，而不足的 1/3 则需依靠液相中存在的能量起伏来补充。能量起伏是指体系中每个微小体积所实际需要的能量会偏离体系平均能量水平而瞬时涨落的现象。

因此，液相必须在一定的过冷条件下才能凝固，而液相中客观存在的结构起伏和能量起伏是促进均匀形核的必要因素。

2）非均匀形核

通常，在实际生产中很难实现均匀形核，这是因为存在模壁和不溶于液体中的夹杂物等可以作为形核的基底，固相晶核依附于这些夹杂物的界面上形成。其模型如图 3-22 所示。

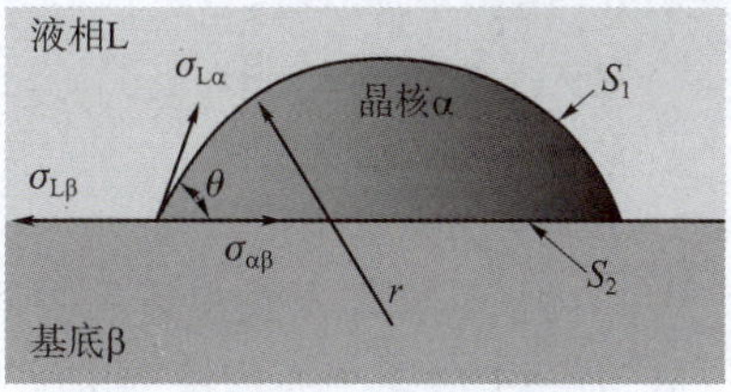

图 3-22 非均匀形核模型

假定固相晶胚以球冠状形成于基底 β 的平面表面上，这时体系的总吉布斯自由能变化为

$$\Delta G_{非} = V\Delta G_{V} + \Delta\left(\sum A\sigma\right)$$

设固相晶核表面的曲率半径为 r，晶核与基底的接触角为 θ，根据立体几何可得到球冠的体积为

$$V = \pi r^3 \frac{2 - 3\cos\theta + \cos^3\theta}{3}$$

液相-晶核和基底-晶核之间的界面面积分别为

$$A_{L/S} = 2\pi r^2(1 - \cos\theta)$$

$$A_{S/\beta} = \pi r^2 \sin^2\theta$$

如果 $\sigma_{L\beta}$、$\sigma_{L\alpha}$、$\sigma_{\alpha\beta}$ 分别表示液相-基底、液晶-晶核、晶核-基底之间单位面积的表面能，则液相、晶核、基底之间表面张力的平衡关系如下：

$$\sigma_{L\beta} = \sigma_{\alpha\beta} + \sigma_{L\alpha}\cos\theta$$

因此，非均匀形核时体系总吉布斯自由能变化为

$$\Delta G_{非} = \left(\frac{4}{3}\pi r^3 \Delta G_{V} + 4\pi r^2 \sigma_{L\alpha}\right)\frac{2 - 3\cos\theta + \cos^3\theta}{4} = \frac{2 - 3\cos\theta + \cos^3\theta}{4}\Delta G_{均}$$

计算后可得

$$r_{非}^* = -\frac{2\sigma}{\Delta G_{V}}$$

$$\Delta G_{非}^* = \frac{2 - 3\cos\theta + \cos^3\theta}{4}\Delta G_{均}^*$$

由上述式子可知，非均匀形核时的临界晶核半径与均匀形核临界晶核半径相同，而非均匀形核的形核功与接触角 θ 密切相关。当固相晶核与基底完全浸润时，$\theta = 0$，$\Delta G_{非}^* = 0$，即非均匀形核无须形核功，说明固体杂质或型壁可作为现成晶核。当完全不浸润时，$\theta = 180°$，$\Delta G_{非}^* = \Delta G_{均}^*$，则基底没有任何作用；非极端情况下，当 $0 < \theta < \pi$ 时，$\Delta G_{非}^* < \Delta G_{均}^*$，非均匀形核所需形核功小于均匀形核功，故过冷度较均匀形核时小。

3）形核率

（1）均匀形核形核率。

形核率是指单位时间、单位体积内生成固相晶核的数目。形核率取决于两个因素：一是随过冷度增大，晶核的临界半径减小，形核功降低，因而需要的能量起伏小，容易形成稳定的晶核，此因子为受形核功影响的形核率因子；二是随过冷度增大，原子热运动减弱，从而原子从液相跃迁到固相的概率降低，不利于晶核的形成，此因子为受原子扩散影响的形核率因子。因此，综合起来形核率表示为

$$N_{均} = K\exp\left(-\frac{\Delta G_{均}^*}{kT}\right)\exp\left(-\frac{Q}{kT}\right)$$

式中：K——比例常数；

Q——扩散激活能；

k——玻尔兹曼常数；

T——热力学温度。

图 3-23 所示为 N 与温度、过冷度的关系曲线。其中，N_1 为受形核功影响的形核率因子，N_2 为受扩散影响的形核率因子。当温度 T 较高、过冷度较小时，形核率主要取决于形核功；当温度较低、过冷度较大时，形核率主要取决于原子扩散激活能。当温度适中时，形核率达到极大值，形核率曲线上出现峰值。

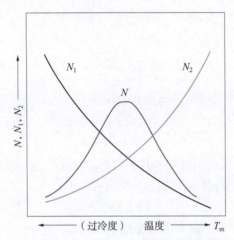

图 3-23 N 与温度、过冷度的关系曲线

对于易流动液体来说，形核率随温度下降至某值 T^* 时突然显著增大，此温度 T^* 可视为均匀形核的有效形核温度。随过冷度增加，形核率逐渐增大，未达图 3-23 中的峰值前，结晶已经完毕。多种易流动液体试验研究表明，对于大多数液体，观察到均匀形核的相对过冷度 $\Delta T^*/T_m$ 为 0.15~0.25，其中 $\Delta T^* = T_m - T^*$，或者说有效形核过冷度 $\Delta T^* \approx 0.2T_m$（$T_m$ 用热力学温度表示）。

（2）非均匀形核形核率。

图 3-24 所示为均匀形核率和非均匀形核率随 ΔT 变形对比。由图 3-24 可知，最主要的差异在于其形核功小于均匀形核功，因此非均匀形核在约为 $0.02T_m$ 的过冷度时，形核率已达到最大值。另外，非均匀形核率由低向高的过渡较为平缓；达到最大值后，结晶并未结束，形核率下降至凝固结束。这是因为非均匀形核需要合适的"基底"，随新相晶核的增多而减少，在基底减少到一定程度时，将使形核率降低。

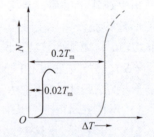

图 3-24 均匀形核率和非均匀形核率随 ΔT 变形对比

非均匀形核以难熔的外来夹杂作为形核基底，当液体温度过热时，可使难熔夹杂物熔化或者使夹杂物表面的活性去除，失去活化夹杂的特性，因此使非均匀形核率大大降低。另外，夹杂物特性、夹杂基底表面的形态、夹杂物数量等也会影响非均匀形核率。

7. 纯金属晶核长大规律

晶核一旦形成，液相原子必须不断向固-液界面上附着，这样才能促使晶核不断长大。

晶核的长大是指液相原子迁移到固相的量比从固相原子迁移到液相中的量多，即固-液界面向液相中推移的过程。晶核长大的驱动力是体系自由能的降低，其过程是液相中原子向晶核表面迁移或堆砌的过程。晶体长大的方式可分别从微观和宏观角度分析：微观长大方式讨论液相原子向固相界面的堆砌方式；宏观长大方式讨论的是固-液界面的形态。影响晶体生长的因素很多，主要有固-液界面前沿的温度条件、固-液界面结构，对合金而言，还与界面前沿合金成分及性质有关。

1）微观长大方式

微观长大是液相原子转移到固相界面的过程，其中原子转移的微观长大方式取决于固-液界面的结构，而固-液界面结构又由界面热力学决定。稳定的界面结构应该是表面吉布斯自由能最低、热力学最稳定的结构。根据杰克逊的理论，按原子尺度，固-液界面微观结构分为粗糙界面和光滑界面两类。

所谓粗糙界面，是指在微观上高低不平，存在厚度为几个原子间距的过渡层的固-液界面。这种界面微观上是粗糙的，由于界面很薄，因此从宏观上看界面反而是光滑平整的，这种界面又称非小平面界面，如图3-25（a）所示。

所谓光滑界面，是指在界面处液、固两相截然分开，固相表面是基本完整的原子密排面，因此从微观来看界面是光滑的，但从宏观上看，它往往由若干曲折的小平面组成，是不平整的，因此又称为小平面界面，如图3-25（b）所示。

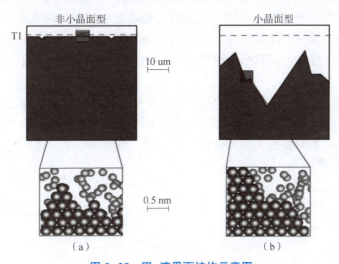

图3-25　固-液界面结构示意图

（a）粗糙界面；（b）光滑界面

晶核长大也需要过冷度。具有光滑界面的物质，过冷度为 $1 \sim 2$ ℃；具有粗糙界面的物质，过冷度仅为 $0.01 \sim 0.05$ ℃。不同类型的界面，长大机制不同。

具有粗糙界面的物质，界面上有一半的原子位置空着，液相中的原子可直接迁移到这些位置，使晶体整个界面沿法线方向向液相中长大。这种长大方式叫垂直长大，也称为连续长大，生长速度很快。

具有光滑界面的物质长大机制可能有两种。一种是在界面上反复形成二维晶核的机制。这种方式，每增加一个原子层都需要一个二维晶核，然后侧向铺展至整个表面。形成二维晶核需要形核功，因此晶体长大速率很慢。另一种是依靠晶体缺陷长大机制。液体中的原子不断添加到晶体缺陷的台阶上使晶体长大。如可沿螺型位错的露头形成的台阶不断添加原子，没有能量障碍。但界面上提供的可添加原子的位置有限，因此生长速率也很小，如图3-26所示。

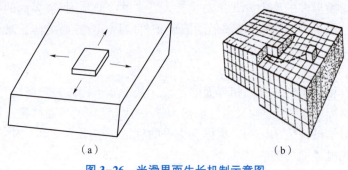

（a）　　　　　　　　　　　　（b）

图3-26　光滑界面生长机制示意图

（a）二维晶核机制；（b）螺型位错机制

2）宏观长大方式

纯金属凝固时的生长形态，取决于固-液界面的微观结构和界面前沿的液相中的温度梯度。温度梯度有两种情况：正的温度梯度和负的温度梯度。

正的温度梯度是指随着离开固-液界面的距离增大，液相温度随之升高的情况。在这种情况下，结晶潜热只能通过固相散出，晶体的生长接近平面状向前推进，这是由于温度梯度是正的，当界面上偶有凸起部分伸入温度较高的液相中时，它的生长速度会减慢甚至停止，周围部分的过冷度较凸起部分大而赶上来，使凸起部分消失，从而使固-液界面保持稳定的平面状态。

若是光滑界面结构的晶体，其生长形态呈台阶状，组成台阶的平面是晶体的一定晶面，固-液界面自左向右推移，虽与等温面平行，但小平面与溶液等温面呈一定的角度，如图3-27（a）所示。若是粗糙界面的晶体，其生长形态呈平面状，界面与液相等温面平行，如图3-27（b）所示。

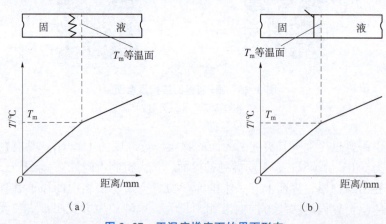

（a）　　　　　　　　　　　　（b）

图3-27　正温度梯度下的界面形态

（a）台阶状；（b）平面状

负的温度梯度是指液相中温度随离开固-液界面的距离增大而降低。相界面上产生的结晶潜热可通过固相也可通过液相散出。这种情况下，若部分相界面生长凸出到前面的液相中，则能处于温度更低（过冷度更大）的液相中，使凸出部分的生长速度增大而进一步伸入液相中。固-液界面将不可能保持平面状而会形成许多伸向液相的分枝，同时在这些枝晶上又可能长出二次枝晶，在二次枝晶再长出三次枝晶，如图 3-28 所示。晶体的这种生长方式称为树枝状长大。

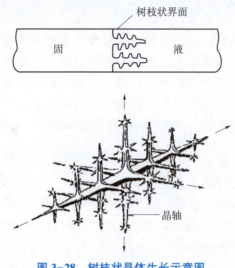

图 3-28　树枝状晶体生长示意图

树枝状生长在具有粗糙界面的物质中（如金属）表现得最为显著，而对于具有光滑界面的物质，在负的温度梯度下虽也出现树枝状生长的倾向，但往往不甚明显。

铁碳合金相图是"金属材料热处理及加工应用"课程中的重要内容之一，它应用到金属热处理、金属加工应用和金属材料使用性能等方面。请各位同学以组为单位，利用课程内容查阅铁碳合金相图构图、合金的晶体结构及铁碳合金冷却转变，并以不同方式在最终小组评价中展示出来。组长科学分工，小组成员共同协作，调动小组成员学习积极性、主动性。

铁碳合金相图
分析

任务准备

1. 请认真查阅资料，总结出铁碳合金相图构图、合金的晶体结构及铁碳合金冷却转变。

2. 摩拳擦掌（请完成以下各题，检测自己对铁碳合金相图构图、合金的晶体结构及铁碳合金冷却转变知识前期掌握情况）。

选择题：

（1）组成合金的最基本的独立物质称为（　　）。

A. 相　　　　　　　　B. 组元　　　　　　　　C. 组织

（2）合金固溶强化的主要原因是（　　）。

A. 晶格类型发生了变化

B. 晶粒细化

C. 晶格发生了畸变

（3）铁素体为（　　）晶格，奥氏体为（　　）晶格。

A. 面心立方　　　　　B. 体心立方　　　　　　C. 密排六方

（4）珠光体的平均含碳量为（　　）%。

A. 0.77　　　　　　　B. 2.11　　　　　　　　C. 6.69

（5）从奥氏体中析出的渗碳体称为（　　），从液体中结晶出的渗碳体称为（　　）。

A. 一次渗碳体　　　　B. 二次渗碳体　　　　　C. 三次渗碳体

（6）铁碳合金相图上的共析线是（　　）。

A. ECF　　　　　　　B. ACD　　　　　　　　C. PSK

（7）亚共析钢冷却到 GS 线时，要从奥氏体中析出（　　）。

A. 铁素体　　　　　　B. 渗碳体　　　　　　　C. 珠光体

（8）室温组织中不含 Fe_3C_{II} 的为（　　）。

A. 含碳量为 0.45% 的铁碳合金

B. 含碳量为 0.8% 的铁碳合金

C. 含碳量为 3.0% 的铁碳合金

（9）金属液冷却到（　　）开始结晶，并结晶出一次渗碳体。

A. ACD 线　　　　B. ES 线　　　　C. AC 线　　　　D. CD 线

（10）含碳量为 0.2% 的铁碳合金，在室温下的组织为（　　）。

A. 珠光体　　　　B. 珠光体+铁素体　　　　C. 珠光体+二次渗碳体

（11）铁碳合金相图上 *ES* 线，其代号用（　　）表示，*PSK* 线用代号（　　）表示，*GS* 线用代号（　　）表示。

A. A_1　　　　B. A_3　　　　C. A_{cm}

任务计划

小组成员将收集到的信息进行汇总，并根据信息制定包括计划目标、工作步骤和组员分工等信息的多套可行性方案，并编写以下计划单。（计划单设计示例如下）

姓名	计划分工	预计完成时间/天	任务目标和步骤	职务	计划内容展示
××	网络、书籍查阅	1	任务目标：查阅铁碳合金相图构图、铁碳合金相图的合金、铁碳合金相图转变过程，以及如何背诵铁碳合金相图。 具体步骤：任务划分—任务实施—任务总结	组长	以思维导图、PPT 演示等形式完成
××	走访企业	1		副组长	
××	精品课程资源查阅	1		组员	
××	汇总并制作	1		组员	

知识链接

钢铁是现代工业中应用最广泛的金属材料，其基本组元是铁和碳两种元素，故统称为铁碳合金。普通碳钢和铸铁均属铁碳合金范畴。为了熟悉钢铁材料的组织与性能，以便在生产中合理使用，首先必须研究铁碳合金相图。

1. 铁碳合金相图构图

铁碳合金相图的建立，以温度为纵坐标，碳含量为横坐标，形成铁碳合金相图的框架。具体构图步骤如图 3-29 所示。

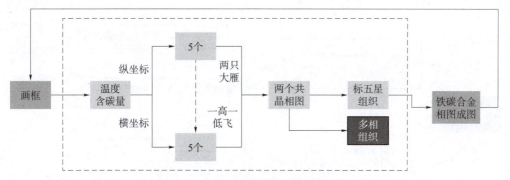
图 3-29　铁碳合金相图具体构图步骤

横坐标——5 个含碳量为 0.021 8%、0.77%、2.11%、4.3%、6.69%；纵坐标——温度为 1 538 ℃、1 148 ℃、1 227 ℃、912 ℃、727 ℃。

2. 合金

铁碳合金相图构图及纯金属的晶体结构前面已经讲解，奥氏体、铁素体、渗碳体、莱氏体和珠光体在这个相图中起了什么作用？组成什么物质？这些物质对铁碳合金相图应用有什么影响？下面让我们来进行学习。

1）合金基本概念

合金基本概念如表3-3所示。

表3-3　合金基本概念

分类	定义	内容详解
合金	相图中由一种金属元素与一种或几种其他元素结合而形成的具有金属特性的物质	铁碳合金、铝硅合金、硬铝、黄铜等
组元	组成合金所必需的并能独立存在的物质。由两个组元组成的合金称为"二元合金"，由三个或多个组元组成的合金称为三元或多元合金	例如普通黄铜是铜元素和锌元素为主的合金，组元就由铜元素与锌元素两种组成。锰钢是在以铁和碳两种元素为主的合金的基础上加入锰元素，所以由铁、碳、锰三种组元组成
系	由给定的组元配制的一系列不同成分量的同类合金，组成了一个系统，称为合金系	二元合金系如黄铜，三元合金系如锰钢
相	在合金系统中，某一晶体结构相同、化学成分均匀，并有明显界面与其他部分区分开来的部分称为相	铁在同素异构转变过程中，出现 α-Fe 和 γ-Fe 也是两种不同的相。α-Fe 是体心立方晶格，γ-Fe 是面心立方晶格，它们的原子排列规律不同；能以分界面分开，因此也是不同的相。合金的组织是由不同数量和形状的相所组成的
组织	显微尺度	用肉眼、低倍放大镜或普通金相显微镜观察到的金属和合金内部形貌，尺度范围较大
结构	指晶体中原子的排列方式	只能用 X 射线、电子探针才能确定，尺度范围较小

2）合金相结构

合金相结构分类如图3-30所示。

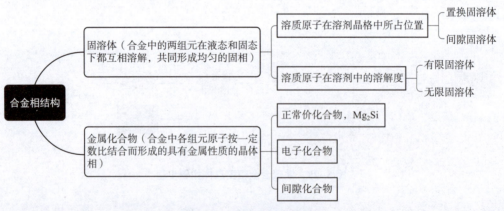

图3-30　合金相结构分类

3）重点概念引发

金属材料四大硬化对比如表3-4所示。

表 3-4　金属材料四大硬化对比

名称	相同点	不同点	举例
加工硬化	位错运动受阻，使得材料得到强化	在再结晶温度以下塑性变形时强度和硬度升高，而塑性和韧性降低的现象	冷拔钢丝可使其强度成倍增加
细晶强化		通过细化晶粒而使金属材料力学性能提高的方法	增加过冷度、变质处理、热处理（退火和正火）
固溶强化		由于溶质原子和溶剂原子总存在着大小和电性上的差别，从而导致晶格畸变，这种晶格畸变使合金的塑性变形抗力提高	铜镍合金的强度大于铜和镍纯金属的强度
第二相强化		当第二相以细小弥散的微粒均匀分布于基体相中时，将会产生显著的强化作用	钢中渗碳体的存在使钢的强度得到提高

3. 铁碳合金冷却转变

铁碳合金相图是铁碳二元合金系统的相图。通过铁碳二元合金相图，人们可以直观地看出（铁碳）形成过程中的组分变化与碳含量、温度间的相互关系。在介绍铁碳二元合金相图转变过程前，首先学习二元合金相图。

1）二元合金相图

二元合金相图是研究二元合金结晶过程的简明示意图，反映不同成分的合金在不同温度下的组成相及相平衡关系，是研究合金相变过程、确定合金组织、判断合金性能的基础。由于二元合金相图能够表明合金系中不同成分的合金在不同温度（或压力）下相的组成以及相之间的平衡关系，因此相图也称为平衡图或状态图。首先了解相图的建立过程和基本类型。

（1）二元相图的建立。

二元相图是以试验数据为依据，在以温度为纵坐标，以组成材料的成分为横坐标所绘制的线图。二元相图最常用的测试方法是热分析法。今以 Cu-Ni 合金系为例做简要说明。

如图 3-31 所示，根据热分析法，先画出 100%Cu，20%Ni+80%Cu，40%Ni+60%Cu，60%Ni+40%Cu，80%Ni+20%Cu，100%Ni（质量分数）各合金的冷却曲线，然后将各冷却曲线中的结晶开始温度（上临界点）和结晶终了温度（下临界点），在图 3-31 的温度-成分坐标图中，对应各合金的成分线取点，分别连接各上临界点和下临界点得 $t_A Lt_B$ 线和 $t_A \alpha t_B$ 线。坐标和这两条曲线构成的平面图就是 Cu-Ni 合金相图。

（2）二元相图的类型。

① 匀晶相图。匀晶相图是指在液态和固态下均能无限互溶时所构成的相图。Cu-Ni、Fe-Ni、Au-Ag 相图都属于此类相图。图 3-32 所示为 Cu-Ni 匀晶相图。

② 共晶相图。两组元在液态下完全互溶，在固态下有限互溶并有共晶反应的相图为共晶相图。图 3-33 所示为固态下两组元有限溶解的 Pb-Sn 共晶相图。

③ 共析相图。共析转变是指在较高温度下，经过液相结晶得到的单相固溶体在冷却到一定温度时，又发生析出两个成分、结构与母相完全不同的新的固相的过程。与共晶转变类似，共析反应也是一个恒温转变过程，也具有与共晶点和共晶线相似的共析点和共析线。图 3-34 所示为二元共析相图。

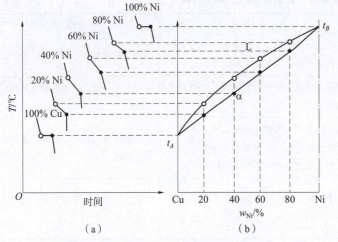

图 3-31　Cu-Ni 合金相图的测定与绘制

（a）Cu-Ni 合金的冷却曲线；（b）Cu-Ni 合金相图

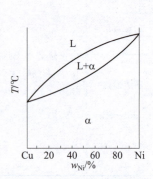

图 3-32　Cu-Ni 匀晶相图

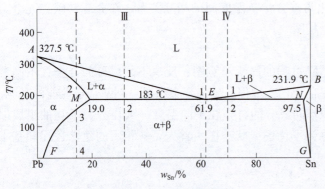

图 3-33　Pb-Sn 共晶相图

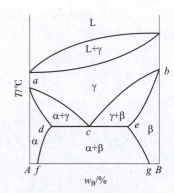

图 3-34　二元共析相图

2）典型铁碳合金的结晶过程

根据组织特征，通常把铁碳合金分为工业纯铁（$w_C<0.021\ 8\%$）、钢（$w_C=0.021\ 8\%\sim$ 2.11%）和白口铸铁（$w_C>2.11\%$）三类。在钢中把 $w_C=0.77\%$ 的称为共析钢；把 $w_C<$ 0.77% 的称为亚共析钢；把 $0.77\%<w_C<2.11\%$ 的称为过共析钢。在白口铸铁中，$w_C=4.3\%$ 的称为共晶白口铸铁，$2.11\%<w_C<4.3\%$ 的称为亚共晶白口铸铁；$4.3\%<w_C<6.69\%$ 的称为过共晶白口铸铁。

（1）共析钢。

共析钢（见图 3-35 中的合金Ⅰ）自高温液态冷却到 1 点开始结晶出奥氏体，到 2 点全部结晶为奥氏体。此时奥氏体为合金Ⅰ的成分，当奥氏体冷却至 3 点时发生共析转变，形成完全的珠光体组织并保留到室温。珠光体是铁素体和渗碳体组成的片状共析体，其中铁素体的体积约占 88%；渗碳体的体积约占 12%，呈层片状分布。共析钢冷却时的组织转变如图 3-36 所示，其室温显微组织见图 3-37。

（2）亚共析钢。

亚共析钢（见图 3-35 中的合金Ⅱ）自高温液态冷却至 3 点前与共析钢相同，得到单相

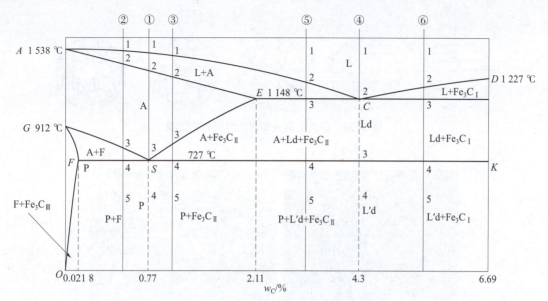

图 3-35　典型铁碳合金结晶过程及室温组织

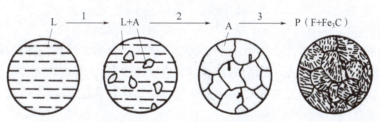

图 3-36　共析钢冷却时的组织转变

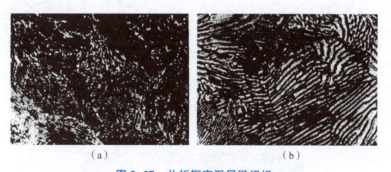

(a)　　　　　　　　(b)

图 3-37　共析钢室温显微组织

(a) 200×; (b) 500×

的奥氏体。奥氏体冷却到 3 点开始析出铁素体，同时由于铁素体的不断析出使奥氏体的成分沿 GS 线变化，向 S 点靠近。冷却到 4 点，剩余的奥氏体发生共析转变，形成珠光体。室温下亚共析钢的组织为铁素体和珠光体。亚共析钢冷却时的组织转变过程如图 3-38 所示，其显微组织见图 3-39。

（3）过共析钢。

过共析钢（见图 3-35 中的合金Ⅲ）自高温液态冷却至 3 点前与共析钢相同，奥氏体冷

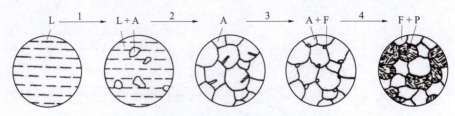

图 3-38　亚共析钢冷却时的组织转变过程

(a) (b)

图 3-39　亚共析钢显微组织

(a) $w_C = 0.20\%$（200×）；(b) $w_C = 0.45\%$（250×）

却到 3 点开始析出二次渗碳体，同时由于二次渗碳体的不断析出使奥氏体的成分沿 ES 线变化，向 S 点靠近。冷却到 4 点，剩余的奥氏体发生共析转变，形成珠光体。室温下过共析钢的组织为二次渗碳体和珠光体。过共析钢冷却时的组织转变过程如图 3-40 所示，其室温显微组织如图 3-41 所示。

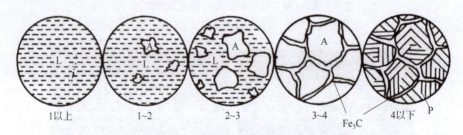

图 3-40　过共析钢冷却时的组织转变过程

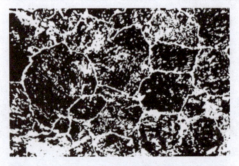

图 3-41　过共析钢室温显微组织（500×）

（4）亚共晶白口铸铁。

亚共晶铸铁自高温液态冷却至 1 点时开始结晶出奥氏体。在 1 点到 2 点之间冷却时，随着结晶出的奥氏体不断增加，剩余液相的成分沿 AC 线变化而向 C 点（共晶点）靠近。冷却到 2 点时，剩余的液相发生共晶转变，形成高温莱氏体。继续冷却时，先结晶的奥氏体与高温莱氏体中的奥氏体由于溶解度的下降而析出二次渗碳体，成分沿 ES 线变化。到 3 点时，剩余的奥氏体发生共析转变形成珠光体。此时莱氏体组织由珠光体+二次渗碳体+共晶渗碳体组成，称为低温莱氏体。而亚共晶白口铸铁的室温组织由珠光体+二次渗碳体+低温莱氏体组成。亚共晶铸铁冷却时的组织转变过程如图 3-42 所示。

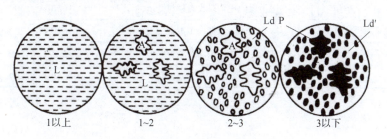

图 3-42　亚共晶铸铁冷却时的组织转变过程

共晶白口铸铁和过共晶白口铸铁的结晶过程可参照亚共晶白口铸铁的结晶过程进行分析。共晶白口铸铁的室温组织为低温莱氏体；过共晶白口铸铁的室温组织由低温莱氏体和一次渗碳体组成，一次渗碳体为从液相中先结晶出来的渗碳体。

任务实施

小组成员根据课堂讲解，以及小组讨论，分析铁碳合金相图构图，合金、铁碳合金冷却转变。小组成员进行决策、实施，细化完成步骤，明确组员分工，确定完成时间，制定评价指标等充实方案的工作，进行任务实施，并且需要及时检查、不断调整计划，以确保方案目的的实现。小组成员需要根据自身知识储备和以往经验整体把握小组的完成进度，及时处理和记录相关内容。（决策表示例如下）

姓名	调整分工	完成时间/天	任务目标和步骤	教师指导意见	调整内容展示
××			**任务目标：** 查阅资料分析铁碳合金相图构图，合金、铁碳合金冷却转变等重要内容及背诵铁碳合金相图。 **具体步骤：** 任务划分—任务实施—任务总结		以 PPT、思维导图、视频、实物或者文字等形式展示
××					
××					
××					

考核评分

小组完成本次主体工作任务后，按照原计划或课后实施决策进行组内自检和组间互检，查缺补漏。在所有小组完成本次任务后，全体学生和教师根据各小组的阶段性成果进行组内自评、组间互评和教师点评。各小组吸取经验，为下一次任务做准备。

考核构成	考核指标	考核标准	知识目标	能力目标	德育目标	占总分比
过程考核	学习态度	态度端正，学习主动，虚心请教，课前思考，上课认真、课后反思	10%	20%	70%	10%
	学习纪律	遵守纪律，不迟到、不早退，无缺课	0	0	100%	10%
	学习责任	工作认真，能为实践结果承担责任	10%	20%	70%	10%
	合作	能与小组成员保持良好的合作关系，能采用合适的方式表达不同意见，与他人合作顺利	25%	20%	55%	10%
成果考核	成果展示类型	能够运用现代化手段收集素材	50%	30%	20%	10%
	成果制作效果	内容准确、体例清晰、美观合理	10%	70%	20%	10%
	成果讲解效果	条理清晰、表达准确、时间控制	45%	50%	5%	10%
	试卷	实操考试	50%	30%	20%	20%

小组成果展示

（请将本模块展示结果文档粘贴于此）

铁碳合金相图知识总结

1. 铁碳合金相图记忆方法

利用铁碳合金相图拼图进行记忆（3D 打印成品），如图 3-43 所示。

图 3-43　铁碳合金相图拼图

2. 铁碳合金相图相组织总结

铁碳合金相图相组织如表 3-5 所示。

表 3-5　铁碳合金相图相组织

项目	亚共析钢	共析钢	过共析钢	亚共晶 白口铸铁	共晶 白口铸铁	过共晶 白口铸铁
含碳量	0.021 8%~0.77%	0.77%	0.77%~2.11%	2.11%~4.3%	4.3%	4.3%~6.69%
组织	P+F	P	P+Fe$_3$C$_{II}$	P+L'd+Fe$_3$C$_{II}$	L'd	L'd+Fe$_3$C$_I$

1. 含碳量为 2.11% 的铁碳合金为分界点，将 0~6.69% 的铁碳合金分为钢和铸铁两大类；
2. 含碳量为 0~2.11% 的铁碳合金定义为钢，而含碳量为 2.11%~6.69% 的铁碳合金定义为铸铁

3. 铁碳合金相图点、线的含义

铁碳合金相图点、线的含义如表 3-6 所示。

表 3-6　铁碳合金相图点、线的含义

特性点	温度/℃	w_C/%	特性点的含义
A	1 538	0	纯铁的熔点或结晶温度
C	1 148	4.3	共晶点，发生共晶转变 L$_{4.3}$⇌A$_{2.11}$+Fe$_3$C
D	1 227	6.69	渗碳体的熔点
E	1 148	2.11	碳在奥氏体中的最大溶碳量，也是钢与铸铁的化学成分分界点
F	1 148	6.69	共晶渗碳体的成分点
G	912	0	α-Fe⇌γ-Fe 同素异构转变点
S	727	0.77	共析点，发生共析转变 A$_{0.77}$⇌F$_{0.021\,8}$+Fe$_3$C
P	727	0.021 8	碳在铁素体中的最大溶碳量
K	727	6.69	共析渗碳体的成分点
Q	600	0.000 8	碳在铁素体中的最大溶碳量

特性点	温度/℃	w_C/%	特性点的含义
特征线			
ACD	液相线		
AECF	固相线		
ECF	共晶线		
PSK	共析线		
GS	冷却时由奥氏体组织中析出铁素体组织的开始线		
ES	碳在奥氏体中的溶解度变化曲线		
GP	冷却时奥氏体组织转变为铁素体的终了线或者加热时铁素体转变为奥氏体的开始线		
PQ	碳在铁素体中的溶解度变化曲线		

4. 铁碳合金相图结晶过程

利用铁碳相图区域组织划分进行记忆，具体标记如图3-44所示。

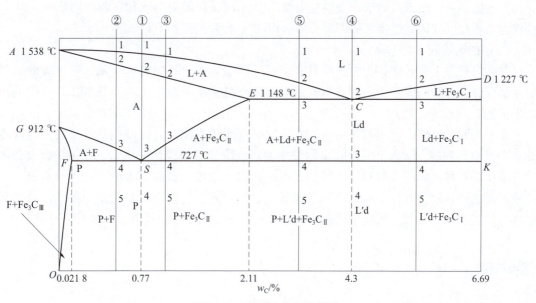

图3-44　铁碳合金组织划分

5. 铁碳合金相图的应用

铁碳合金相图对工业生产具有重要的指导意义，它不仅是合理选用材料的理论基础，而且是制定铸造、压力加工、焊接和热处理等工艺规范的重要依据。

1）在选材方面的应用

铁碳合金相图提供了合金的相与组织随成分变化的规律，进而可以通过相与组织的变化判断其性能。这就便于根据制造产品的力学性能要求选择合适的材料。如果需要材料具有较高的塑性和韧性，应选择低碳钢（w_C<0.25%）；如果需要材料的强度、塑性和韧性都较好，应选择中碳钢（w_C=0.25%~0.55%）；如果需要材料具有较高的硬度和耐磨性，应选择高碳钢（w_C>0.55%）。其中低碳钢一般应用于建筑结构和型材用钢；中碳钢一般应用于机械零部件的制造；高碳钢一般应用于工具和耐磨用钢。白口铸铁由于其耐磨性好，铸造性优良，适用于制造耐磨，但不受冲击且形状复杂的铸件。

2）在制定工艺方面的应用

（1）在铸造工艺方面的应用。

根据铁碳合金相图，可以确定比较合适的浇注温度。由相图可知，共晶成分合金的凝固温度间隔最小，所以流动性最好，缩孔及疏松产生可能性较低，可以得到比较致密的铸件。此外，因为共晶成分合金的熔点最低，所以可以使用温度要求较低的简易加热设备。因此在铸造生产中，接近共晶成分的铸铁被广泛应用。

（2）在压力加工方面的应用。

钢在室温时的组织为两相混合物，因而其塑性较差，只有将其加热到单相奥氏体状态，才能有较好的塑性，因此钢材的热加工温度应选在单相奥氏体组织的温度范围内进行。其选择的原则是热加工开始温度应控制在固相线以下 200~300 ℃，温度不易太高，以免钢材氧化严重甚至产生晶界熔化；而热加工终了温度不能过低，以免钢材塑性下降而产生裂纹。

（3）在焊接工艺方面的应用。

焊接时，焊缝到母材各区域的受热温度是不同的。由铁碳合金相图可知，由于热影响区加热温度不同，则该区的组织及性能必然有所不同，在随后的冷却过程中得到的组织和性能也不尽相同，因此焊接之后都需要用一定的热处理方法进行改善。

（4）在热处理工艺方面的应用。

各种热处理工艺与铁碳合金相图具有密切的联系。热处理中退火、正火和淬火的加热温度都应当参考铁碳合金相图。具体的温度选择原则将在"浴'火'百热成钢——钢的热处理工艺"一章中介绍。

必须说明，铁碳合金相图各相的相变温度是在所谓平衡条件（即极其缓慢的加热或冷却状态）下得到的，所以不能反映实际快速加热或冷却时组织的变化情况。铁碳合金相图也不能反映各种组织的形状和分布状况。由于在通常使用的铁碳合金中，除了含有铁、碳两种元素之外，还含有许多的杂质元素和其他合金元素，它们会影响相图中各点、各线和各区的位置和形状，因此在应用铁碳合金相图时，必须充分考虑其他元素对相图的影响。

 拓展内容

一、合金相重点知识

1. 合金相结构

合金相结构是指合金组织中相的晶体结构。根据各组元之间的物理、化学性质不同和相互作用关系，固态合金主要有两大类晶体相：固溶体和金属化合物。

1）固溶体

一种组元均匀地溶解在另一组元中而形成的晶体相，称为固溶体。换句话说，合金中的两组元在液态和固态下都互相溶解，共同形成均匀的固相。这种形成固相的过程就像盐溶解在水中，液态时是盐水溶液，而固态时是盐水冰固体，无论在液态还是固态都互相均匀溶解，因此盐溶解在水中形成的晶体相称为盐水固溶体。固溶体形成后，它的晶体结构就是在一种组元的晶格上分布着两种组元的原子。组成固溶体的组元也与溶液一样，有溶

质和溶剂之分。其中，晶格保持不变的组元称为溶剂，晶格消失的组元称为溶质。置换固溶体与间隙固溶体示意图如图 3-45 所示。

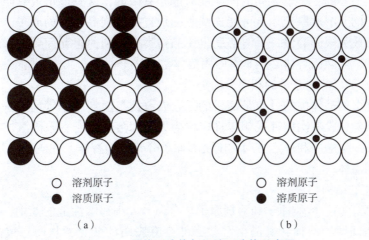

○ 溶剂原子
● 溶质原子

○ 溶剂原子
● 溶质原子

（a）

（b）

图 3-45　置换固溶体与间隙固溶体示意图

（a）置换固溶体；（b）间隙固溶体

（1）固溶体分类。

① 按照溶质原子在溶剂晶格中所占位置分类。

a. 置换固溶体。置换固溶体是指溶质原子分布于溶剂晶格的结点上而形成的晶体相。在置换固溶体中，溶质在溶剂中的溶解度主要取决于两者原子直径之差、晶格类型、在元素周期表中的相互位置等因素。一般来说，溶质原子和溶剂原子在元素周期表中的位置越接近，原子直径相差越小，那么这种固溶体的溶解度就越大。如果上述条件都能够很好地满足，并且二者的晶格类型也相同，那么就有可能形成无限互溶的固溶体，也就是两种组元可以互为溶质、互为溶剂，可以以任何比例形成置换固溶体。例如铜与镍、铁与铬就可以形成无限固溶体。否则就会形成有限固溶体，即溶质在溶剂中有一定的限度，当超过该溶质的溶解度时，溶质就会以其他方式析出。例如铜与锌、铜与锡都会形成有限固溶体。

在置换固溶体中，溶质原子的分布大多处于无序状态。这种固溶体称为无序固溶体。而在一定条件下，溶质原子和溶剂原子也可以按一定方式做有规则的排列，形成有序固溶体。原子排列的无序状态可以在一定温度下向有序状态进行转变。这种转变称为固溶体的有序化。当转变发生时，固溶体的某些物理性能和力学性能会发生变化，主要表现在硬度和脆性上升而塑性和电阻率降低。

b. 间隙固溶体。间隙固溶体是指溶质原子不占据晶格的结点，分布于溶剂晶格的空隙处而形成的晶体相。一般当溶质原子直径与溶剂原子直径之比小于 0.59 时，易于形成间隙固溶体。间隙固溶体都是无序固溶体，并且只能形成有限固溶体。其中最典型的例子就是碳溶于 α-Fe 中所形成的固溶体（铁素体）和碳溶于 γ-Fe 中所形成的固溶体（奥氏体）。

② 按照溶质原子在溶剂中的溶解度分类。

有限固溶体是溶质在溶剂中的溶解度有一定限度的固溶体。大部分固溶体都属于这一类。

无限固溶体是溶质原子与溶剂原子能无限互溶的固溶体。由于溶剂晶格能容纳溶质原子的间隙是有限的，因此无限固溶体只可能是置换固溶体。能形成无限固溶体的合金系不多，Cu-Ni、Ag-Au、Ti-Zr等合金系可形成无限固溶体。

溶质和溶剂的晶体结构是否相同，是它们能否形成无限固溶体的必要条件。如果溶质和溶剂的晶格类型不同，则组元间的固溶度只能是有限的，就只能形成有限固溶体。只有晶体结构类型相同，溶质原子才有可能连续不断地置换溶剂晶格中的原子，形成无限固溶体；即使不能形成无限固溶体，其溶解度也比晶格类型不同的组元间要大。无限固溶体必然是置换固溶体，间隙固溶体必然是有限固溶体。

③ 按溶质原子与溶剂原子的相对分布分类。

溶质原子在溶剂晶体中的分布是随机的，它或占据与溶剂原子等同的一些位置，或位于溶剂原子的间隙，没有次序性或规律性，称为无序固溶体。而有限固溶体是指溶质原子按适当比例并按一定顺序和一定方向，围绕着原子分布的固溶体。它既可以是置换固溶体，也可以是间隙固溶体。

（2）固溶体的结构。

① 晶格畸变。由于溶质原子和溶剂原子总存在着大小和电性上的差别，因此不论形成置换固溶体还是间隙固溶体，其晶格常数必然会有胀缩的变化，从而导致晶格畸变，如图3-46所示。这种晶格畸变使合金的塑性变形抗力提高。因形成固溶体而引起合金强度、硬度升高的现象，称为固溶强化。这是提高金属材料强度的重要途径之一。但单纯的固溶强化对材料强度的提高毕竟是有限的，所以必须在固溶强化的基础上再补充其他强化方法才能满足人们对结构材料力学性能日益增长的需要。

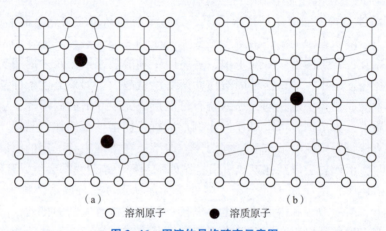

○ 溶剂原子 ● 溶质原子

图3-46 固溶体晶格畸变示意图

（a）间隙固溶体晶格畸变；（b）置换固溶体晶格畸变

② 偏聚与有序。用X射线进行研究，结果表明溶质原子在固溶体中的分布，总是在一定程度上偏离完全无序状态，存在着分布的不均匀性；当同种原子间的结合力大于异种原子结合力时，溶质原子倾向于成群地聚集在一起，形成许多偏聚区；当异种原子间的结合力较大时，则溶质原子的近邻皆为溶剂原子，溶质原子倾向于按一定的规律呈有序分布，这种有序分布通常只在短距离、小范围内存在，称为短程有序。

③ 有序固溶体。

具有短程有序的固溶体，当低于某一温度时，可能使溶质和溶剂原子在整个晶体中都按一定的顺序排列起来，即由短程有序转变为长程有序，这样的固溶体即有序固溶体。

当有序固溶体加热到某一临界温度时，将转变为无序固溶体，而在缓慢冷却至这一温度时，又可转变为有序固溶体。这一转变过程称为有序化，发生有序化的临界温度称为固溶体的有序化温度。

2）金属化合物

合金中各组元原子按一定数比结合而形成的具有金属性质的晶体相，称为金属化合物。金属化合物用分子式表示，如 Fe_3C、$CuAl_2$ 等。

在合金中，当溶质的含量超过该固溶体的溶解度时，将会出现新的相。如果新相的晶格结构与合金中的溶质原子的晶格结构相同，那么新相将是以原来溶质元素为溶剂，以原来溶剂元素为溶质的固溶体。而如果生成新相的晶格结构与任一组元都不同，那么将会是由组成元素相互作用而形成的化合物，这种化合物主要是由金属化合物组成的。

金属化合物中各种原子的结合方式有金属键，也有金属键与离子键或金属键与共价键结合形成的混合型，一般具有比较复杂的晶体结构。在力学性能上，金属化合物一般有比较高的硬度，例如，$\alpha-Fe$ 布氏硬度为 80 HBS，石墨为 3 HBS，而 Fe_3C 的硬度可达 800 HV，同时 Fe_3C 也表现出了比较大的脆性。所以一般不能单独使用，而是作为提高纯金属或合金强度、硬度以及耐磨性的强化相。所以，金属化合物是各类合金钢、硬质合金和许多有色金属的重要组成相。

（1）正常价化合物。

元素间严格遵守化合价规律的化合物称为正常价化合物。它们由元素周期表中相距较远、电负相差较大的两元素组成，可用确定的化学式表示。如 Mg_2Si 这类化合物性能的特点是硬度高、脆性大。

（2）电子化合物。

不遵守化合价规律但符合一定电子浓度（化合物中价电子数与原子数之比）的化合物叫作电子化合物。它们由ⅠB 族或过渡族元素与ⅡB 族、ⅢA 族、ⅣA 族、ⅤA 族元素所组成。一定电子浓度的化合物相应有确定的晶体结构，并且还可溶解其组元，形成以电子化合物为基的固溶体。常见电子化合物包括 $CuZn_3$ 等。

（3）间隙化合物。

由原子半径较大的过渡族元素与原子半径较小的非金属形成的化合物称为间隙化合物。尺寸较大的过渡族元素原子占据晶格的节点位置，尺寸较小的非金属原子则有规则地嵌入晶格的间隙中。

当非金属元素原子半径较小时（非金属原子半径与金属原子半径之比小于 0.59），形成具有简单晶体结构的间隙化合物，称为间隙相。间隙相具有金属特性，有极高的熔点和硬度，非常稳定。间隙相的合理存在，可有效提高钢的强度、热强性，是高合金钢和硬质合金中的重要相。

当非金属元素原子半径较小时（非金属原子半径与金属原子半径之比大于 0.59），形成具有复杂晶体结构的间隙化合物。如钢中的 Fe_3C、合金钢中的 Cr_7C_3 等，均属于这类间隙化合物。复杂结构的间隙化合物也具有很高的熔点和硬度，但比间隙相稍低些，在钢中也有强化作用。铁原子也可以被锰、铬、钨等金属原子所置换，形成以间隙化合物为基的固溶体。

间隙化合物是钢中重要的组成和强化相。如在工具钢中加入少量的钒形成 VC，可以提高钢的耐磨性；在结构钢中加入少量的钛形成 TiC，可以在加热中阻碍奥氏体的长大。

2. 合金的组织

合金的组织是指显微尺度，用肉眼、低倍放大镜或普通金相显微镜可观察到的金属和合金内部晶体形貌，尺度范围较大；而结构则指晶体中原子的排列方式，目前只能用 X 射线、电子探针才能确定，尺度范围较小。

合金组织在室温或高温下可以是一种或几种晶体结构，即可以是单相，也可以是两相甚至多相共存，因而比纯金属的组织要复杂很多。不同的相可以构成不同的组织。在两相或多相合金的组织中，数量较多的一相称为基本相，其余相可以是以合金的另一组元为基体形成的固溶体或另一组元的纯金属，还可以是合金各组元形成的化合物或化合物的固溶体。由于组成工业合金的元素性能不同以及在合金中的含量不同，便会形成不同的相，从而使合金具有不同组织和性能。碳含量为 0.77% 的铁碳合金，室温平衡组织中含有片状的 Fe_3C 相，其硬度高达 800 HBS。切削加工时，车刀要不断切断 Fe_3C，因此刀具磨损严重。但球化退火后，Fe_3C 相变为分散的颗粒状，切削时对刀具磨损较小，使切削性能得到提高。

金属的组织结构由材料的成分、工艺所决定。例如，成分不同的铁碳合金在平衡结晶后获得的室温组织不一样，共析钢室温组织是 P，而过共析钢室温组织是 P 和 Fe_3C。又如纯铁冷拔前的组织是等轴形状的铁素体晶粒，经冷拔后，其组织变成拉长了的铁素体晶粒，内部位错密度等晶体缺陷增多。

3. 铁碳合金相图的合金组织

铁碳合金相图中合金组织主要有铁素体晶体、奥氏体晶体、珠光体晶体等，在上一节已做叙述，在此不再赘述。

二、二元合金相图的建立

1. 二元合金相图

二元合金相图是研究二元合金结晶过程的简明示意图，它反映不同成分的合金在不同温度下的组成相及相平衡关系，是研究合金相变过程、确定合金组织、判断合金性能的基础。以下首先了解相图的基本组成和建立过程。

1）二元合金相图的构成与建立

（1）二元合金相图的坐标。

由于相图是表明合金的成分、温度和相之间的关系，因此这种图形必须采用如图 3-47 所示的坐标：纵坐标表示温度，横坐标表示成分。合金的成分用质量百分数或原子百分数来表示。两端各表示纯组元 A 和 B 的成分（100%），从 A 端到 B 端表示合金成分中含 B 的质量百分数或原子百分数由 0 增加到 100%，含 A 的质量百分数从 100% 下降到 0。成分轴上任一点表示合金的一种成分，如 E 点成分表示含有 60%A 和 40%B。

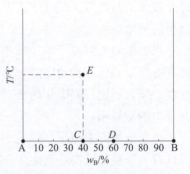

图 3-47 二元合金相图表示方法

（2）二元合金相图的建立。

合金相图大多是通过试验测定的，常用的方法包括热分析法、磁性分析法、膨胀分析法、显微分析法和 X 射线晶体结构分析法等，其中最常用的是热分析法。

如图 3-48 所示，以 Cu-Ni 合金为例说明用热分析法建立相图的基本步骤：

① 配置一系列不同成分的 Cu-Ni 合金。

② 测定各成分合金的冷却曲线，并找到冷却曲线上的临界点（指转折点或平台）温度。

③ 在二元合金相图坐标中标出各临界点（成分与温度）。

④ 将坐标系中具有相同意义的点以光滑曲线连接，即得到 Cu-Ni 合金相图。相图中每一点、线都具有一定的物理意义，这些点、线称为特性点和特性线。

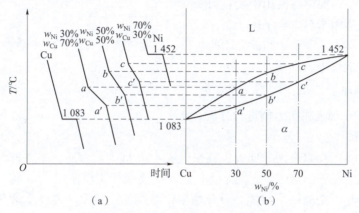

图 3-48　用热分析法建立 Cu-Ni 合金相图

（a）冷却曲线；（b）相图

不同的特性线把相图分为若干区域，每一个区域表示一个相区，每个相区由单相或多相构成。二元合金相图主要包括匀晶相图、共晶相图、包晶相图以及具有固态转变的几种相图。下面以匀晶相图、共晶相图和共析相图为例说明相图的具体构成和不同成分合金的结晶过程。

2. 相平衡、自由度与相律

1）相平衡

相平衡是指系统中参与相变过程中的各相能够长期存在而不相互转化时所达到的平衡。相平衡的热力学条件是合金系中各个组元在各平衡相中的化学势相等。

若 A-B 二元系处于 α、β 两相平衡状态，则其组元 A 在两个组成相的化学势相等，同理组元 B 在两相的化学势也相等。此时，系统具有最低的自由能。但需要注意的是，即使系统处于相平衡状态，相界面两侧的原子仍在不停地做着运动，只不过是同一时间内原子在相之间的转移速度相同而已。

2）自由度

在一定条件下，平衡系中可在一定范围内独立变化而不影响相平衡的变量数目称为自由度 f。体系的自由度随体系中相数的增加而减少。如单元单相系统——液态水，温度和压力可在一定范围内独立变化而体系不发生变化，自由度 $f=2$；对于二相平衡体系——水和水蒸气，温度和压力只有一个可以在一定范围内变化而不引起体系变化，$f=1$；对于三相平衡体系——水的三相平衡点，$f=0$。

3）相律

相律是描述系统的组元数、相数和自由度间关系的法则，是物质发生相变时所遵循的规律之一，是检验、分析和使用相图的重要理论基础。相律有多种，最基本的是吉布斯相律，通式表示为 $f=C-P+2$，式中，C 为系统的组元数；P 为平衡存在的相的数目。

当压力恒定不变时，其表达式可表示为

$$f=C-P+1$$

利用相律可以判断在一定条件下系统最多可能平衡共存的相的数目。在压力不变的情况下，单元系中，若 $f=0$，计算得 $P=2$，单元系最多两相平衡共存；二元系中，若 $f=0$，则 $P=3$，即二元系在压力不变时，恒温下最多实现三相平衡共存。

需要注意的是，相律在使用中具有局限性：

（1）相律只适用于热力学平衡状态。

（2）相律只能表示体系中组元和相的数目，不能指明组元或相的类型和含量。

（3）相律不能预告反应动力学。

3. 合金的冷却

下面以 Cu-Ni 合金相图为例进行分析。

1）相图分析

在图 3-49（a）中只有两条曲线，其中曲线 ACB 称为液相线，是各种成分的 Cu-Ni 合金在冷却时开始结晶或加热时合金完全熔化温度的连接线；而曲线 ADB 称为固相线，是各种成分合金在冷却时结晶终了或加热时开始熔化温度的连接线。显然，液相线以上全为液相 L，称为液相区；固相线以下全为固相 α（为铜、镍组成的无限固溶体），称为固相区；液相线与固相线之间，则为液、固两相（L+α）区。A 为纯 Cu 的熔点（1 083 ℃）；B 为纯 Ni 的熔点（1 452 ℃）。

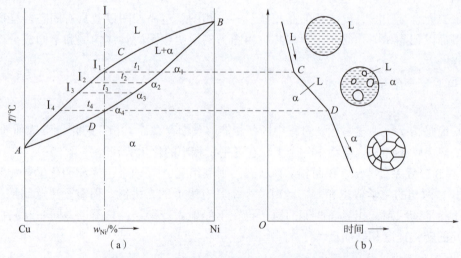

图 3-49　Cu-Ni 合金匀晶相图及结晶过程示意图

（a）Cu-Ni 合金匀晶相图；（b）结晶过程分析

2）合金的平衡结晶过程

现以合金 I 为例，讨论合金的平衡结晶过程。

当合金自高温液态缓慢冷至液相线上 t_1 温度时，开始从液相中结晶出固溶体 α，此时 α 的成分为 $α_1$（其含镍量高于合金的含镍量）。因结晶潜热放出，使冷速变缓，曲线出现拐点（见图 3-49（b）C 点）。随着温度下降，固溶体 α 的数量逐渐增多，剩余的液相 L 的数量逐渐减少。当温度冷却至 t_2 时，固溶体的成分为 $α_2$，液相的成分为 l_2（即含镍量低于合金的含镍量）；冷却至 t_3 时，固溶体成分为 α_3，液相成分为 l_3；当冷却至 t_4 时，最后一滴成分为 l_4 的液相也转变为固溶体，从而完成结晶，此时固溶体成分又回到合金的成分 α_4。可见，在结晶过程中，液相的成分是沿液相线向低镍量的方向变化（即 $l_1 \rightarrow l_2 \rightarrow l_3 \rightarrow l_4$）；固溶体的成分是沿固相线由高镍量向低镍量变化（即 $\alpha_1 \rightarrow \alpha_2 \rightarrow \alpha_3 \rightarrow \alpha_4$）。液相和固相在结晶过程中，其成分之所以能在不断的变化中逐步一致化，是由于在十分缓慢冷却的条件下，不同成分的液相与液相、液相与固相，以及先后析出的固相与固相之间，原子进行充分扩散的结果。

如上所述，此合金的结晶过程是在一个温度区间内进行的，合金中各个相的成分及其相对量都在不断变化。合金在整个冷却过程中相的变化如下：

$$L \rightarrow L + \alpha \rightarrow \alpha$$

3）实际结晶条件下固溶体中的枝晶偏析

由上述可知，只有结晶过程是在充分缓慢冷却、原子能够充分扩散的条件下，才能得到成分均匀的 α 固溶体。但在生产实际中，由于冷却速度较快，致使原子扩散过程来不及充分进行，因此就在一个晶粒中，造成先结晶的枝干（或晶内）含高熔点组元较多，而后结晶的分枝（或晶粒之间）含高熔点组元较少。这种因结晶先后顺序造成的成分不均匀的现象称为枝晶偏析（也称晶内偏析或成分偏析）。固溶体的晶核往往以树枝状方式长大，如图 3-50 所示，先结晶的枝干富镍，不易浸蚀，故呈白亮色；后结晶的枝间富铜，易浸蚀而呈暗黑色。

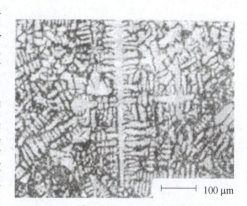

图 3-50　Cu-Ni 合金中的枝晶偏析

影响枝晶偏析的因素除了与冷却速度、原子扩散能力有关外，还与给定成分的液相线和固相线的垂直距离有关，垂直距离越大，枝晶偏析越严重。枝晶偏析的存在，严重降低了合金的力学性能和耐蚀性，对加工工艺性也有损害。

4. 杠杆定律

1）原理

根据相律，二元系统两相平衡共存时自由度 $f = 1$，若稳定恒定，则自由度为 0，说明在此温度下，两个平衡相的成分也随之确定。

两个平衡相的成分确定方法：T 温度时，通过合金 C 的表象 r 点作水平线（见图 3-51），分别与液相线和固相线相交于 a、b 两点，则两个交点在成分轴上的投影点分别为合金的液相和固相的成分。

二元系合金在两相区，两相的质量比可用下面介绍的"杠杆定律"求得。

设合金的总质量为 Q_0，T 温度时液相的质量为 Q_L，固相的质量为 Q_S，则有

$$Q_0 = Q_L + Q_S$$

根据溶质原子在合金、液相及固相中的质量关系可得以下关系式：

$$Q_0 w_{NiO} = Q_L w_{NiL} + Q_S w_{NiS}$$

整理得

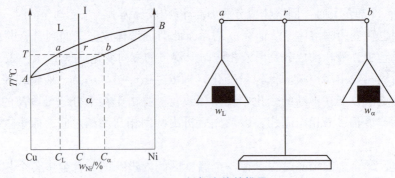

图 3-51　杠杆定律的推导

$$\frac{Q_S}{Q_0} = \frac{w_{Nic} - w_{Nia}}{w_{Nib} - w_{Nia}} \times 100\%$$

上式表示的两相相对量关系类似于力学中的杠杆定律，故称其为杠杆定律。

由此进一步得到合金中两平衡相的相对量，即

$$w_\alpha = \frac{ar}{ab} \times 100\%, \qquad w_L = \frac{rb}{ab} \times 100\%$$

应该注意的是，在二元系相图中，杠杆定律只能用在两相平衡状态下。

2）杠杆定律应用

以亚共晶白口铸铁（$w_C = 3.0\%$）为例，计算过程中要用到二次杠杆定律。

由之前的学习可知，$w_C = 3.0\%$ 的亚共晶白口铸铁的室温组织为珠光体+二次渗碳体+低温莱氏体。组织组成物分别是珠光体、二次渗碳体、低温莱氏体。计算组织组成物相对量时需要弄清楚各组成物的来源。

首先，低温莱氏体是莱氏体经共析转变得来的，莱氏体是共晶转变由液相在 1 148 ℃ 完全转变的，因此计算低温莱氏体的相对量就转变为计算 1 148 ℃ 时液相的相对量。

$$w_{Ld'} = w_L = \frac{3.0 - 2.11}{4.3 - 2.11} \times 100\% = 40.6\%$$

$$w_A = 1 - 40.6\% = 59.4\%$$

在 1 148 ℃ 共晶反应前，系统由奥氏体和液相组成，那么奥氏体的相对量就是 59.4%，此时奥氏体处于饱和状态，温度继续降低时，奥氏体会由于溶解度下降而析出二次渗碳体，转变为珠光体和二次渗碳体，也就是说珠光体和二次渗碳体总的相对量为 59.4%。从含碳量为 2.11% 的奥氏体中析出的二次渗碳体的相对量是

$$w_{Fe_3C} = \frac{2.11 - 0.77}{6.69 - 0.77} \times 100\% = 22.6\%$$

$$w_P = 1 - 22.6\% - 40.6\% = 36.8\%$$

5. 二元共晶相图

1）相图分析

图 3-52 所示为一般共晶型的 Pb-Sn 相图。图中有 α、β、L 三种相。α 是以 Pb 为溶剂、以 Sn 为溶质的有限固溶体；β 是以 Sn 为溶剂、以 Pb 为溶质的有限固溶体。

图 3-52 中有 α、β、L 三个单相区，L+α、L+β、α+β 三个双相区。由液、固相的存在区域可知，AEB 为液相线，AMENB 为固相线，A 为 Pb 的熔点（327 ℃），B 为 Sn 的熔点（232 ℃）。

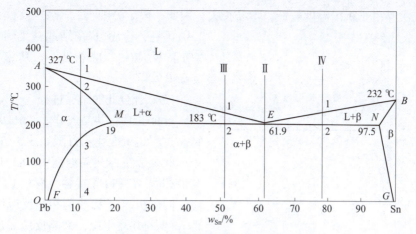

图 3-52　一般共晶型的 Pb-Sn 相图

图 3-52 中在 183 ℃处有一条水平线 *MEN*，此线为共晶反应线，*E* 为共晶点。所谓共晶反应，是指在一定的共晶温度下（183 ℃），共晶成分的液体合金（*E* 点成分的 L 相）中同时结晶出两种成分一定的固相（*M* 点成分的 α 相和 *N* 点成分的 β 相）的反应。反应式为

$$L_{61.9} \xrightleftharpoons{183\,℃} (\alpha_{19}+\beta_{97.5})$$

反应所得的两相混合物称为共晶组织（或共晶体）。

图 3-52 中 *MF* 线及 *NG* 线分别为 α 固溶体和 β 固溶体的固溶线，也就是各自的饱和浓度线，其固溶浓度（即溶解度）随温度的降低而减小。

2）合金的结晶过程

（1）合金 I 的结晶过程。

图 3-53 所示为合金 I 结晶过程组织变化示意图。合金 I 的液体在缓冷到液相线的 1 点时，开始从液相中析出 α 相，继续冷却 α 相增加，直到 2 点全部转变为 α 固溶体。这个过程实际上就是前述匀晶相图的结晶过程，从液相中结晶出来的 α 相称为一次晶。匀晶反应完成后，在 2、3 点之间，合金为均匀的 α 单相组织，处于欠饱和状态。当温度降到 3 点时，碰到 α 相的固溶线 *MF*，在该温度下 α 相中固溶的 Sn 量刚好达到饱和。随着温度下降，α 相的溶解度下降，α 的浓度便处于过饱和状态，于是便从 α 相中把多余的 Sn 以细粒状 β 相的形式析出来，这称为二次晶（二次 β 相），写作 β_{II}。随温度下降，β_{II} 数量逐渐增加。

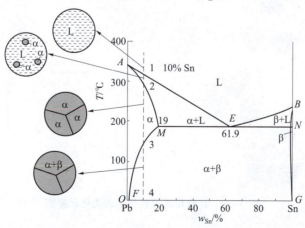

图 3-53　合金 I 结晶过程组织变化示意图

这类二次晶由于析出温度较低，不易长大，因此一般十分细小。

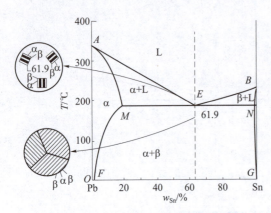

图 3-54　合金Ⅱ结晶过程组织变化示意图

可见，合金Ⅰ在结晶过程中的反应为"匀晶反应+二次析出"，其室温下组织为α+β$_{II}$。

（2）合金Ⅱ的结晶过程。

合金Ⅱ具有共晶成分 E（61.9%Sn），其结晶过程组织变化示意图如图 3-54 所示。

此合金缓冷共晶温度为 183 ℃时，同时与液相线 AE 和 BE 接触，液相 L 产生共晶反应，同时析出 α 及 β 两相，反应终了时，获得 α+β 的共晶组织，共晶反应完成后，在温度继续下降过程中，由于 α 的固溶度和 β 的固溶度沿 MF 线和 NG 线不断变化，从而要从 α 中析出二次晶 β$_{II}$，从 β 中析出二次晶 α$_{II}$。但由于 α$_{II}$ 和 β$_{II}$ 数量太少，并且在组织中不易分辨，因此常忽略不计。

因此，合金Ⅱ结晶中的反应为"共晶反应+二次析出"，其室温组织为共晶组织（α+β）。

（3）合金Ⅲ的结晶过程。

合金Ⅲ的成分在 M、E 点之间，称为亚共晶合金。图 3-55 所示为其结晶过程组织变化示意图。具有合金Ⅲ成分的液相冷却时，温度在 1、2 点之间的为匀晶反应过程，在此过程中液固两相共存，并且随温度下降，固相 α 的成分沿 AM 线向 M 点变化，液相 L 的成分沿 AE 线向 E 点变化。当温度降到 2 点即共晶温度时，剩余液相的成分变为共晶成分，于是便发生共晶反应，转变为共晶组织。共晶反应后，随温度下降，α 相的成分沿 MF 线改变，此时匀晶反应和共晶反应产物中的 α 都要析出 β$_{II}$，所以其室温组织为 α+（α+β）+β$_{II}$。

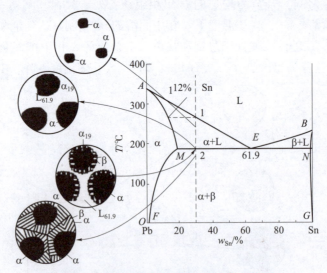

图 3-55　合金Ⅲ结晶过程组织变化示意图

由此可见，合金Ⅲ在结晶过程中的反应为"匀晶反应+共晶反应+二次析出"。

3）组织组成物

上述各合金结晶所得 α、β、αⅡ、βⅡ 及共晶 α+β 均只为两相（即 α 相和 β 相），但在显微镜下却可以看到它们各自具有一定的组织特征，它们都称为组织组成物。

所谓组织组成物，是指合金组织中那些具有确定性质，在合金冷却过程中按一定方式形成的特殊形态的组成部分。组织组成物既可以是单相（如上述 α、β、αⅡ、βⅡ），也可以是两相混合物（如共晶 α+β）。显然，若构成组织组成物的相不同，则这些组织组成物是不同的组织组成物。但是即使是同一种相，也会由于形成过程的不同和组织形态上的差别而使它们对合金的性能产生不同的影响，因此它们也属于不同的组织组成物。如 α 和 αⅡ，β 和 βⅡ 都为不同的组织组成物。

合金的组织不同，则性能也不同。按组织来填写的相图如图 3-56 所示，这样填写的合金室温组织与显微镜看到的金相组织是一致的，所以这样填写更为明确具体。

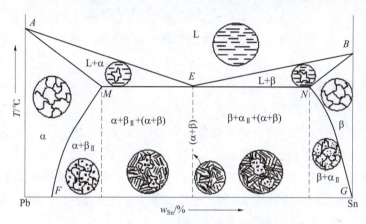

图 3-56　由组织组成物填写的 Pb-Sn 合金相图

4）合金的非平衡结晶

（1）伪共晶。

在平衡条件下，只有共晶成分的合金才能获得全部的共晶组织。然而在非平衡结晶条件下，某些偏离共晶成分的合金也能得到全部的共晶组织，这种由非共晶成分的合金冷却获得的共晶组织称为伪共晶。

在非平衡条件下，共晶成分附近的合金过冷到两条液相线的延长线所包围的阴影区（见图 3-57）时，就可以获得共晶组织，而阴影区外，则是共晶体与树枝晶的显微组织，阴影区称为伪共晶区。由于合金成分不同，伪共晶区在相图中的位置及形状会发生变化。若合金中两组元熔点相近，伪共晶区一般呈中心对称分布；若合金中两组元熔点相差较大，则共晶点偏向低熔点组元一侧，伪共晶区偏向高熔点组元一侧。伪共晶区的出现可以帮助分析合金中出现的一些不平衡组织。

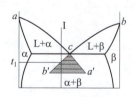

图 3-57　伪共晶区

（2）离异共晶。

当合金中先共晶相的数量很多而共晶量很少时，有时共晶组织中与先共晶相相同的那一个相就会依附在先共晶相上形核、长大，而另一相则被孤立。共晶组织数量较少时，孤立出来的组成相常位于先共晶相的晶界，最终形成以先共晶为基体，另一相连续或断续地包围在先共晶相周围的组织形态。这种两相分离的组织称为离异共晶，如图3-58所示。

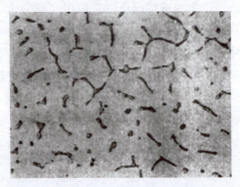

图3-58　4%Cu-Al铸造合金中的离异共晶（200×）

6. 二元合金相图与合金性能的关系

1）二元合金相图与力学性能的关系

根据二元合金相图可知，合金的组织是由合金的成分决定的，而合金的组织又决定了合金的性能，因此合金的性能与相图必然具有一定关系。图3-59所示为二元共晶相图和二元匀晶相图与强度、硬度的关系。图3-59（a）所示为二元共晶相图与强度、硬度的关系；图3-59（b）所示为二元匀晶相图与强度、硬度的关系；图3-59（c）所示为力学性能与状态图之间的关系，实际上是上述两种情况的综合。

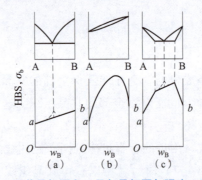

图3-59　二元共晶相图和二元匀晶相图与强度、硬度的关系

（1）二元共晶或共析相图与力学性能的关系。

如图3-59所示，当合金形成共晶组织或者共析组织这样的两相机械混合物时，合金的强度和硬度大约是两种组织性能的平均值，即性能与成分呈直线关系。但合金的性能并不仅仅取决于合金的成分，也取决于合金组成相的形状和组织的细密程度。例如铁碳合金中的共析体（珠光体），它是一种固溶体（铁素体）与一种具有复杂晶格结构的金属化合物

（渗碳体）所组成的机械混合物。当作为强化相的渗碳体呈粒状分布时比呈片层状分布具有更高的韧性和综合力学性能。组织越细密，合金的强度、硬度以及电阻率等性能的提高越大。

这里必须指出，当合金为晶粒较粗且均匀分布的两相时，性能才符合直线关系；如果形成细小的共晶组织，即片间距离越小或层片越细时，合金的强度、硬度就越高，如图 3-59（a）中虚线所示。

此外，一相在另一相基体上的分布状况，也显著影响机械混合物的强度和塑性。例如，硬而脆的第二相若在第一相的晶界呈网状分布，合金脆性较大，强度显著下降；当硬而脆的第二相以颗粒状均匀地分散在基体金属上时，则其塑性较前者大为增加，强度也明显上升；当硬而脆的第二相以针状或片层状分布在基体上时，强度、塑性和韧性介于上述两者之间。

（2）二元匀晶相图与力学性能的关系。

如图 3-59（b）所示，当合金形成单相固溶体的匀晶相图时，溶质原子促使溶剂基体晶格产生畸变，提高了合金的强度和硬度。对于一定的溶质和溶剂而言，溶质的溶入量越多，合金的强度、硬度提高的幅度越大。显然通过选择适当的合金组成元素和组成关系，可以获得比纯金属高得多的强度和硬度，并保持较高的塑性和韧性，也就是较好的综合力学性能。

图 3-59（c）所示力学性能与状态图之间的关系，实际是上述两种情况的综合。

2）二元合金相图与工艺性能的关系

（1）二元合金相图与铸造性的关系。

合金的铸造性主要表现在流动性、偏析、缩孔等方面，这主要取决于液相线与固相线之间的距离。固溶体合金的成分与流动性的关系如图 3-60 所示。

固相线与液相线的距离越大，在结晶过程中树枝状晶体越发达，越能阻碍液体流动，因此流动性低。此外，结晶范围大的固溶体合金，由于结晶时析出的固相与液相的浓度差阻碍液体流动，因此流动性低。此外，结晶范围大的固溶体合金，结晶时析出的固相与液相的浓度差也大，在快冷时，由于不能进行充分扩散，因此偏析也严重。

固溶体合金的成分与缩孔的关系如图 3-61 所示。结晶温度范围大时，树枝状晶体发达，各枝晶所包围的空间较多，所以容易形成较多的分散缩孔；结晶范围小时，枝晶不发达，金属液易补充收缩而使缩孔集中。

共晶合金相图与铸造性的关系，如图 3-62 所示。在恒温下结晶的合金，具有最好的流动性，分散缩孔越少，越容易铸成致密件。共晶点两侧的合金，由于树枝晶发达，流动性逐渐降低。结晶间隔越大，流动性越差，易形成较多的分散缩孔。所以偏离共晶点成分越远，铸造效果越不理想。当然，合金的流动性还取决于合金的熔点。共晶点在整个共晶合金成分中熔点最低，所以流动性最好，铸造性最出色。

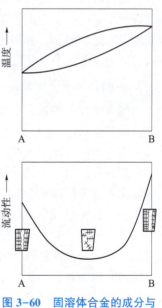

图 3-60　固溶体合金的成分与流动性的关系

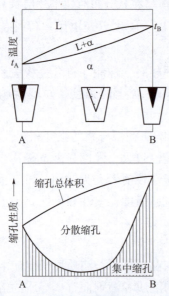

图 3-61　固溶体合金的成分与缩孔的关系

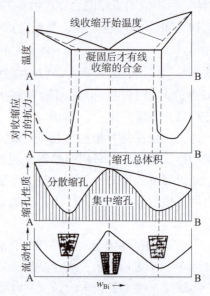

图 3-62　共晶合金相图与铸造性的关系

（2）二元合金相图与压力加工性能的关系。

完全由固溶体组成的合金，因为保持其单相组织，所以在不出现严重偏析的情况下，各部分的变形特征是基本相同的，具有良好的塑性，压力加工性能良好，可以进行锻、轧、拉拔、冲压等。所以在进行压力加工时一般采用某些工艺，使材料形成单相组织。例如对于具有共析成分的钢进行轧制时都是通过加热，使钢处于单相的奥氏体状态。而由两相机械混合物组成的合金，由于是混合物，各相的变形能力不同，造成一相阻碍另一相的变形，使塑性变形阻力增加，其压力加工性能不如单相固溶体。因而共晶体的压力加工性能最差。例如对接近共晶成分的铸铁在不经过特殊处理的情况下，一般不能采用压力加工工艺。

7. 单相合金非平衡凝固

按照合金在凝固过程中晶体的形成特点，合金分为两大类：单相合金和多相合金。单相合金是在凝固过程中只析出一个固相的合金。多相合金是指在凝固过程中同时析出两个及以上相或由两个及以上的相反应形成一个相的合金。

合金的凝固过程较纯金属的凝固过程复杂。对合金而言，凝固过程依然遵循形核与长大的规律，合金结晶形核时，不仅需要过冷、结构起伏和能量起伏，还会产生成分起伏，而且在晶体长大过程中伴随着原子的扩散。由于合金在结晶过程中固相成分与液相成分的不同，从而使得溶质原子在液、固两相中进行重新分配，这对合金的凝固方式、晶体的生长形态和成分偏析都具有十分重要的影响。

以匀晶相图合金为例，平衡凝固时冷速极其缓慢，固相、液相中溶质原子都能充分扩散，凝固结束时，各部分质量分数都是原始合金成分，无偏析产生。成分为 C_0 的合金，假定液相线、固相线简化为直线，在任一温度下，处于平衡的液、固两相中溶质含量之比为常数，即 $C_S/C_L = k_0$，式中，k_0 为平衡分配系数，C_S、C_L 分别是固相和液相的平衡成分。

但在实际凝固过程中，在固相中扩散几乎不能进行，而在液相中溶质可以通过扩散、对流、搅拌有不同程度的混合，这种凝固过程称为正常凝固。一般的实际凝固过程均可视为正常凝固。

非平衡凝固有三种情况，一是液相完全混合，固相无扩散；二是固相无扩散，液相有限扩散且无对流；三是固相无扩散，液相有限扩散，有弱对流（部分混合）。

第一种情况下，凝固过程中溶质原子在固相中来不及扩散，而液相由于有足够的搅拌和对流，可以使得液相完全混合并保持均匀成分，造成凝固后的固相出现成分偏析，而固液界面上无溶质富集。

第二种情况，在快冷不平衡凝固条件下，当液相没有搅拌、对流，只有扩散时，凝固过程中从固相中排出的溶质原子不能均匀地分布在液相中，而在固液界面前沿液相中逐渐富集，当富集到一定程度时，进入固液界面层的溶质量与通过扩散排出界面层进入液相深处的溶质量相等，凝固过程进入稳态阶段。最后，剩余液相量很少，溶质原子扩散使液相中溶质质量分数提高。第三种情况，介于以上两种情况之间。

以上讨论的几种情况中，凝固试样溶质的质量分数分布如图 3-63 所示。在图 3-63 中，a 为平衡凝固条件下的均匀成分；b 为液相中溶质完全混合的情况；c 是液相中溶质仅通过扩散而混合的情况；d 为液相中溶质部分混合的情况。由此可见，随着液相混合程度的加大，固液界面前沿溶质富集层逐渐减小，固相成分曲线也逐渐降低。

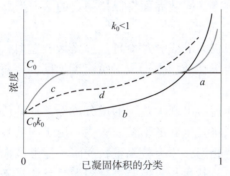

图 3-63　凝固试样溶质的质量分数分布

8. 成分过冷

纯金属凝固时，如果固液界面前沿液相中的温度梯度为正，则固液界面呈平面状长大；当温度梯度为负时，则呈树枝状长大。但是，在固溶体合金凝固时，即使其温度梯度为正，也会经常发现其呈树枝状长大，还有的呈胞状长大。那么，造成这一现象的主要原因是固溶体合金在凝固过程中溶质组元重新分配，在固液界面处形成溶质的浓度梯度，从而产生成分过冷。

图 3-64 显示了液相实际温度、理论温度、液相溶质成分分布和成分过冷的形成。

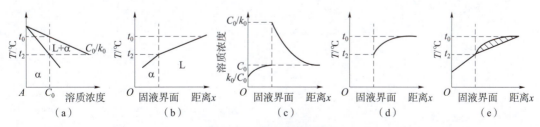

图 3-64　成分过冷的形成

经计算推导后，出现成分过冷的条件是

$$\frac{G}{R} < \frac{m_{\mathrm{L}} C_0}{D} \cdot \frac{1-k_0}{k_0}$$

式中：G——固液界面前沿液相温度梯度；

$\quad\quad R$——凝固速度；

$\quad\quad m_{\mathrm{L}}$——液相线斜率；

$\quad\quad k_0$——平衡分配系数；

$\quad\quad C_0$——合金成分；

$\quad\quad D$——扩散系数。

对一定合金系，m_{L}、k_0、D 为定值，有利于产生成分过冷的条件：液相中低的温度梯度、大的凝固速度和高的溶质质量分数。

对于单相固溶体合金而言，在正温度梯度下，其晶体的生长方式取决于其成分过冷的程度。一般来说，单相固溶体合金凝固过程中晶体的生长形态分为 4 种情况：平面生长、胞状生长、树枝状生长和等轴树枝状生长。

当凝固过程中无成分过冷，固液界面将保持稳定的平面形状，从而使得固溶体合金的晶体以平面状方式生长。

当合金凝固过程中出现较大的成分过冷且过冷区域较宽时，就能产生树枝状生长。这是因为成分过冷的存在相当于在液相中形成了负温度梯度，从而使得合金凝固过程中晶体的生长方式以树枝状生长。

当凝固过程中固液界面前沿出现大范围的成分过冷，且其最大值又大于非均匀形核所需的过冷度时，在此液相区将发生新的形核及长大。由于固液界面以树枝状生长时，这些晶核也在不断生长，若两者相遇，原有枝晶生长受阻不能继续向液相内延伸，新生的晶核处于过冷的液相内，也以树枝状生长。但是，凝固潜热是通过液相散失的，不存在某个散热方向，所以枝晶在各个方向上的生长比较均匀，没有明显的单向延伸的分枝，形成的晶粒呈颗粒状，内部呈现各向等轴的枝晶组织，通常把它称为等轴晶。

综上所述，随着成分过冷从无到有、从小到大，单相固溶体合金凝固时的生长形态依次经历了平面状→胞状→树枝状→等轴树枝状。

模块四 浴"火"百热成钢——钢的热处理工艺

模块引入

热处理是指金属材料在固态下，通过加热、保温和冷却的手段，改变材料表面或内部的化学成分与组织，获得所需性能的一种金属热加工工艺。

本模块属于教师引领、学生自学模式，在通览内容的基础上，了解热处理的历史，掌握钢的热处理方法。

学习目标

知识目标：

1. 了解热处理的历史；
2. 掌握钢的热处理方法。

技能目标：

1. 能够分析热处理的加热和冷却原理；
2. 能够制定钢的热处理工艺。

素养目标：

1. 具备独立自主的学习能力；
2. 具备团队合作的能力；
3. 具备敬业精神，热爱劳动。

模块分析

学习任务	任务分解	重点、难点
追寻热处理历史	热处理历史	搜集资料，自主学习
熟知钢的 热处理原理	加热	奥氏体形核原理、加热温度计算
	保温	保温时间计算、奥氏体晶粒度判断
	冷却	热处理冷却原理
掌握钢的 普通热处理方法	普通热处理：退火、 正火、淬火、回火	四把火、热处理温度、冷却方式
	表面热处理自学渗碳、渗氮	

学习任务	任务分解	重点、难点
实训	实训　钢的退火、正火实训	
	实训　钢的淬火、回火实训	
	实训＊钢的奥氏体晶粒度判断 ＊不锈钢晶间腐蚀实训	

思维导图

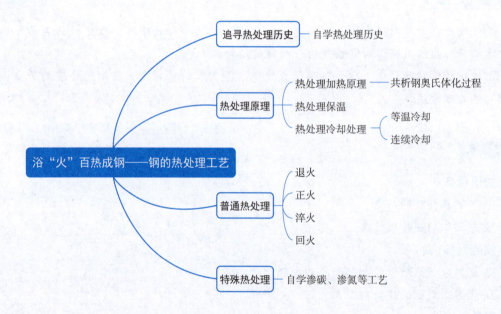

浴"火"百热成钢——钢的热处理工艺

- 追寻热处理历史 —— 自学热处理历史
- 热处理原理
  - 热处理加热原理 —— 共析钢奥氏体化过程
  - 热处理保温
  - 热处理冷却处理
    - 等温冷却
    - 连续冷却
- 普通热处理
  - 退火
  - 正火
  - 淬火
  - 回火
- 特殊热处理 —— 自学渗碳、渗氮等工艺

钢的热处理原理
（加热原理）

任务描述

　　钢的热处理是"金属材料热处理及加工应用"课程中的重要内容之一。它包含热处理原理、普通热处理和表面热处理内容，主要应用在机械加工和金属材料选材方面。请各位同学以组为单位，利用课程内容查阅钢的热处理概念、原理，搭建铁碳合金相图和热处理加热原理关系框架图，总结不同钢的加热温度计算方法，并以不同方式在最终小组评价中展示出来。组长科学分工，小组成员共同协作，调动小组成员学习积极性、主动性。

任务准备

　　1. 请认真查阅资料，总结出钢的热处理原理相关概念。

　　2. 摩拳擦掌（请完成以下各题，检测自己对钢的热处理加热原理知识前期掌握情况）。

　　（1）铁碳合金的基本相是_____、_____和_____。

　　（2）在铁碳合金的基本组织中属于固溶体的有_____，属于金属化合物的有_____，属于混合物的有_____。

　　（3）铁碳合金的相图是表示在缓慢冷却或加热条件下，不同_____的铁碳合金的_____或_____随_____变化的图形。

　　（4）铁素体的性能特点是具有良好的_____，而_____很低。

　　（5）钢碳是含碳量小于_____，而且不含有特意加入的合金元素的铁碳合金。

　　（6）含碳量小于_____的钢为低碳钢，含碳量在_____的钢为中碳钢，含碳量大于_____的钢为高碳钢。

　　（7）45 钢按用途分类属于_____钢，按质量分类属于_____钢，按含碳量分类属于_____钢。

　　（8）T12A 钢按用途分类属于_____钢，按质量分类属于_____钢，按含碳量分类属于_____钢。钢的热处理是通过钢在固态下的_____、_____和_____，使其获得所需的组织结构与性能的一种工艺方法。

　　（9）根据工艺的不同，钢的热处理方法可分为_____、_____、_____、_____及_____五种。

　　（10）热处理能使钢的性能发生变化的根本原因是铁具有_____。

　　（11）45 钢在室温时的组织为_____和_____，当加热到 A_{c3} 线以上时，组织转变为_____。

　　（12）T10 钢在室温时的组织为_____和_____，当加热到 A_{c1} 线时，珠光体转变为_____。

任务计划

　　小组成员将收集到的信息进行汇总，并根据信息制定包括计划目标、工作步骤和组员

分工等信息的多套可行性方案，编写以下计划单。（计划单设计示例如下）

姓名	计划分工	预计完成时间/天	任务目标和步骤	职务	计划内容展示
××	网络、书籍查阅	1	任务目标：查阅钢的热处理加热原理概念，以及设计铁碳合金相图和热处理加热原理关系框架图。 具体步骤：任务划分—任务实施—任务总结	组长	以思维导图、PPT演示等形式完成
××	走访企业	1		副组长	
××	精品课程资源查阅	1		组员	
××	汇总并制作	1		组员	

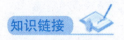 知识链接

一、热处理定义

热处理是采用适当的方式对金属材料或工件进行加热、保温和冷却以获得预期的组织结构与性能的工艺。热处理工艺过程由加热、保温和冷却三个阶段组成，如图4-1所示。

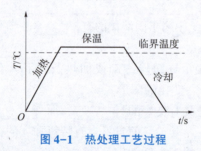

图4-1　热处理工艺过程

二、加热——奥氏体的形成过程

对钢进行热处理时，为了使钢在热处理后获得所需要的组织和性能，大多数热处理工艺都必须先将钢加热至临界温度以上，获得奥氏体组织，然后再以适当方式（或速度）冷却，以获得所需要的组织和性能。通常把钢加热获得奥氏体的转变过程称为奥氏体化过程。

以共析钢为例说明奥氏体的形成过程。共析钢由珠光体到奥氏体的转变包括以下4个阶段：奥氏体形核、奥氏体晶核长大、残余渗碳体溶解和奥氏体均匀化。

加热规律：渗碳体和铁素体相界面形核—奥氏体晶核长大—残余渗碳体溶解—奥氏体均匀化。图4-2所示为珠光体向奥氏体的转变示意图。

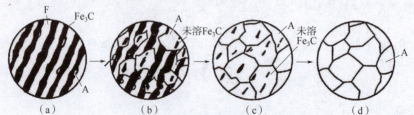

图4-2　珠光体向奥氏体的转变示意图

（a）奥氏体形核；（b）奥氏体晶核长大；（c）残余渗碳体溶解；（d）奥氏体均匀化

三、加热注意细节

1. 钢的加热方式

钢的加热方式通常采用如表 4-1 所示的 5 种方式。

表 4-1　钢的加热方式

加热方式	定义	应用环境
随炉升温	工件随炉温加热	一般较大的铸件
到温加热	工件放入预先已加热到要求温度的炉子中进行加热	高碳钢及高合金钢
超温装料	炉温始终高于规定的加热温度的情况下加热	低碳钢和高碳钢
超温加热	先将工件在某一个中间温度进行预热，再放入要求温度的炉子中加热	低碳钢和高碳钢
分段预热	加热温度分段	工件内部易存在偏析、夹杂物等

2. 钢加热时间计算

加热时间是指从工件装炉合闸通电加热起至出炉的整个加热过程保持的时间。

1）工件加热时间

加热时间受钢的化学成分、工件尺寸、形状、装炉量、加热类型、炉温和加热介质等因素的影响，可根据热处理手册中介绍的经验公式来估算，也可由试验来确定。

$$\tau = aKD$$

式中：τ——加热时间（min）；

　　　a——加热保温时间系数（min/mm），参照表 4-2 选取；

　　　K——工件装炉方式修正系数，通常取 1.0~1.5；

　　　D——工件有效厚度（mm）。

对于 45 钢、40Cr 钢等结构钢零件可采用下式计算保温时间：

$$\tau = K(10 + 0.6D + 0.2G)$$

式中：τ——加热时间（min）；

　　　K——工件装炉方式修正系数，单层排放加热，通常取 1.0；料盘装料加热，取 1.1~1.2；小件散装堆放加热，K 取 1.3~1.4；

　　　D——工件有效厚度（mm）；

　　　G——工件装炉总质量，kg。

注：式中边界条件加热工作在 10 mm 以上，装载工件量 50 kg 以上。

表 4-2　加热保温时间系数 a　　　　　单位：min/mm

钢种	工件直径/50 mm	800~900 ℃	750~850 ℃盐浴炉内加热或预热	1 100~1 300 ℃盐浴炉内加热
碳素钢	≤50	1.0~1.2	0.3~0.4	—
	>50	1.2~1.5	0.4~0.5	—
低合金钢	≤50	1.2~1.5	0.45~0.50	—
	>50	1.5~1.8	0.50~0.55	—

钢种	工件直径/50 mm	800~900 ℃	750~850 ℃盐浴炉内加热或预热	1 100~1 300 ℃盐浴炉内加热
高合金钢	—	—	0.30~0.35	0.17~0.20
高速工具钢	—	0.65~0.85	0.30~0.35	0.16~0.18

有效厚度按下述原则计算：

（1）轴类工件以直径为有效厚度。

（2）板状工件以板厚为有效厚度。

（3）套筒类工件内孔小于外径，以外径作为有效厚度，内孔大于壁厚者则以壁厚作为有效厚度。

（4）圆锥形工件以离小头 2/3 处直径作为有效厚度。

（5）复杂工件以其主要工件部分作为有效厚度。

2）钢件加热火色与温度的关系（见表 4-3）

表 4-3　钢件加热火色与温度的关系

火色	温度/℃	火色	温度/℃
暗褐色	520~580	橘黄微红色	830~850
暗红色	580~650	淡橘黄色	850~1 050
暗樱红色	650~750	黄色	1 050~1 150
樱红色	750~780	淡黄色	1 150~1 250
淡樱红色	780~800	黄白色	1 250~1 300
淡红色	800~830	亮白色	1 300~1 350

任务实施

小组成员根据课堂讲解，以及小组讨论，针对钢的热处理原理，设计铁碳合金相图和热处理加热原理关系框架图。小组成员进行决策、实施，细化完成步骤，明确组员分工，确定完成时间，制定评价指标等充实方案的工作，进行任务实施，并且需要及时检查、不断调整计划，以确保方案目的的实现。小组成员需要根据自身知识储备和以往经验整体把握小组的完成进度，进行及时处理和记录相关内容。（决策表示例如下）

姓名	调整分工	完成时间/天	任务目标和步骤	教师指导意见	调整内容展示
××			任务目标：查阅资料，修改铁碳合金相图和热处理加热原理关系框架图。 具体步骤：任务划分—任务实施—任务总结		以 PPT、思维导图、视频或者文字等方式完成
××					
××					
××					

小组完成本次主体工作任务后，按照原计划或课后实施决策进行组内自检和组间互检，查缺补漏。在所有小组完成本次任务后，全体学生和教师根据各小组的阶段性成果进行组内自评、组间互评和教师点评。各小组吸取经验，为下一次任务做准备。

考核构成	考核指标	考核标准	知识目标	能力目标	德育目标	占总分比
过程考核	学习态度	态度端正，学习主动，虚心请教，课前思考，上课认真、课后反思	10%	20%	70%	10%
	学习纪律	遵守纪律，不迟到、不早退，无缺课	0	0	100%	10%
	学习责任	工作认真，能为实践结果承担责任	10%	20%	70%	10%
	合作	能与小组成员保持良好的合作关系，能采用合适的方式表达不同意见，与他人合作顺利	25%	20%	55%	10%
成果考核	成果展示类型	能够运用现代化手段收集素材	50%	30%	20%	10%
	成果制作效果	内容准确、体例清晰、美观	10%	70%	20%	20%
	成果讲解效果	条理清晰、表达准确、时间控制合理	45%	50%	5%	10%
	试卷	实操考试	50%	30%	20%	20%

小组成果展示

（请将本模块展示结果文档粘贴于此）

任务2 熟知钢的热处理原理（保温）

任务描述

钢的热处理是"金属材料热处理及加工应用"课程中的重要内容之一，包含热处理原理、普通热处理和特殊热处理，主要应用在机械加工和金属材料选材方面。请各位同学以组为单位，利用课程内容查阅钢的热处理保温概念，以及总结保温中奥氏体晶粒计算方法和开展晶粒度测定实训，并以不同方式在最终小组评价中展示出来。组长科学分工，小组成员共同协作，调动小组成员学习积极性、主动性。

钢的热处理
原理（保温）

任务准备

1. 请认真查阅资料，总结出钢的热处理保温相关概念。

2. 摩拳擦掌（请完成以下各题，检测自己对钢的热处理加热原理保温知识前期掌握情况）。

1）填空题。

（1）45钢在室温时的组织为_____，当加热到A_{c1}线时_____转变成单相的奥氏体组织。

（2）钢的标准晶粒度分为_____级，其中_____级为粗晶粒，_____级为细晶粒。

2）问答题。

（1）钢的热处理保温时间如何计算？

（2）钢的晶粒度测定方法有几种？

任务计划

小组成员将收集到的信息进行汇总，并根据信息制定包括计划目标、工作步骤和组员分工等信息的多套可行性方案，并编写以下计划单。（计划单设计示例如下）

姓名	计划分工	预计完成时间/天	任务目标和步骤	职务	计划内容展示
××	网络、书籍查阅	1	任务目标：查阅钢的热处理保温概念，以及总结保温中奥氏体晶粒计算方法和设计晶粒度测定实训步骤　具体步骤：任务划分—任务实施—任务总结	组长	以思维导图、文字演示等形式完成
××	走访企业	1		副组长	
××	精品课程资源查阅	1		组员	
××	汇总并制作	1		组员	

钢的热处理中，通过内部组织的变化来改善钢的力学性能或切削性能，这个过程称为保温。

1. 保温时间影响因素

保温时间的长短受多种因素的影响，主要包括零件的有效厚度；加热介质；钢材所含的合金元素；加热温度；装炉方式。钢加热保温时间计算公式可参考加热的。

2. 保温关键指标——奥氏体的晶粒度

晶粒度是表示晶粒大小的一种尺度。钢在奥氏体化刚完成时，其晶粒比较细小，如果继续升高加热温度或延长保温时间，奥氏体晶粒会自发长大。而奥氏体晶粒的大小直接影响到冷却后的组织和性能，奥氏体晶粒细小时，其强度、塑性、韧性比较好。反之，则其性能较差。

起始晶粒度是指钢刚完成奥氏体化过程时所具有的晶粒度；实际晶粒度是指某一种具体加热工艺条件下所获得的晶粒大小；本质晶粒度是指将钢加热到一定温度并保温足够时间后，所具有的奥氏体晶粒大小，它表示钢的奥氏体晶粒长大倾向。工业中最常用到的是实际晶粒度。

3. 奥氏体晶粒度及其影响因素

奥氏体晶粒度及其影响因素如表4-4所示。

表4-4　奥氏体晶粒度及其影响因素

影响因素	影响结果
加热温度和保温时间	随着加热温度的升高，晶粒急剧长大，在一定温度下，保温时间越长，则晶粒长大越明显
加热速度	高温快速加热的方法可使奥氏体形核率增高，起始晶粒变细。快速加热，保温时间短，有利于获得细晶粒奥氏体
钢中成分	碳是促进奥氏体晶粒长大的元素。随着奥氏体含碳量的增加，晶粒长大的倾向也越明显，但当碳以未溶碳化物形式存在时，则会阻碍晶粒的长大。钢中加入能生成稳定碳化物的元素（如铌、钒、钛、锆等）和能生成氧化物及氮化物的元素（如铝），都会不同程度地阻止奥氏体晶粒长大。而锰和磷是促进奥氏体长大的元素

4. 晶粒度的测定方法及标准

晶粒是立体的颗粒，其大小的最佳表示法，应是它的平均体积，或单位体积内的晶粒数，但要测定这个数据是困难的。为求简便实用，一般按照 GB/T 6394—2017 的规定，用比较法、弦计算法和面积计算法来测定奥氏体的晶粒度。表4-5列出了晶粒度的测定方法与标准。晶粒度测定过程如图4-3所示。

表 4-5　晶粒度的测定方法与标准

晶粒度的测定方法	定义	操作过程	比较法测晶粒度注意事项
比较法	与标准系列评级图进行比较	将试样表面细磨、预抛光，然后将抛光面朝上置于热处理炉中，一般在（860±10）℃下加热 1 h 后淬入冷水或盐水中。再根据表面氧化情况，将试样倾斜 10°～15°磨制，但不可把氧化皮全部磨掉，然后进行短时间抛光，浸蚀（4%苦味酸酒精溶液），可显示出氧化物沿晶界分布的奥氏体晶粒形貌。在 100 倍显微镜下直接观察或投射在毛玻璃上，其视场直径为 0.80 mm。首先对试样做全面观察，然后选择其晶粒度具有代表性的视场与标准的 1～8 级级别评级图（×100）对比	1. 确定照片的放大率。 2. 如果不是在 100 倍下观察到的，需要折算晶粒度级别，计算方法如下（参考中国知网《关于各种不同放大倍数奥氏体晶粒度等级的换算》）
面积法	计算已知面积内的晶粒个数，利用单位面积晶粒数来确定晶粒度级别数		$$N = N' + \dfrac{20\lg \dfrac{m}{100}}{3} \quad (8)$$ 对一些常用倍数： 例：$m=50$ 倍　$N=N'-2$ $m=80$ 倍　$N=N'-0.7$ $m=200$ 倍　$N=N'+2$ $m=400$ 倍　$N=N'+4$
截点法	计算已知长度的试验线段（或网格）与晶粒界面相交截部分的截点数，利用单位长度截点数来确定晶粒度级别数		N 为实际放大倍数晶粒等级数，N' 为参考 100 倍标准晶粒度判断等级数

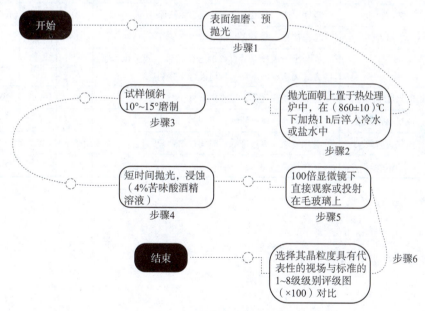

图 4-3　晶粒度测定过程

任务实施

　　小组成员根据课堂讲解，以及小组讨论，分析钢的热处理保温概念，以及总结保温中奥氏体晶粒计算方法和开展晶粒度测定实训。小组成员进行决策、实施，细化完成步骤，明确组员分工，确定完成时间，制定评价指标等充实方案的工作，进行任务实施，并且需要及时检查、不断调整计划，以确保方案目的的实现。小组成员需要根据自身知识储备和以往经验整体把握小组的完成进度，及时处理和记录相关内容。（决策表示例如下）

姓名	调整分工	完成时间/天	任务目标和步骤	教师指导意见	调整内容展示
××			任务目标：查阅资料，修改晶粒度测定实训步骤并开展实训。 具体步骤：任务划分—任务实施—任务总结		以 PPT、思维导图、视频或者文字等方式完成
××					
××					
××					

考核评分

　　小组完成本次主体工作任务后，按照原计划或课后实施决策进行组内自检和组间互检，查缺补漏。在所有小组完成本次任务后，全体学生和教师根据各小组的阶段性成果进行组内自评、组间互评和教师点评。各小组吸取经验，为下一次任务做准备。

考核构成	考核指标	考核标准	知识目标	能力目标	德育目标	占总分比
过程考核	学习态度	态度端正，学习主动，虚心请教，课前思考，上课认真、课后反思	10%	20%	70%	10%
	学习纪律	遵守纪律，不迟到、不早退，无缺课	0	0	100%	10%
	学习责任	工作认真，能为实践结果承担责任	10%	20%	70%	10%
	合作	能与小组成员保持良好的合作关系，能采用合适的方式表达不同意见，与他人合作顺利	25%	20%	55%	10%
成果考核	成果展示类型	能够运用现代化手段收集素材	50%	30%	20%	10%
	成果制作效果	内容准确、体例清晰、美观	10%	70%	20%	20%
	成果讲解效果	条理清晰、表达准确、时间控制合理	45%	50%	5%	10%
	试卷	实操考试	50%	30%	20%	20%

小组成果展示

（请将本模块展示结果文档粘贴于此）

任务3　熟知钢的热处理原理（冷却）

任务描述

　　钢的热处理是"金属材料热处理及加工应用"课程中的重要内容之一，包含热处理原理、普通热处理和特殊热处理，主要应用在机械加工和金属材料选材方面。请各位同学以组为单位，利用课程内容查阅钢的热处理冷却概念，以及总结保温中奥氏体晶粒冷却过程的等温冷却和连续冷却的区别，熟记等温 C 曲线和连续冷却曲线，并以不同方式在最终小组评价中展示出来。组长科学分工，小组成员共同协作，调动小组成员学习的积极性、主动性。

钢的热处理
原理（冷却）

任务准备

　　1. 请认真查阅资料，总结出钢的热处理冷却相关概念。

　　2. 摩拳擦掌（请完成以下题目，检测自己对钢的热处理加热原理冷却知识前期掌握情况）。

　　1）填空题。

　　（1）奥氏体转变为马氏体需很大的过冷度，其冷却速度应大于＿＿＿＿＿＿＿，而且必须过冷到＿＿＿＿＿＿＿温度下。

　　（2）马氏体的转变温度范围为＿＿＿＿＿＿＿，其显微组织同含碳量有关，含碳量高的马氏体呈＿＿＿＿＿＿＿状，含碳量低的马氏体呈＿＿＿＿＿＿＿状。

　　（3）过冷奥氏体转变为马氏体，仅仅是＿＿＿＿＿＿＿改变，而不发生＿＿＿＿＿＿＿，所以马氏体是＿＿＿＿＿＿＿在＿＿＿＿＿＿＿中的＿＿＿＿＿＿＿固溶体。

　　（4）在共析钢的等温转变曲线中，$A_1 \sim 550$ ℃温度范围内转变产物为＿＿＿＿＿＿＿、＿＿＿＿＿＿＿和＿＿＿＿＿＿＿。

　　（5）在共析钢的等温转变曲线中，550 ℃ $\sim M_S$ 温度范围内，转变产物为＿＿＿＿＿＿＿和＿＿＿＿＿＿＿。

　　（6）过冷奥氏体转变为马氏体，仅仅是＿＿＿＿＿＿＿改变，而不发生＿＿＿＿＿＿＿，所以马氏体是＿＿＿＿＿＿＿中的过饱和固溶体。

　　2）指出下图中各区域的名称及组织。

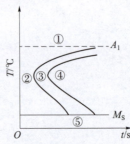

序号	区域名称	组织
①		
②		
③		
④		
⑤		

任务计划

　　小组成员将收集到的信息进行汇总，并根据信息制定包括计划目标、工作步骤和组员分工等信息的多套可行性方案，编写以下计划单。（计划单设计示例如下）

姓名	计划分工	预计完成时间/天	任务目标和步骤	职务	计划内容展示
××	网络、书籍查阅	1	任务目标：查阅钢的热处理冷却概念，以及总结保温中奥氏体晶粒冷却过程的等温冷却和连续冷却的区分。 具体步骤：任务划分—任务实施—任务总结	组长	以思维导图、PPT、文字演示等形式完成
××	走访企业	1		副组长	
××	精品课程资源查阅	1		组员	
××	汇总并制作	1		组员	

知识链接

【冷却——热处理精华】

　　钢件经加热、保温后，能获得细小、成分均匀的奥氏体，然后再以不同的速度冷却，冷却至 A_1 以下时奥氏体发生转变，转变的产物取决于转变的温度。转变温度与冷却方式和速度有关。在热处理工艺中，奥氏体化后的冷却方式通常有两种，即等温冷却和连续冷却。

　　等温冷却是将已奥氏体化的钢迅速冷却到临界点以下的某一温度进行保温，使其在该温度发生组织转变，这种冷却方式称为等温冷却，如图4-4中曲线1所示。连续冷却是将已奥氏体化的钢，以某种速度连续冷却，使其组织在临界点以下的不同温度转变。这种冷却方式称为连续冷却，如图4-4中曲线2所示。

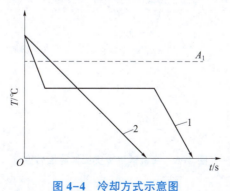

图4-4　冷却方式示意图
1—等温冷却曲线；2—连续冷却曲线

1. 过冷奥氏体的等温转变

所谓过冷奥氏体,是指在相变温度 A_1 以下,未发生转变而处于不稳定状态的奥氏体。过冷奥氏体等温转变曲线是研究过冷奥氏体等温转变的重要工具,它是通过试验方法测定的。下面以共析钢为例,分析过冷奥氏体等温转变的规律。

1)过冷奥氏体等温转变曲线分析

(1)等温 C 曲线的建立。

共析钢 C 曲线建立过程如图 4-5 所示。

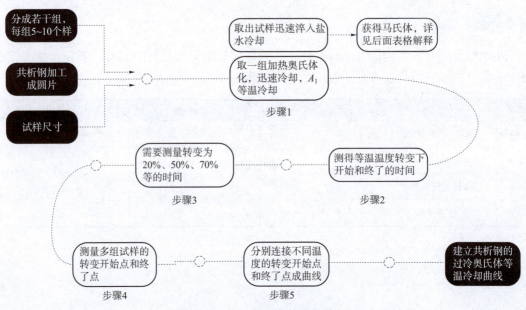

图 4-5 共析钢 C 曲线建立过程

(2)共析钢等温 C 曲线的分析。

共析钢过冷奥氏体等温转变如图 4-6 所示。

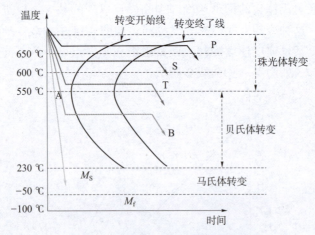

图 4-6 共析钢过冷奥氏体等温转变

共析钢 C 曲线相图分析如表 4-6 所示。等温冷却转变组织比较如表 4-7 所示。

表 4-6　共析钢 C 曲线相图分析

C 曲线名称	各部分含义	转化特征	C 曲线分区转变
左边的曲线	等温转变开始线	1. 等温转变经过一段"孕育期"（转变开始线与纵坐标之间的距离）。 2. 孕育期越长，表示过冷奥氏体就越稳定；反之，就越不稳定。 3. 孕育期的长短随过冷度的不同而变化，在靠近 A_1 线处，过冷度较小，孕育期较长。随着过冷度增大，孕育期缩短，约在 550 ℃时孕育期最短。 4. 孕育期最短处，即 C 曲线的"鼻尖"处，过冷奥氏体最不稳定，转变最快	高温珠光体型转变
右边的曲线	等温转变终了线		
转变开始线的左方	过冷奥氏体区		中温贝氏体型转变
转变终了线的右方	转变产物区		
一条水平线	马氏体转变开始线（以 M_S 表示）		低温马氏体型转变
一条水平线	马氏体转变终了线（以 M_f 表示）		
注意事项	1. 亚共析钢和过共析钢的等温转变图与共析钢等温转变图的区别是在 C 曲线的上方各增加了一条线，亚共析钢 C 曲线中，该线表示先共析铁素体线；而对于过共析钢，该线则析出渗碳体。 2. 以 550 ℃左右共析钢的孕育期最短，过冷奥氏体稳定性最低，称为 C 曲线的"鼻尖"		

表 4-7　等温冷却转变组织比较

区域	组织名称	符号	形成温度范围/℃	组织状态	硬度/HRC	组织状态图	备注
珠光体（层片状）	珠光体	P	$A_1 \sim 650$	片间距大	<25	图 4-7（a）	球化退火后，渗碳体以球状存在，称为粒状珠光体，硬度比片状低，塑性好。扩散性转变
	索氏体	S	$650 \sim 600$	片间距小	$25 \sim 35$	图 4-7（b）	—
	托氏体	T	$600 \sim 550$	片间距最小	$35 \sim 40$	图 4-7（c）	—
贝氏体	上贝氏体	$B_上$	$550 \sim 350$	羽毛状	$40 \sim 45$	图 4-7（d）	1. 半扩散型转变，脆性大，没有实用价值 2. 铁素体条和断续分布在条间的细小渗碳体
	下贝氏体	$B_下$	$350 \sim 240$	黑色针叶状	$45 \sim 55$	图 4-7（e）	应用在等温淬火
马氏体	板条马氏体（$w_C = 0.10\% \sim 0.25\%$）	M 板	$240 \sim 50$	板条状	$57 \sim 64$	图 4-7（f）	1. 过冷度很大，只发生 γ-Fe 向 α-Fe 的晶格转变，无扩散型转变，固溶在奥氏体中的碳全部保留在 α-Fe 晶格中，形成碳在 α-Fe 中的过饱和固溶体； 2. 马氏体的硬度主要取决于含碳量。$w_C < 0.60\%$ 时，随含碳量的增加，马氏体硬度升高，当 $w_C > 0.60\%$ 后，硬度升高不明显。马氏体的塑性和韧性与其含碳量及形态有着密切的关系； 3. 与母相成分相似； 4. 马氏体与奥氏体属于共格关系，抛光时宏观产生浮凸现象
	片状马氏体（$w_C > 1\%$）	M 片		片状	65	图 4-7（g）	

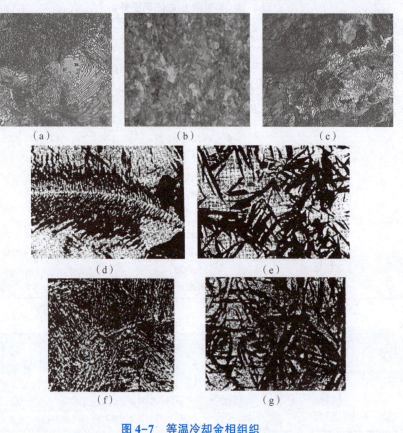

图4-7 等温冷却金相组织

(a) 珠光体；(b) 索氏体；(c) 托氏体；(d) 上贝氏体；
(e) 下贝氏体；(f) 板条马氏体；(g) 片状马氏体

（3）过冷奥氏体的连续冷却转变。

在实际生产中，过冷奥氏体一般是在连续冷却过程中进行的。因此，需要应用钢的连续冷却转变曲线（CCT曲线）了解过冷奥氏体连续冷却转变的规律，这对于确定热处理工艺和选材具有重要意义。CCT曲线也是通过试验方法测定的。

图4-8所示为共析钢的连续冷却转变曲线，图中 P_S 线为珠光体的转变开始线，P_f 线为珠光体的转变终了线，KK' 线为珠光体转变的中止线。当实际冷却速度小于 V_K 时，只发生珠光体转变；当实际冷却速度大于 V_K 时，则只发生马氏体转变；当冷却速度介于两者之间，冷却曲线与 K 线相交时，有一部分奥氏体已转变为珠光体，珠光体转变中止，剩余的奥氏体在冷却至 M_S 点以下时发生马氏体转变。图中的 V_K 为马氏体转变的临界冷却速度，又称上临界冷却速度，是钢在淬火时为得到马氏体转变所需的最小冷却速度。V_K 越小，钢在淬火时越容易获得马氏体组织。$V_{K'}$ 为下临界冷却速度，是保证奥氏体全部转变为珠光体的最大冷却速度。$V_{K'}$ 越小，则退火所需时间越长。

（4）马氏体转变。

钢的连续冷却组织转换如表4-8所示。

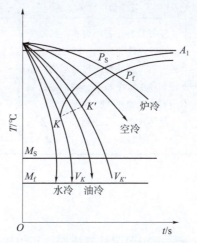

图 4-8　共析钢的连续冷却转变曲线

表 4-8　钢的连续冷却组织转换

冷却介质	产物名称	产物符号	冷却速度	硬度塑性
炉冷	珠光体	P		
空冷	索氏体	S	从上而下依次增大	从上而下，硬度依次增大，塑性依次减小
风冷	托氏体	T		
油冷	托氏体+马氏体	T+M		
水冷	马氏体+残余奥氏体	M+残 A		

连续冷却转变图与等温冷却转变图的不同点如下：

① 同一成分钢的 CCT 曲线位于 C 曲线的右下方。这说明要获得同样的组织，连续冷却转变比等温转变的温度要低些，孕育期要长些。

② 连续冷却时，转变是在一个温度范围内进行的，转变产物的类型可能不止一种，有时是几种类型组织的混合。

③ 连续冷却转变时，共析钢不发生贝氏体转变。

任务实施

小组成员根据课堂讲解，以及小组讨论，分析钢的热处理冷却概念，以及总结保温中奥氏体晶粒冷却过程的等温冷却和连续冷却的区别。小组成员进行决策、实施，细化完成步骤，明确组员分工，确定完成时间，制定评价指标等充实方案的工作，进行任务实施，并且需要及时检查、不断调整计划，以确保方案目的的实现。小组成员之间需要根据自身知识储备和以往经验整体把握小组的完成进度，及时处理和记录相关内容。（决策表示例如下）

姓名	调整分工	完成时间/天	任务目标和步骤	教师指导意见	调整内容展示
××			任务目标：查阅资料，修改钢的热处理冷却概念，以及总结保温中奥氏体晶粒冷却过程的等温冷却和连续冷却区分的内容，熟记C曲线图并开展小组间比赛。 具体步骤：任务划分—任务实施—任务总结		以PPT、思维导图、视频或者文字等方式完成
××					
××					
××					

考核评分

小组完成本次主体工作任务后，按照原计划或课后实施决策进行组内自检和组间互检，查缺补漏。在所有小组完成本次模块后，全体学生和教师根据各小组的阶段性成果进行组内自评、组间互评和教师点评。各小组吸取经验，为下一次任务做准备。

考核构成	考核指标	考核标准	知识目标	能力目标	德育目标	占总分比
过程考核	学习态度	态度端正，学习主动，虚心请教，课前思考，上课认真、课后反思	10%	20%	70%	10%
	学习纪律	遵守纪律，不迟到、不早退，无缺课	0	0	100%	10%
	学习责任	工作认真，能为实践结果承担责任	10%	20%	70%	10%
	合作	能与小组成员保持良好的合作关系，能采用合适的方式表达不同意见，与他人合作顺利	25%	20%	55%	10%
成果考核	成果展示类型	能够运用现代化手段收集素材	50%	30%	20%	10%
	成果制作效果	内容准确、体例清晰、美观	10%	70%	20%	20%
	成果讲解效果	条理清晰、表达准确、时间控制合理	45%	50%	5%	10%
	试卷	实操考试	50%	30%	20%	20%

小组成果展示

（请将本模块展示结果文档粘贴于此）

任务描述

　　钢的热处理是"金属材料热处理及加工应用"课程中的重要内容之一，包含热处理原理、普通热处理和特殊热处理，主要应用在机械加工和金属材料选取方面。请各位同学以组为单位，利用课程内容查阅普通热处理（退火和正火）概念，并掌握退火和正火的应用，完成退火和正火实训，并以不同方式在最终小组评价中展示出来。组长科学分工，小组成员共同协作，调动小组成员学习积极性、主动性。

普通热处理
（退火和正火）

任务准备

　　1. 请认真查阅资料，总结出普通热处理（退火和正火）相关概念。

　　2. 摩拳擦掌（请完成以下各题，检测自己对普通热处理（退火和正火）知识前期掌握情况）。

　　看退火和正火的热处理工艺曲线，回答下列问题：

　　图中1曲线为（　　）；

　　图中2曲线为（　　）；

　　图中3曲线为（　　）；

　　图中4曲线为（　　）。

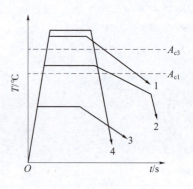

　　3. 前面我们学习了热处理理论知识，懂得什么是热处理，以及热处理过程，现在开始走进热处理实践。首先从图4-9中看看金属热处理工艺分类。

任务计划

　　小组成员将收集到的信息进行汇总，并根据信息制定包括计划目标、工作步骤和组员分工等信息的多套可行性方案，编写以下计划单。（计划单设计示例如下）

姓名	计划分工	预计完成时间/天	任务目标和步骤	职务	计划内容展示
××	网络、书籍查阅	1	任务目标：查阅普通热处理（退火和正火）相关内容，并总结不同点，撰写退火和正火实训步骤。 具体步骤：任务划分—任务实施—任务总结	组长	以思维导图、PPT、文字演示等形式完成
××	走访企业	1		副组长	
××	精品课程资源查阅	1		组员	
××	汇总并制作	1		组员	

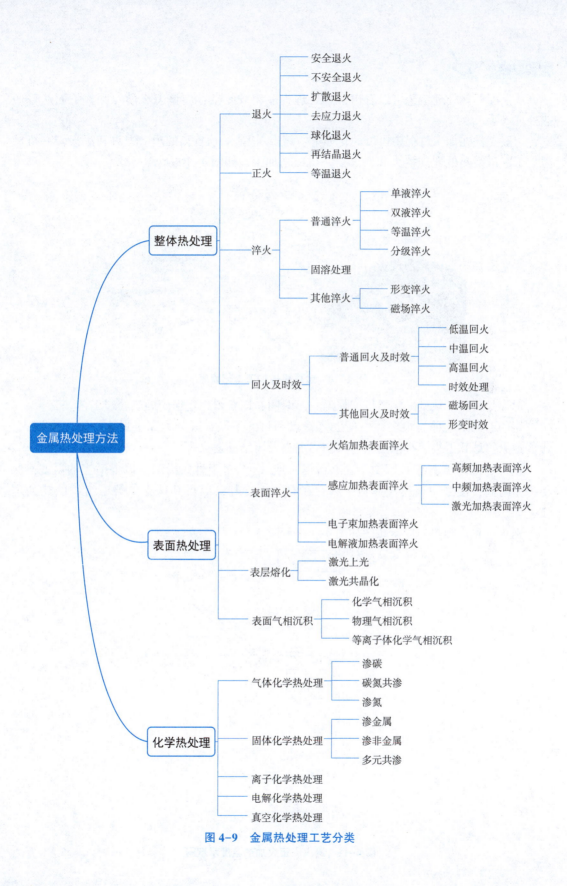

图4-9 金属热处理工艺分类

从上面的热处理工艺可以看出，热处理程序比较复杂，应该怎么学习呢？下面从普通热处理入手。

一般工件在加工过程中可以简化如下：铸造/锻造—预备热处理（退火和正火）—机械粗加工—最终热处理（淬火和回火）—机械精加工，如图4-10所示。

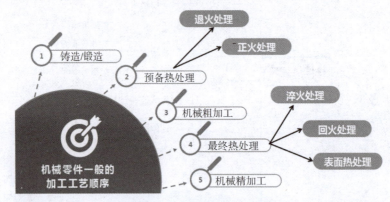

图4-10　金属机械加工工艺顺序

退火是将钢加热到一定温度，保温一定时间，以获得稳定组织的热处理工艺。

钢的退火工艺种类很多，根据工艺特点和目的不同，可分为完全退火、不完全退火、等温退火、球化退火、扩散退火、去应力退火及再结晶退火等。

正火是将钢加热到A_{c3}（对于亚共析钢）或A_{cm}（对于过共析钢）以上适当的温度，保温一定时间，使之完全奥氏体化，然后在空气中冷却，以得到珠光体类型组织的热处理工艺。

退火、正火加热温度示意图如图4-11所示。

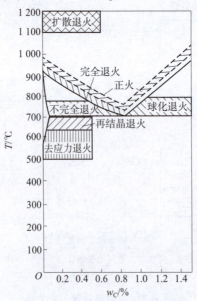

图4-11　退火、正火加热温度示意图

退火、正火的分类及用途如表4-9所示。

表4-9　退火、正火的分类及用途

退火分类	加热温度	冷却方式	目的	应用	备注
完全退火	A_{c3}温度以上20~30 ℃	缓慢冷却，（随炉或埋在砂中、石灰中冷却）至500 ℃以下，再在空气中冷却	细化晶粒、均匀组织	用于亚共析钢，一般是中碳钢及低、中碳合金结构钢的锻件、铸件及热轧型材，有时也用于它们的焊接构件	完全退火的保温时间计算见实训指导书"退火"
不完全退火	A_{c1}~A_{c3}（亚共析钢）或A_{c1}~A_{cm}（过共析钢）之间	保温后缓慢冷却	降低硬度，改善切削加工性能，消除内应力	用于过共析钢，应用于大批量生产，主要应用于晶粒未粗化的中、高碳钢和低合金钢锻、轧件	加热温度比完全退火低，消耗热能少，降低工艺成本，提高生产率。对锻造工艺正常的亚共析钢锻件，采用不完全退火代替完全退火
等温退火	A_{c1}或A_{c3}以上	冷却到稍低于A_{r1}的某一温度进行等温转变，使奥氏体转变为珠光体后再空冷	得到组织均匀、力学性能均匀的珠光体，利于切削加工，得到组织均匀而晶粒细小的细密珠光体	适用于亚共析钢、共析钢，尤其适用于合金钢退火	操作时间短，缩短了退火周期，提高了生产效率和设备利用率
球化退火	A_{c1}以上20~30 ℃	保温一定时间后随炉缓冷到600 ℃以下，再出炉空冷	使渗碳体球化，降低硬度，改善切削加工性能，以及获得均匀的组织，为以后的淬火做组织准备	适用共析钢、过共析钢和合金工具钢，及一些需要改善冷塑性变形的亚共析钢	球化退火的保温时间计算见实训指导书"退火"
扩散退火	A_{c3}或A_{cm}以上150~300 ℃	保温（10~15 h），然后随炉缓冷	使钢的化学成分和组织均匀化，因此称均匀化退火	用于质量要求高的合金钢铸锭、铸件或锻坯	扩散退火温度高，时间长，因此能耗高，易使晶粒粗大。为了细化晶粒，扩散退火后应进行完全退火或正火
去应力退火	A_{c1}以下某一温度（一般为500~600 ℃）	保温一定时间，然后随炉冷却至200 ℃以下出炉空冷	消除铸、锻、焊件和冷冲压件的残余应力	锻造、铸造、焊接以及切削加工后的工件应进行去应力退火，以消除加工过程中产生的内应力	—
再结晶退火	再结晶温度以上150~200 ℃	上述温度保持一段时间，然后缓慢冷却下来	消除加工硬化和残余应力，消除冷作硬化，提高塑性，改善切削加工性能及压延成型性能，恢复塑变能力，以利于进一步变形加工	处理冷变形钢	—

退火分类	加热温度	冷却方式	目的	应用	备注
正火	A_{c3} 或 A_{cm} 以上 30~50 ℃	将工件从炉中取出,放在空气中自然冷却,采用鼓风或喷雾等方法冷却	对于亚共析钢来说,相同钢正火后组织中析出的铁素体数量较少,珠光体数量较多,且珠光体的片间距较小;对于过共析钢来说,正火可以抑制先共析网状渗碳体的析出。钢的强度、硬度和韧性也比较高	正火只适用于碳钢和中、低合金钢的热处理,改善钢的切削加工性;消除网状碳化物,为球化退火做准备;作为中碳钢和低合金结构钢淬火前的预先热处理;作为要求不高的普通结构件的最终热处理;消除热加工缺陷	当钢的含碳量为 $w_C = 0.6\% \sim 1.4\%$ 时,在正火组织中不出现先共析相,只存在伪共析珠光体和索氏体,在含量 $w_C < 0.6\%$ 的钢中,正火组织中还会出现少量铁素体

正火和退火案例如表 4-10 所示。

表 4-10 正火和退火案例

钢的含碳量 w_C/%	热处理工艺	案例举例
<0.50	正火	45 钢,$w_C \approx 0.45\%$,中碳钢,毛坯—正火—机械粗加工—淬火+高温回火—机械精加工
0.50~0.77	完全退火	55Si2Mn,$w_C = 0.55\%$,中碳钢,毛坯—完全退火—机械粗加工—淬火+中温回火—机械精加工
≥0.77	球化退火	T10 钢,$w_C = 1.0\%$,为碳素工具钢,毛坯—球化退火—机械粗加工—淬火+低温回火—机械精加工

任务实施

小组成员根据课堂讲解,以及小组讨论,分析退火和正火的概念、参数,以及不同用途。小组成员进行决策、实施,细化完成步骤,明确组员分工,确定完成时间,制定评价指标等充实方案的工作,进行任务实施,并且需要及时检查、不断调整计划,以确保方案目的的实现。小组成员之间需要根据自身知识储备和以往经验整体把握小组的完成进度,及时处理和记录相关内容。(决策表示例如下)

姓名	调整分工	完成时间/天	任务目标和步骤	教师指导意见	调整内容展示
××			任务目标:查阅资料,修改普通热处理(退火和正火)相关内容,并详细总结不同点,并开展金属热处理(退火和正火)实训。		以 PPT、思维导图、视频或者文字等形式完成
××					
××			具体步骤:任务划分—任务实施—任务总结		
××					

小组完成本次主体工作任务后，按照原计划或课后实施决策进行组内自检和组间互检，查缺补漏。在所有小组完成本次任务后，全体学生和教师根据各小组的阶段性成果进行组内自评、组间互评和教师点评。各小组吸取经验，为下一次任务做准备。

考核构成	考核指标	考核标准	知识目标	能力目标	德育目标	占总分比
过程考核	学习态度	态度端正，学习主动，虚心请教，课前思考，上课认真、课后反思	10%	20%	70%	10%
	学习纪律	遵守纪律，不迟到、不早退，无缺课	0	0	100%	10%
	学习责任	工作认真，能为实践结果承担责任	10%	20%	70%	10%
	合作	能与小组成员保持良好的合作关系，能采用合适的方式表达不同意见，与他人合作顺利	25%	20%	55%	10%
成果考核	成果展示类型	能够运用现代化手段收集素材	50%	30%	20%	10%
	成果制作效果	内容准确、体例清晰、美观	10%	70%	20%	10%
	成果讲解效果	条理清晰、表达准确、时间控制合理	45%	60%	5%	20%

小组成果展示

（请将本模块展示结果文档粘贴于此）

任务5 掌握钢的普通热处理方法（淬火和回火）

任务描述

　　钢的热处理是"金属材料热处理及加工应用"课程中的重要内容之一，包含热处理原理、普通热处理和特殊热处理，主要应用在机械加工和金属材料选材方面。请各位同学以组为单位，利用课程内容查阅普通热处理（淬火和回火）概念，掌握淬火和回火的应用，完成淬火和回火实训，并以不同方式在最终小组评价中展示出来。组长科学分工，小组成员共同协作，调动小组成员学习积极性、主动性。

**普通热处理
（淬火和回火）**

任务准备

　　1. 请认真查阅资料，总结出普通热处理（淬火和回火）相关概念。

　　2. 摩拳擦掌（请完成以下各题，检测自己对普通热处理（淬火和回火）知识前期掌握情况）。

　　1）选择题。

　　（1）过冷奥氏体是指冷却到（　　）温度以下，尚未转变的奥氏体。

　　A. M_s　　　　　　　　B. M_f　　　　　　　　C. A_1

　　（2）45钢的正常淬火组织应为（　　）。

　　A. 马氏体　　　　　　B. 马氏体+铁素体　　　　C. 马氏体+渗碳体

　　（3）一般来说，碳素钢淬火应选择（　　）作冷却介质，合金钢应选择（　　）作冷却介质。

　　A. 矿物油　　　　　　B. 20 ℃的10%自来水　　C. 20 ℃的10%食盐水溶液

　　（4）调质处理就是（　　）的热处理。

　　A. 淬火+低温回火　　B. 淬火+中温回火　　　　C. 淬火+高温回火

　　（5）钢在加热时，判断过烧现象的依据是（　　）。

　　A. 表面氧化

　　B. 奥氏体晶界发生氧化或熔化

　　C. 奥氏体晶粒粗大

　　（6）零件渗碳后一般需经（　　）处理，才能达到表面硬而耐磨的目的。

　　A. 淬火+低温回火　　B. 正火　　　　　　　　C. 调质

　　（7）为改善20钢的切削加工性能，通常采用（　　）；为改善T10钢的切削加工性能，通常采用（　　）处理。

　　A. 完全退火　　　　　B. 球化退火　　　　　　C. 正火

　　（8）现有45钢制造的汽车轮毂螺栓，其淬火加热温度应选择（　　），冷却介质应选择（　　）。

　　A. 750 ℃　　　　　　　　　　　　　　　B. 840 ℃

　　C. 1 000 ℃　　　　　　　　　　　　　　D. 20 ℃的10%食盐水溶液

2）将淬火加热温度选择不当的后果填入下表，并说明其原因。

钢号	所属钢种	淬火加热温度	后果	原因	正确的加热温度
45		$A_{c1} \sim A_{c3}$		淬火组织中含有未溶的铁素体	A_{c3} 以上 30~50 ℃
T12		$>A_{cm}$	增加淬火钢的脆性及变形开裂倾向，钢的硬度降低		A_{c1} 以上 30~50 ℃

任务计划

小组成员将收集到的信息进行汇总，并根据信息制定包括计划目标、工作步骤和组员分工等信息的多套可行性方案，并编写以下计划单。（计划单设计示例如下）

姓名	计划分工	预计完成时间/天	任务目标和步骤	职务	计划内容展示
××	网络、书籍查阅	1	任务目标：查阅普通热处理（淬火和回火）相关内容，并总结不同点，撰写退火、淬火和回火实训步骤。 具体步骤：任务划分—任务实施—任务总结	组长	以思维导图、PPT、文字演示等形式完成
××	走访企业	1		副组长	
××	精品课程资源查阅	1		组员	
××	汇总并制作	1		组员	

知识链接

从任务4可知，热处理工艺中退火和正火是预备热处理，还有两个热处理工艺就是淬火和回火，下面将开始学习这两个热处理工艺。

将钢加热到 A_{c1} 或 A_{c3} 以上，保温一定时间后，以大于临界冷却速度 V_K 的速度冷却，获得马氏体或下贝氏体组织的热处理工艺称为淬火。淬火是强化钢的最有效手段之一。

回火是紧接淬火后的一道热处理工艺，大多数淬火钢件都要进行回火。它是将淬火钢再加热到 A_{c1} 以下某一温度，保温一定时间，然后冷却到室温的热处理工艺。

淬火分类及用途如表4-11所示。回火分类及用途如表4-12所示。

表4-11　淬火分类及用途

分类	钢种	加热温度	组织	备注
钢的淬火	亚共析钢	$A_{c3}+30\sim50$ ℃	A_{c3} 以下淬火组织中会出现自由铁素体，使钢的硬度降低	对于含有阻碍奥氏体晶粒长大的强碳化物形成元素（如钛、锆、铌等）的合金钢，淬火加热温度可以高一些；对于含促进奥氏体长大元素（如锰）等较多的合金钢，淬火加热温度则应低一些，以防晶粒长大
	共析钢和过共析钢	$A_{c1}+30\sim50$ ℃	A_{c1} 以上有少量的二次渗碳体未溶到奥氏体中，这有利于提高钢的硬度和耐磨性	

	淬火加热时间		见课程实训指导书	
钢的淬火	常用的淬火方法	单液淬火	将加热至奥氏体状态的工件淬入一种淬火介质中连续冷却至室温的淬火工艺	这种方法操作简单,易于实现机械化和自动化,不足之处是易产生淬火缺陷,单液淬火对碳钢而言只适用于形状简单的工件
		双液淬火	将加热至奥氏体状态的工件先淬入一种冷却能力较强的介质中快速冷却,冷却至接近 M_S 点温度时,再淬入冷却能力较弱的另一种介质中冷却的淬火工艺	双液淬火法一般是"先水后油",以减少淬火应力,防止变形和开裂。在水淬、油淬的双液淬火中,关键是控制工件在水中的停留时间
		分级淬火	将加热至奥氏体状态的工件先淬入温度稍高于 M_S 点的盐浴或碱浴中,稍加停留(2~5 min),等工件整体温度趋于均匀时,再取出空冷以获得马氏体的淬火工艺	对于合金钢和形状复杂、截面尺寸较小的碳钢一般选择略高于 M_S 点的某一温度作为分级温度;对于淬透性差且尺寸较大的工件,可选用略低于 M_S 点的温度来分级
		等温淬火	将加热至奥氏体状态的工件淬入稍高于 M_S 点温度的盐浴或碱浴中保温足够的时间,使其发生下贝氏体组织转变后取出空冷的淬火方法	等温淬火的内应力很小,工件不易变形与开裂,而且具有良好的综合力学性能。等温淬火常用于处理形状复杂、尺寸要求精确并且硬度和韧性都有要求较高的工件,如各种冷、热冲模,成形刀具和弹簧等
	钢淬透性		钢的淬透性是指钢在淬火冷却时,获得马氏体组织深度的能力,主要取决于合金元素	
	淬硬性		钢淬火后所能达到的最大硬度,主要取决于马氏体的含碳量	
	淬火出现的缺陷		硬度不足或出现软点、变形和开裂、热应力、淬火裂纹	

表4-12 回火分类及用途

		马氏体分解(200 ℃以下)	过饱和的碳原子以 ε 碳化物形式析出,使马氏体过饱和度降低。弥散度极高的 ε 碳化物呈网状分布在马氏体基体上,这种组织称回火马氏体。此阶段内应力减小,韧性明显提高,硬度变化不大
钢的回火	回火过程	残余奥氏体分解(200~300 ℃)	在200~300 ℃时残余奥氏体发生分解,转变为下贝氏体,使硬度升高,抵偿了马氏体分解造成的硬度下降,所以,此阶段钢的硬度未明显降低
		渗碳体形成(250~400 ℃)	马氏体和残余奥氏体继续分解,直至过饱和碳原子全部析出,同时,ε 碳化物逐渐转变为极细的稳定的渗碳体(Fe_3C),这个阶段直到400 ℃时全部完成,形成针状铁素体和细球状渗碳体组成的混合组织,这种组织称为回火托氏体

	回火过程	渗碳体聚集长大和铁素体再结晶（400~650 ℃）	铁素体发生回复与再结晶，由针片状转变为多边形；与此同时，渗碳体颗粒也不断聚集长大并球化。这时的组织由多边形铁素体和球状渗碳体组成，称为回火索氏体
钢的回火	回火工艺	低温回火 150~250 ℃，回火马氏体	淬火高碳钢和淬火高合金钢。经低温回火后得到隐晶马氏体加细粒状碳化物组织，具有很高的强度、硬度和耐磨性，同时显著降低了钢的淬火应力和脆性
		中温回火 350~500 ℃，回火托氏体	内应力基本消除，具有高的弹性极限。中温回火主要用于各种弹簧零件及模具等
		高温回火 500~650 ℃，回火索氏体	钢具有强度、塑性和韧性都较好的综合力学性能，广泛用于中碳结构钢和低合金结构钢制造的各种重要结构零件，如各种轴、齿轮、连杆、高强度螺栓等
	回火脆性	低温回火脆性（第一类回火脆性）	淬火钢在 250~400 ℃回火时出现的脆性称为低温回火脆性。几乎所有钢都存在这类脆性，这是一种不可逆回火脆性
		高温回火脆性（第二类回火脆性）	淬火后在 450~650 ℃回火时出现的脆性称为高温回火脆性。一般认为这种脆性主要是一些元素的晶界偏聚造成的。同时也与回火时的加热、冷却条件有关。当加热至 600 ℃以上后，以缓慢的冷却速度通过脆化区时，则出现脆性；快冷通过脆化区，则不出现脆性。这种脆性可通过重新加热至 600 ℃以上快冷予以消除
	钢的冷处理和时效处理	钢的冷处理	（1）高碳钢及一些合金钢，M_f 在零摄氏度以下，淬火后组织中有大量残留奥氏体。若将钢继续冷却到零摄氏度以下，会使残余奥氏体转变为马氏体，称这种操作为冷处理。（2）一般是在干冰（固态 CO_2）和酒精的混合物或冷冻机中冷却，温度为 -80~-70 ℃。这种方法主要用来提高钢的硬度和耐磨性（如合金钢渗碳后的冷处理）
		时效处理	（1）金属和合金经过冷、热加工或热处理后，在室温下保持（放置）或适当升高温度时常发生力学和物理性能随时间而变化的现象，这种现象统称为时效。（2）工业上常用的时效方法主要有自然时效、热时效、形变时效和振动时效等

任务实施

　　小组成员根据课堂讲解，以及小组讨论，分析钢的淬火、回火工艺参数，以及淬火、回火组织转变。小组成员进行决策、实施，细化完成步骤，明确组员分工，确定完成时间，制定评价指标等充实方案的工作，进行任务实施，并且需要及时检查、不断调整计划，以确保方案目的的实现。小组成员需要根据自身知识储备和以往经验整体把握小组的完成进度，及时处理和记录相关内容。（决策表示例如下）

姓名	调整分工	完成时间/天	任务目标和步骤	教师指导意见	调整内容展示
××			任务目标：查阅资料，修改普通热处理（淬火和回火）相关内容，并详细总结不同点，开展金属热处理（淬火和回火）实训。 具体步骤：任务划分—任务实施—任务总结		以PPT、思维导图、视频或者文字等形式完成
××					
××					
××					

考核评分

小组完成本次主体工作任务后，按照原计划或课后实施决策进行组内自检和组间互检，查缺补漏。在所有小组完成本次模块后，全体学生和教师根据各小组的阶段性成果进行组内自评、组间互评和教师点评。各小组吸取经验，为下一次任务做准备。

考核构成	考核指标	考核标准	知识目标	能力目标	德育目标	占总分比
过程考核	学习态度	态度端正，学习主动，虚心请教，课前思考，上课认真、课后反思	10%	20%	70%	10%
	学习纪律	遵守纪律，不迟到、不早退，无缺课	0	0	100%	10%
	学习责任	工作认真，能为实践结果承担责任	10%	20%	70%	10%
	合作	能与小组成员保持良好的合作关系，能采用合适的方式表达不同意见，与他人合作顺利	25%	20%	55%	10%
成果考核	成果展示类型	能够运用现代化手段收集素材	50%	30%	20%	10%
	成果制作效果	内容准确、体例清晰、美观	10%	70%	20%	20%
	成果讲解效果	条理清晰、表达准确、时间控制合理	45%	60%	5%	20%

小组成果展示

（请将本模块展示结果文档粘贴于此）

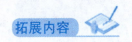

一、钢的淬透性

1）淬透性的概念

钢的淬透性是指钢在淬火冷却时，获得马氏体组织深度的能力。

在淬火时，沿工件截面上的冷却速度不同，工件表面的冷却速度最大，中心的冷却速度最小。冷却速度大于该钢 V_K 的表层部分，淬火后得到马氏体组织。一般规定，由钢的表面至内部马氏体组织占 50%处（半马氏体区）的距离为有效淬硬层深度。

淬透性是以钢在一定淬火条件下能够获得的有效淬硬层深度来表示的。用不同钢种制造的相同形状和尺寸的工件，在同样条件下淬火，淬透性好的钢将得到较大的淬硬层深度。

淬硬性与淬透性不同，淬透性是指钢材本身固有的属性，它只取决于其本身的内部因素，与外部因素无关；而钢的淬硬层深度除取决于钢材的淬透性外，还与所采用的冷却介质、工件尺寸等外部因素有关。例如，在同样奥氏体条件下，同一种钢的淬透性是相同的，但是水淬比油冷淬火的淬透性高，也不能说小件比大件的淬透性高。可见，评价钢的淬透性，必须排除工件形状、尺寸大小、冷却介质等外部因素的影响。

由于钢的淬火组织主要取决于它的淬透性，因此淬透性在设计和生产中有着重要的意义。淬透性好的钢，淬火时可以采用缓和的冷却方法，从而可减少变形和开裂。尺寸大、形状复杂的工件，一般选用淬透性好的合金钢制造，以获得较好的淬火效果。对于截面均匀承载的构件和切削工具，也应选用淬透性好的合金钢，保证完全淬透。工作时表面应力大、心部应力小的零件或只求表面硬化的零件，如齿轮、凸轮等，使用一般淬透性的钢即可。

2）淬透性的测定

淬透性的测定方法很多，国家标准《钢的淬透性末端试验方法》（GB/T 225—1988）规定用末端淬火法测定结构钢的淬透性，《工具钢淬透性试验方法》（GB/T 227—1991）规定用断口评级法测定工具钢的淬透性。

末端淬火法简称端淬试验。试验时，将标准试样加热至奥氏体化温度，然后迅速放在端淬试验台上，对末端喷水冷却，之后测定其硬度值。钢的淬透性值用 $J\dfrac{HRC}{d}$ 表示，其中 J 表示末端淬透性，d 表示至末端的距离，HRC 表示测定处的硬度值。如 $J\dfrac{42}{5}$ 表示距末端 5 mm 处的硬度为 42 HRC。图 4-12 所示为末端淬火试验测定钢的淬透性曲线。

3）影响淬透性的因素

钢的淬透性主要取决于钢的临界冷却速度。钢的临界冷却速度越小，即奥氏体越稳定，则钢的淬透性越好。因此，凡是提高奥氏体稳定性的因素，都能提高钢的淬透性。

（1）合金元素的影响。

除钴以外的大多数合金元素溶于奥氏体后，均使 C 曲线右移，降低临界冷却速度，提高钢的淬透性。

（2）含碳量的影响。

亚共析钢随含碳量的增加，临界冷却速度降低，淬透性提高；过共析钢随含碳量的增

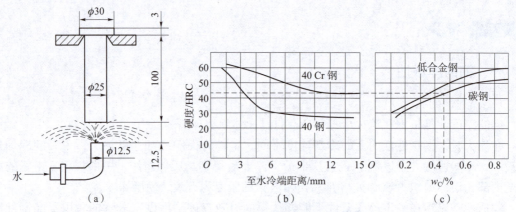

图 4-12　末端淬火试验测定钢的淬透性曲线

（a）喷水装置；（b）淬透性曲线举例；

（c）钢的半马氏体区（50%M）硬度与钢的含碳量的关系

加，临界冷却速度增高，淬透性下降。

（3）奥氏体化温度的影响。

提高奥氏体化温度将使奥氏体晶粒长大，成分均匀，从而降低珠光体的形核率，降低钢的临界冷却速度，提高钢的淬透性。

（4）钢中未溶第二相的影响。

钢中未溶入奥氏体的碳化物、氮化物及其他非金属夹杂物可以成为奥氏体转变产物的非自发核心，使临界冷却速度增大，降低淬透性。

4）淬透性的实际应用

钢的淬透性对于合理选材和正确制定热处理工艺是非常重要的。因为淬透性对钢件热处理后的力学性能影响很大，若整个工件都能淬透，则经高温回火后，其力学性能沿截面是均匀一致的；若工件未淬透，则高温回火后，虽然截面上硬度基本一致，但未淬透部分的屈服点和冲击韧度却显著降低。

在生产中许多在重载荷、动载荷下工作的大截面重要零件以及受拉压应力的重要零件，常要求工件表面和心部的力学性能一致，这时应选用淬透性高的材料；而对于应力主要集中在工件表面、心部应力并不大（如承受弯曲应力）的零件，则可考虑选用淬透性低的钢。焊接件一般不选用淬透性高的钢，否则易在焊缝即热影响区出现淬火组织，造成工件变形和开裂。

二、钢的冷处理和时效处理

1. 钢的冷处理

高碳钢及一些合金钢，由于 M_f 点位在零度以下，故淬火后组织中有大量残留奥氏体。若将钢继续冷却到零摄氏度以下，会使残余奥氏体转变为马氏体，称这种操作为冷处理。

冷处理应当紧接着淬火操作之后进行，如果相隔时间过久会降低冷处理的效果。冷处理的温度应由 M_f 决定，一般是在干冰（固态 CO_2）和酒精的混合物或冷冻机中冷却，温度为 $-80 \sim -70\ ℃$。这种方法主要用来提高钢的硬度和耐磨性（如合金钢渗碳后的冷处理）。为了提高工具的寿命和稳定精密量具的尺寸，往往也进行冷处理。冷处理时体积要增大，所以这种方法也用于恢复某些高度精密件（如量规）的尺寸。冷处理后可进行回火，以消除应力，避免裂纹。

目前，在-130 ℃以下（用液氮）的深冷处理，在工具及耐磨零件处理时获得应用，显著延长了它们的寿命。此外，其还用于各种量具、枪杆等要求尺寸准确、稳定的零件。

2. 钢的时效处理

金属和合金经过冷、热加工或热处理后，在室温下保持（放置）或适当升高温度时常发生力学和物理性能随时间而变化的现象，这种现象统称为时效。在时效过程中金属和合金的显微组织并不发生明显变化。但随时效的进行，残余应力会大部或全部消除。工业上常用的时效方法主要有自然时效、热时效、形变时效和振动时效等。

1）自然时效

自然时效是指经过冷、热加工或热处理的金属材料，在室温下发生性能随时间而变化的现象。如钢铁铸件、锻件或焊接件长期堆放在露天或室内，经过半年或几年后可以减轻或消除部分残余应力（10%~12%），并稳定工件尺寸。其优点是不用任何设备，不消耗能源，即能达到消除部分内应力的效果；但周期太长，应力消除率不高。

2）热时效

随温度不同，α-Fe中碳的溶解度发生变化，使钢的性能发生改变的过程称为热时效。低碳钢加热到650~750 ℃（A_1附近）并迅速冷却时，使来不及析出的$Fe_3C_{\mathbb{II}}$可以保持在固溶体（铁素体）内成为过饱和固溶体。在室温放置过程中，碳有从固溶体析出的自然趋势。由于碳在室温下有一定的扩散速度，长时间放置（保存）时，碳又呈$Fe_3C_{\mathbb{II}}$析出，使钢的硬度、强度上升，而塑性、韧性下降，如图4-13所示。虽然低碳钢中含碳量不高，但硬度的提高可达50%，这对低碳钢压力加工性能是不利的。加热温度越高，热时效过程中，碳的扩散速度越大，则热时效时间也大为缩短。

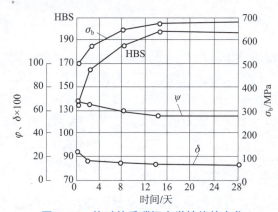

图4-13 热时效后碳钢力学性能的变化

就某些使用性能和工艺性能而言，热时效现象并不总是有利的，需要加以控制和利用。例如，经过淬火、回火或未经淬火、回火的钢铁零件（包括铸锻焊件），长时间在低温（一般小于200 ℃）加热，可以稳定尺寸和性能；但是冷变形（冷轧等）后的低碳钢板，加热到300 ℃左右发生的热时效过程，却使钢板的韧性降低，这对低碳钢板的成型十分有害。

3）形变时效

钢在冷变形后进行时效称为形变时效。室温下进行自然时效，一般需要保持（放置）

15~16 天（大型工件需放置半年甚至 1~2 年）；而热时效（一般在 200~350 ℃）仅需几分钟，大型工件需几小时。

在冷塑性变形时，α-Fe（铁素体）中的个别体积被碳、氮所饱和，在放置过程析出碳化物和氮化物。形变时效可降低钢板的冲压性能，因而低碳钢板（特别是汽车用板）要进行形变时效倾向试验。

4）振动时效

振动时效即通过机械振动的方式来消除、降低或均匀工件内应力的一种工艺，主要是使用一套专用设备、测试仪器和装夹工具对需要处理的工件（铸、锻、焊件等）施加周期性的动载荷，迫使工件（材料）在共振频率范围内振动并释放出内部残余应力，提高工件的抗疲劳强度和尺寸精度的稳定性。工件在振动（一般选在亚共振区）过程中，材料各点的瞬时应力与工件固有残余应力相叠加，当这两项应力幅值之和大于或等于材料屈服强度时，在该点的材料就产生局部微塑性变形，使工件中原来处于不稳定状态的残余应力向稳定状态转变，经一定时间振动（从十几分钟到一小时）后，整个工件的内应力得到重新分布（均匀），使之在较低的能量水平上达到新的平衡。其主要优点：①不受工件尺寸和质量限制（大到几百吨），可以露天就地处理；②节能效率达 98% 以上；③内应力消除率达 30% 以上；④一般可以代替人工时效和自然时效，因而在国内外已获得广泛的工业应用。

三、钢的表面热处理

一些工作条件往往要求机械零件具有耐蚀、耐热等特殊性能或要求表层与心部的力学性能有一定差异。这时仅从选材上着手和采用普通热处理都很难奏效，只有进行表面热处理，通过改善表层组织结构和性能，才能满足上述要求。表面热处理有表面淬火和化学热处理两大类。

1. 表面淬火

表面淬火是通过快速加热使钢件表面迅速奥氏体化，热量未传到钢件心部之前就快速冷却的一种淬火工艺。其目的在于使工件表面获得高的硬度和耐磨性，心部仍保持良好的塑性和韧性。根据热源的性质不同，表面淬火可分为感应加热表面淬火、火焰加热表面淬火、电接触加热表面淬火、电解加热表面淬火、激光和电子束加热表面淬火等。工业上应用最多的是前两种表面淬火。

1）感应加热表面淬火

（1）感应加热的基本原理。

感应加热的基本原理是感应线圈通以交流电时，即在它的内部和周围产生与电流频率相同的交变磁场。若把工件置于感应磁场中，则其内部将产生感应电流并由于电阻的作用被加热。感应电流在工件截面上的分布是不均匀的，靠近表面的电流密度最大，中心处几乎为零，如图 4-14 所示。这种现象叫作交流电的集肤效应。电流透入工件表面的深度主要与电流频率有关。电流频率越高，电流透入工件表层也越薄。因此，通过选用不同频率可以得到不同的淬硬层深度。例如，在采用感应加热淬火时，对于淬硬层深度为 0.5~2.0 mm 的工件，常选用频率范围为 200~300 kHz 的高频加热，适用于中小型齿轮、轴类零件等；对于淬硬层深度为 2~10 mm 的工件，常选用频率范围为 2 500~8 000 Hz 的中频加热，适用于大中型齿轮、轴类零件等；对于要求淬硬层深度大于 10~15 mm 的工件，宜选用电源频率为 50 Hz 的工频加热，适用于大直径零件，如轧辊、火车车轮等。

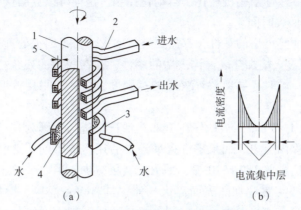

图 4-14 感应加热表面淬火示意图

（a）感应加热表面淬火原理；（b）涡流在工件截面上的分布

1—工件；2—加热感应器；3—淬火喷水套；4—加热淬火层；5—间隙

（2）感应加热适用的材料。

感应加热表面淬火一般适用于中碳钢和中碳低合金钢，如 45、40Cr、40MnB 等钢，这类钢经预先热处理（正火或调质处理）后进行表面淬火，使其表面具有较高的硬度和耐磨性，心部具有较高的塑性和韧性，因此其综合力学性能较高。

（3）感应加热表面淬火的特点。

感应加热表面淬火与普通淬火相比，具有以下主要特点：

① 加热温度高，升温快。一般只需几秒到几十秒的时间就可以把零件加热到淬火温度，因而过热度大。

② 加热时间短，工件表层奥氏体化晶粒细小，淬火后可获得极细马氏体，因而硬度比普通淬火提高 2~3 HRC，且脆性较低。

③ 淬火后工件表面存在残余压应力，因此疲劳强度较高，而且变形小，工件表面易氧化和脱碳。

④ 生产率高，容易实现机械、自动化，适于大批量生成，而且淬硬层深度也易于控制。

⑤ 加热设备昂贵，不易维修调整，处理形状复杂的零件较困难。

2）火焰加热表面淬火

火焰加热表面淬火是用高温火焰直接加热工件表面的一种淬火方法。常用的火焰有乙炔—氧或煤气—氧等。火焰温度高达 3 000 ℃，可将工件表面迅速加热到淬火温度，然后立即喷水冷却，获得所需的表面淬硬层。

（1）火焰加热表面淬火的特点。

① 火焰加热的设备简单，使用方便，设备投资低，特别对于没有高频感应加热设备的中小厂有很大的实用价值。

② 火焰加热表面淬火操作简单，既可以用于小型零件，又可以用于大型零件；既可以用于单一品种的加热处理，又可以用于多品种批量生产的加热处理。特别是局部表面淬火的零件，使用火焰加热表面淬火，操作工艺容易掌握，成本低，生产效率高。

③ 火焰加热时，表面温度不易测量，同时表面淬火过程硬化层深度不易控制。

④ 火焰加热表面淬火的质量有许多影响因素，难以控制，因此被处理的零件质量不稳定。对于批量生产的零件逐渐用机械化、自动化控制，这样可以克服这一不足。

（2）回火温度和回火时间。

经过火焰加热表面淬火后的零件，都需要进行回火或自行回火处理。

① 回火温度。经过火焰加热表面淬火后的零件，存在较大的残余拉应力，它会影响零件的力学性能及使用；同时还要保持淬火后的高硬度，故一般采用低温回火。回火温度选取 180~220 ℃。

② 回火时间一般 1~2 h。回火最好在电加热油槽中进行，因为在这样的设备中回火温度均匀，可以充分消除内应力。如果零件火焰淬火后还需要磨削，则磨削后还必须进行第二次回火，回火温度仍采取 180~220 ℃，回火时间可减少一半。

这种表面淬火方法与感应加热表面淬火相比，具有设备简单、操作方便、成本低廉、灵活性大等优点；但存在加热温度不易控制，容易造成工件表面过热、淬火质量不稳定等缺点，这种方法主要用于单件、小批量及大型件和异形件的表面淬火。

2. 化学热处理

化学热处理是将钢件在一定介质中加热、保温，使介质中的活性原子渗入工件表层，以改变表层化学成分和组织，从而改善表层性能的热处理工艺。化学热处理可以强化钢件表面，提高钢件的疲劳强度、硬度与耐磨性等；改善钢件表层的物理化学性能，提高钢件的耐蚀性、抗高温氧化性等。化学热处理可使形状复杂的工件获得均匀的渗层，不受钢的原始成分的限制，能大幅度、多方面地提高工件的使用性能，延长工件的使用寿命；为碳素钢、低合金钢替代高合金钢拓宽了道路，具有很大的经济价值，受到人们的高度重视，发展很快。

化学热处理经历着分解、吸收、扩散三个过程。分解，是渗剂在一定温度下发生化学反应形成活性原子的过程；吸收，是活性原子被工件表面溶解，或与钢件中的某些成分形成化合物的过程；扩散，是活性原子向工件内部逐渐扩散，形成一定厚度扩散层的过程。三个过程都有赖于原子的扩散，受温度的控制，温度越高原子的扩散能力越强，过程完成得越快，形成的渗层越厚。按钢件表面渗入的元素不同，化学热处理可分为渗碳、渗氮、碳氮共渗等。

1）渗碳

渗碳是一种使用广泛、历史悠久的化学热处理，其目的是提高钢件表层的含碳量以提高其性能。根据热处理时渗剂的状态不同，渗碳分为固体渗碳、液体渗碳和气体渗碳。生产中用得最多的是气体渗碳。按渗碳的条件不同，渗碳可分为普通渗碳、可控气氛渗碳、真空渗碳、离子渗碳等。渗碳用钢，一般是含碳量为 $w_C = 0.1\% \sim 0.25\%$ 的碳钢或合金钢。渗碳后钢件表层的含碳量一般为 $w_C = 0.8\% \sim 1.10\%$，渗碳层厚度为 0.5~2.0 mm，渗碳后的钢件必须经过淬火、低温回火，发挥渗碳层的作用，才能使钢件具有很高的硬度、耐磨性和疲劳强度。渗碳广泛用于形状复杂、在磨损情况下工作、承受冲击载荷和交变载荷的工件，如汽车、拖拉机的变速齿轮、活塞销、凸轮等。

2）渗氮

渗氮又叫氮化，是向钢件表层渗入氮原子的化学热处理工艺。氮化温度比渗碳时低，工件变形小。氮化后钢件表面有一层极硬的合金氮化物，故不需要再进行热处理。按渗氮时渗剂的状态可将氮化分为固体氮化、液体氮化和气体氮化。按其要达到的目的又可将氮化分为强化氮化和耐蚀氮化两种。强化氮化需要采用含铝、铬、钼、钒等合金元素的中碳合金钢（即氮化用钢），因为这些元素能与氮形成高度弥散、硬度极高的非常稳定的氮化物或合金氮化物，从而使钢件具有高硬度（65~72 HRC）、高耐磨性和高疲劳强度。为了保证钢件心部有足够的强度和韧性，氮化前要对钢件进行调质处理。而耐蚀氮化的目的，是在工件表面形成致密的化学稳定性极高的氮化物，不要求表面耐磨，可采用碳钢件、低合金钢件以及铸铁件。渗氮主要用于耐磨性、精度要求都较高的零件（如机床丝杠等）；或在循环载荷条件下工作且要求疲劳强度很高的零件（如高速柴油机曲轴）；或在较高温度下工作的要求耐蚀、耐热的零件（如阀门等）。

3）碳氮共渗

碳氮共渗是同时向钢件表面渗入碳原子和氮原子的化学热处理工艺。碳氮共渗最早是在含氰根的盐浴中进行的，因而又叫氰化。按共渗时介质的状态，碳氮共渗主要有液体碳氮共渗、气体碳氮共渗两种。目前采用最多的是气体碳氮共渗。按其共渗温度的高低，气体碳氮共渗分为低温、中温、高温气体碳氮共渗。其中以中温气体碳氮共渗和低温气体碳氮共渗用得较多。中温气体渗氮共渗以渗碳为主，共渗后要进行淬火和低温回火。其主要目的是提高钢件的硬度、耐磨性和疲劳强度，多用于低、中碳钢钢件或合金钢件。中温气体碳氮共渗使钢件的耐磨性高于渗碳，而且生产周期较渗碳短，因此不少工厂用它替代渗碳。低温气体碳氮共渗又叫气体软氮化，以渗氮为主，与气体渗碳相比具有工艺时间短（一般不超过 4 h），表层脆性低，共渗后无须研磨，既适用于各种钢材又适应于铸铁和烧结合金等优点，能有效地提高钢件的耐磨性、耐疲劳、抗咬合、抗擦伤性能。

生产和科学技术的发展，对钢材性能的要求越来越高。为满足这些要求，有效途径之一是研制使用合金钢。但合金化的方法因要耗用大量的贵重稀缺元素，使其发展受到一定的限制。实际上，许多情况下只需将碳素钢、低合金钢钢件表层进一步合金化就能满足使用要求，而且能节约大量贵重金属。因此，进一步研究钢材的表层合金化的方法和工艺具有现实的经济价值和社会价值。

3. 钢的形变热处理

将塑性变形和热处理结合起来的加工工艺，称为形变热处理。形变热处理有效地综合利用形变强化和相变强化，将成形加工和获得最终性能统一在一起，既能获得由单一强化方法难以达到的强韧化效果，又能简化工艺流程，节约能耗，使生产连续化，收到较好的经济效益。因此，近年来在工业生产中得到广泛的应用。

钢的形变热处理方法有很多，根据形变与相变过程的相互顺序，可将其分为相变前形变、相变中形变和相变后形变三大类。相变前形变热处理，是一种将钢奥氏体化后，在奥氏体区和过冷奥氏体区温度范围内，奥氏体发生转变前，进行塑性变形后立即进行热处理的加工方法。根据其形变温度及热处理工艺类型分为高温形变正火、高温形变淬火、低温形变淬火等。相变中形变热处理又称等温形变热处理。它利用奥氏体的变塑现象，在奥氏体发生相变时对其进行塑性变形。所谓变塑现象，是一种因相变而诱发的塑性异常高的现象。这类形变热处理有珠光体转变中形变和马氏体转变中形变等，能改善钢的强度、塑性和其他力学性能。相变后形变热处理是对奥氏体相变产物进行形变强化。形变前的组织可能是铁素体、珠光体、马氏体。常用的形变热处理方法主要有以下几种：

1）高温形变正火

高温形变正火是通过控制热轧形变温度、形变速度、形变量，以获得微细晶粒，产生位错强化的一种工艺。它能提高钢的强韧性，降低钢的冷脆性和冷脆转化温度，主要用于低碳低合金钢板、线材生产。在生产中广泛应用的高温形变正火工艺是含铌铁素体珠光体钢的三级控制轧制。所谓三级控制轧制，是指奥氏体再结晶温度范围（$\geqslant T_R$）内的轧制，低于奥氏体再结晶温度的奥氏体区温度范围（$A_{r3} \sim T_R$）内的轧制，奥氏体和铁素体两相区温度范围（$A_{r1} \sim A_{r3}$）内的轧制，如图 4-15 所示。

2）高温形变淬火

高温形变淬火是将钢加热到奥氏体区温度范围内，在奥氏体状态进行塑性变形后立即淬火并回火的工艺，如图 4-16 所示。高温形变淬火能提高钢的强韧性、疲劳强度，降低钢的脆性转化温度和缺口敏感性。高温形变淬火对材料无特殊要求，常用于热锻、热轧后立即淬火，能简化工序、节约能源，减少材料的氧化、脱碳和变形，不需要大功率设备，因而获得了较快的发展。

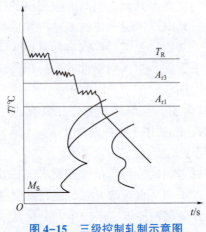

图 4-15　三级控制轧制示意图

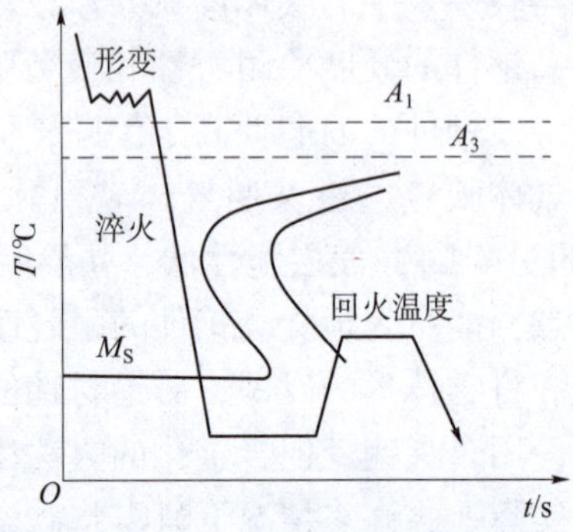

图 4-16　高温形变淬火示意图

3）低温形变淬火

低温形变淬火是将钢奥氏体化后，迅速冷却至过冷奥氏体稳定性最大的温度区间（珠光体转变区和贝氏体转变区之间）进行塑性变形后立即淬火并回火的工艺，如图 4-17 所示。低温形变淬火能显著提高钢的强度极限和疲劳强度，还能提高钢的回火稳定性，但对钢的塑性、韧性改善不大。低温形变淬火要求钢具有高的淬透性，形变速度快，设备功率大，不及高温形变淬火应用广泛。目前仅用于强度要求很高的弹簧丝、小型弹簧、小型轴承零件等小型零件及工具的处理。

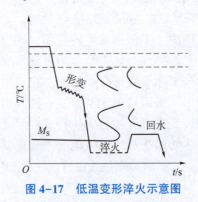

图 4-17　低温变形淬火示意图

模块五　铸造——金属材料成型工艺的领航者

模块引入

　　将液态合金浇注到与零件的形状、尺寸相适应的铸型中，待其冷却凝固，以获得毛坯或零件的工艺过程称作铸造。其特点是金属在液态下成型。铸件一般作为零件的毛坯，要经过切削加工后才能成为零件。但若采用特种铸造方法或对零件的精度要求不高时，铸件也可不经过切削加工而使用。用于铸造的金属（铸造合金）主要有铸铁、铸钢和铸造有色合金，其中以铸铁应用最广。

　　本单元属于教师引领、学生自学模式，在通览内容基础上，了解铸造的分类方法，掌握砂型铸造的流程。

学习目标

砂型铸造

知识目标：

1. 了解铸造的分类方法；

2. 掌握砂型铸造的生产工艺。

技能目标：

1. 能够分析不同铸造方法的特点；

2. 能够熟练绘制砂型铸造工艺流程。

素养目标：

1. 具备独立自主的学习能力；

2. 具备团队合作的能力；

3. 具备敬业精神，热爱劳动。

模块分析

模块内容	任务分解	学习课时	重点、难点
铸造	熟知砂型铸造工艺	1	砂型铸造特点、分类、应用及发展趋势
	熟知特种铸造方法	1	特种铸造特点、分类、应用及发展趋势

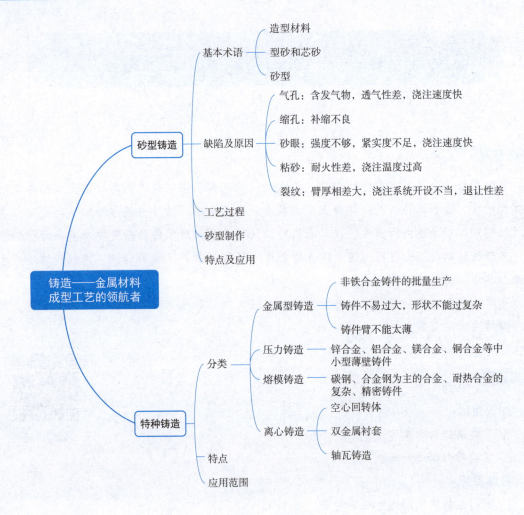

铸造——金属材料成型工艺的领航者

- 砂型铸造
  - 基本术语
    - 造型材料
    - 型砂和芯砂
    - 砂型
  - 缺陷及原因
    - 气孔：含发气物，透气性差，浇注速度快
    - 缩孔：补缩不良
    - 砂眼：强度不够，紧实度不足，浇注速度快
    - 粘砂：耐火性差，浇注温度过高
    - 裂纹：臂厚相差大，浇注系统开设不当，退让性差
  - 工艺过程
  - 砂型制作
  - 特点及应用
- 特种铸造
  - 分类
    - 金属型铸造
      - 非铁合金铸件的批量生产
      - 铸件不易过大，形状不能过复杂
      - 铸件臂不能太薄
    - 压力铸造
      - 锌合金、铝合金、镁合金、铜合金等中小型薄壁铸件
    - 熔模铸造
      - 碳钢、合金钢为主的合金、耐热合金的复杂、精密铸件
    - 离心铸造
      - 空心回转体
      - 双金属衬套
      - 轴瓦铸造
  - 特点
  - 应用范围

任务1 熟知砂型铸造工艺

任务描述

砂型铸造是金属铸造中最重要的加工应用之一，请各位同学以组为单位，利用课程内容查阅砂型铸造工艺过程及工艺设计，并以不同方式在最终小组评价中展示出来。组长科学分工，小组成员共同协作，调动小组成员学习积极性、主动性。

任务准备

1. 请认真查阅资料，总结出砂型铸造在实际生产、生活中的应用等相关内容。
2. 摩拳擦掌（请完成以下题目，检测自己对砂型铸造知识前期掌握情况）。
1) 名词解释：

铸造　　流动性　　收缩性　　砂型铸造　　浇注系统　　分型面

2) 填空题：

（1）金属的铸造性主要是指金属的_____性和_____性。

（2）金属浇注后的收缩分为_____收缩、_____收缩、_____收缩。

（3）砂型铸造使用的造型材料包括_____、_____、有机或无机黏结剂及其他附加物。

（4）造型按照起模特点进行分类，可分为_____造型、挖砂造型、_____造型、活块造型、三箱造型等。

（5）分型面为水平、垂直或倾斜，分别称为_____浇注、_____浇注、倾斜浇注。

3) 同学之间相互合作，分组调研铸造成型方法出现在什么时代，有什么历史典故。

任务计划

小组成员将收集到的信息进行汇总，并根据信息制定包括计划目标、工作步骤和组员分工等信息的多套可行性方案，编写以下计划单。（计划单设计示例如下）

姓名	计划分工	预计完成时间/天	任务目标和步骤	职务	计划内容展示
××	网络、书籍查阅	1	任务目标：查阅砂型铸造成型方式发展史或操作过程　　具体步骤：任务划分—任务实施—任务总结	组长	以诗歌形式完成
××	走访企业	1		副组长	
××	精品课程资源查阅	1		组员	
××	汇总并制作	1		组员	

一、砂型铸造

如图 5-1 所示，砂型铸造是以型砂和芯砂为造型材料制成铸型，液态金属在重力下充填铸型来生产铸件的铸造方法。砂型铸造原料来源丰富，生产批量和铸件尺寸不受限制，成本低廉，是最常用的铸造方法，砂型铸件目前约占铸件总产量的 90%。

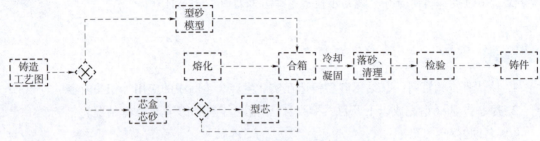

图 5-1 齿轮毛坯的砂型铸造工艺过程

砂型制作就是全部用手工或手动工具完成的造型工序，如图 5-2 所示。其特点是适应性强，成本低，但铸件质量较差，生产率低。其主要用于单件、小批生产。

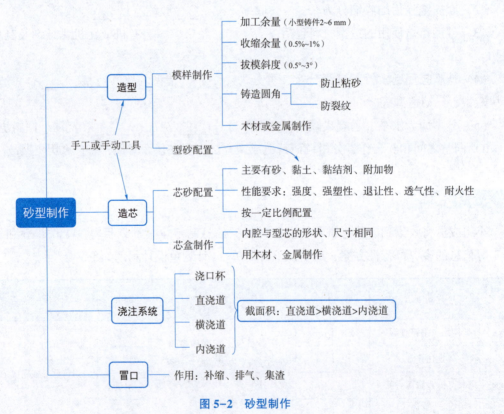

图 5-2 砂型制作

任务实施

　　小组成员根据课堂讲解，以及小组讨论，查阅砂型铸造成型方式发展史或操作过程。小组成员进行决策、实施，细化完成步骤，明确组员分工，确定完成时间，制定评价指标等充实方案的工作，进行实施任务，并且需要及时检查、不断调整计划，以确保方案目的的实现。小组成员需要根据自身知识储备和以往经验整体把握小组的完成进度，及时处理和记录相关内容。（决策表示例如下）

姓名	调整分工	完成时间/天	任务目标和步骤	教师指导意见	调整内容展示
××			任务目标：查阅砂型铸造成型方式发展史或操作过程。 具体步骤：任务划分—任务实施—任务总结		以 PPT、思维导图、视频或者文字等形式完成
××					
××					
××					

考核评分

　　小组完成本次主体工作任务后，按照原计划或课后实施决策进行组内自检和组间互检，查缺补漏。在所有小组完成本次任务后，全体学生和教师根据各小组的阶段性成果进行组内自评、组间互评和教师点评。各小组吸取经验，为下一次任务做准备。

考核构成	考核指标	考核标准	知识目标	能力目标	德育目标	占总分比
过程考核	学习态度	态度端正，学习主动，虚心请教，课前思考，上课认真、课后反思	10%	20%	70%	10%
	学习纪律	遵守纪律，不迟到、不早退，无缺课	0	0	100%	10%
	学习责任	工作认真，能为实践结果承担责任	10%	20%	70%	15%
	合作	能与小组成员保持良好的合作关系，能采用合适的方式表达不同意见，与他人合作顺利	25%	20%	55%	15%
成果考核	成果展示类型	能够运用现代化手段收集素材	50%	30%	20%	10%
	成果制作效果	内容准确、体例清晰、美观	10%	70%	20%	20%
	成果讲解效果	条理清晰、表达准确、时间控制合理	45%	50%	5%	20%

小组成果展示

（请将本任务展示结果文档粘贴于此）

任务2 熟知特种铸造方法

砂型铸造

 任务描述

特种铸造包括熔模铸造、金属型铸造、压力铸造、低压铸造和离心铸造，请各位同学以组为单位，利用课程内容查阅不同特种铸造工艺过程，以及举例其在实际中的应用，并以不同方式在最终小组评价中展示出来。组长科学分工，小组成员共同协作，调动小组成员学习积极性、主动性。

 任务准备

1. 请认真查阅资料，总结出不同特种铸造工艺过程，以及举例其在实际中的应用。
2. 摩拳擦掌（请完成以下各题，检测自己对特种铸造知识前期掌握情况）。
（1）离心铸造的特点及应用。
（2）观察金属工具和金属用品，分析其是由何种铸造成型方法制造的。

 任务计划

小组成员将收集的信息进行汇总，并根据信息制定包括计划目标、工作步骤和组员分工等信息的多套可行性方案，编写以下计划单。（计划表单设计示例如下）

姓名	计划分工	预计完成时间/天	任务目标和步骤	职务	计划内容展示
××	网络、书籍查阅	1	任务目标：查阅不同特种铸造工艺过程，以及举例其在实际中的应用 具体步骤：任务划分—任务实施—任务总结	组长	以思维导图、小品和相声等形式完成
××	走访企业	1		副组长	
××	精品课程资源查阅	1		组员	
××	汇总并制作	1		组员	

 知识链接

1. 熔模铸造（失蜡铸造）

熔模铸造是用易熔材料（如石蜡）制成模样，然后在表面涂覆多层耐火材料，待硬化干燥后，将蜡模熔去，而获得具有与蜡模形状相应空腔的型壳，再经焙烧后进行浇注而获得铸件的一种方法。熔模铸造工艺过程示意图如图5-3所示。

总之，熔模铸造是实现少切削或无切削的重要方法，主要用于制造汽轮机、燃气轮机和涡轮发动机的叶片和叶轮、切削刀具以及航空、汽车、拖拉机、机床的小零件等。

2. 金属型铸造

将金属液浇注到金属铸型中，待其冷却后获得铸件的方法叫金属型铸造。由于金属型

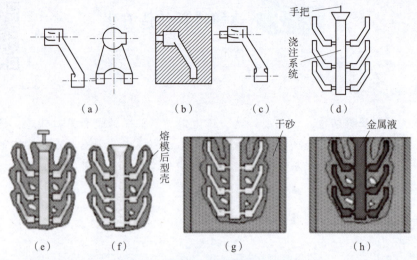

图5-3　熔模铸造工艺过程示意图

(a) 零件；(b) 压型；(c) 蜡模；(d) 焊成蜡模组；(e) 结壳；(f) 熔模；(g) 造型、焙烧；(h) 浇注

能反复使用很多次，故又叫永久型铸造。

1）金属型的结构

一般金属型用铸铁和铸钢制成。铸件的内腔既可用金属芯，也可用砂芯。金属型的结构有多种，如水平分型、垂直分型和复合分型。其中垂直分型便于开设内浇口和取出铸件，易实现机械化，应用较广。

图5-4所示为铸造铝合金活塞用的垂直分型式金属型，它由两个半型组成。上面的大金属型芯由三部分组成，便于从铸件中取出。当铸件冷却后，首先取出中间的楔片及两个小金属型芯，然后将两个半金属型芯沿水平方向向中心靠拢，再向上拔出。

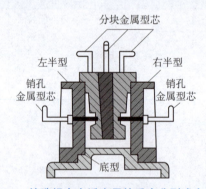

图5-4　铸造铝合金活塞用的垂直分型式金属型

2）金属型铸造的优点

① 复用性好，可"一型多铸"，节省了造型材料和造型工时。

② 金属型对铸件的冷却能力强，使铸件的组织致密、机械性能高。

③ 铸件的尺寸精度高，公差等级为IT11~IT14；表面粗糙度较低，Ra 为 6.3~12.5 μm。

④ 金属型铸造不用砂或用砂少，改善了劳动条件。

但是金属型的制造成本高、周期长、工艺要求严格，不适用于单件小批量铸件的生产，主要适用于有色合金铸件的大批量生产，如飞机、汽车、内燃机、摩托车等用的铝活塞、气缸体、气缸盖、油泵壳体及铜合金的轴瓦、轴套等。对黑色合金铸件，也只限于形状较简单的中小型铸件。

3. 压力铸造

压力铸造是使液体或半液体金属在高压的作用下，以极高的速度充填压型，并在压力作用下凝固而获得铸件的一种方法。

压铸工艺过程：压铸机是压铸生产最基本的设备。根据压室的不同，压铸机分为热压室和冷压室两种。热压室压铸机的压室与坩埚连成一体，而冷压室压铸机的压室是与坩埚分开的。冷压室压铸机又可分为立式和卧式两种，目前以卧式冷压室压铸机应用较多，其工作原理如图5-5所示。

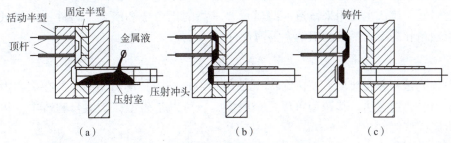

图5-5 卧式冷压室压铸机工作原理

它广泛应用于大批量有色合金铸件的生产，其中铝合金压铸件占的比例最大，为30%~50%，其次是锌合金和铜合金铸件。

4. 低压铸造

低压铸造是采用较压力铸造低的压力（一般为0.02~0.06 MPa），将金属液从铸型的底部压入，并在压力下凝固获得铸件的方法。

1）低压铸造的工艺过程

低压铸造的工作原理如图5-6所示。

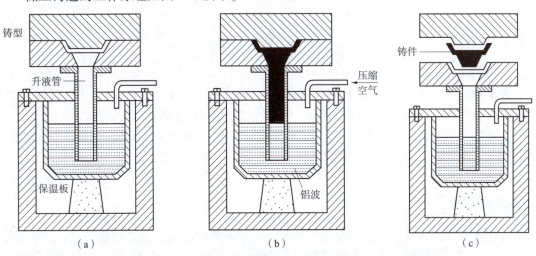

图5-6 低压铸造的工作原理

（a）合型；（b）压铸；（c）取出铸件

2）低压铸造的特点及应用

低压铸造介于重力铸造和压力铸造之间，它具有以下优点：

（1）浇注及凝固时的压力容易调整，适应性强，可用于各种铸型、各种合金及各种尺寸的铸件。

（2）底注式浇注充型平稳，减少了金属液的飞溅和对铸型的冲刷，可避免铝合金件的针孔缺陷。

（3）铸件在压力下充型和凝固，其浇口能提供金属液来补缩，因此铸件轮廓清晰，组织致密。

（4）低压铸造的金属利用率高，在90%以上。

（5）设备简单，劳动条件较好，易于机械化和自动化。

其主要缺点是升液管寿命短，且在保温过程中金属液易氧化和产生夹渣。

总之，低压铸造主要用来铸造一些质量要求高的铝合金和镁合金铸件，如气缸体、气缸盖、曲轴箱和高速内燃机的铝活塞等薄壁件。

5. 离心铸造

离心铸造是将金属液浇入高速旋转（250~1 500 r/min）的铸型中，并在离心力作用下充型和凝固的铸造方法。其铸型可以是金属型，也可以是砂型，既适合制造中空铸件，也能用来生产成型铸件。

根据旋转空间位置不同，离心铸造机可分为立式和卧式两类，如图5-7所示。

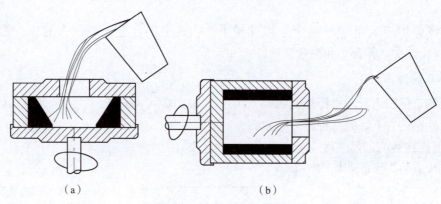

（a）　　　　　　　　　　　　　　（b）

图 5-7　离心铸造示意图

（a）立式离心铸造机；（b）卧式离心铸造机

立式离心铸造机的铸型绕垂直轴旋转，金属液的自由表面在离心力作用下呈抛物面，所以它主要用来生产高度小于直径的盘、环类铸件，也可用于浇注成型铸件。

总之，离心铸造主要用来生产大批套、管类铸件，如铸铁管、铜套、缸套、双金属钢背铜套等。此外，还可以用于轮盘类铸件，如泵轮、电机转子等铸件的制造。

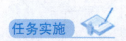

小组成员根据课堂讲解，以及小组讨论，选择不同特种铸造工艺过程，以及举例其中实际中的应用。小组成员进行决策、实施，细化完成步骤，明确组员分工，确定完成时间，制定评价指标等充实方案的工作，进行任务实施，并且需要及时检查、不断调整计划，以

确保方案目的的实现。小组成员需要根据自身知识储备和以往经验整体把握小组的完成进度，及时处理和记录相关内容。(决策表示例如下)

姓名	调整分工	完成时间/天	任务目标和步骤	教师指导意见	调整内容展示
××			任务目标：查阅不同特种铸造工艺过程，以及举例其在实际中的应用		以小品、歌曲、相声、PPT、思维导图、视频或者文字等形式完成
××					
××			具体步骤：任务划分—任务实施—任务总结		
××					

 考核评分

　　小组完成本次主体工作任务后，按照原计划或课后实施决策进行组内自检和组间互检，查缺补漏。在所有小组完成本次任务后，全体学生和教师根据各小组的阶段性成果进行组内自评、组间互评和教师点评。各小组吸取经验，为下一次任务做准备。

考核构成	考核指标	考核标准	知识目标	能力目标	德育目标	占总分比
过程考核	学习态度	态度端正，学习主动，虚心请教，课前思考，上课认真、课后反思	10%	20%	70%	10%
	学习纪律	遵守纪律，不迟到、不早退，无缺课	0	0	100%	10%
	学习责任	工作认真，能为实践结果承担责任	10%	20%	70%	15%
	合作	能与小组成员保持良好的合作关系，能采用合适的方式表达不同意见，与他人合作顺利	25%	20%	55%	15%
成果考核	成果展示类型	能够运用现代化手段收集素材	50%	30%	20%	10%
	成果制作效果	内容准确、体例清晰、美观	10%	70%	20%	20%
	成果讲解效果	条理清晰、表达准确、时间控制合理	45%	50%	5%	20%

小组成果展示

（请将本任务展示结果文档粘贴于此）

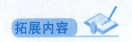

一、铸型分型面的选择原则

分型面是铸型组元间的接合面。铸型分型面的选择恰当与否会影响铸件质量，使制模、造型、造芯、合箱或清理等工序复杂化，甚至还可增大切削加工的工作量。

分型面的选择原则：

（1）尽量使分型面平直。为了使模样制造和造型工艺简便，如图5-8所示弯曲连杆的分型面，不应采用弯曲的分型面（b方案），而应采用平直的分型面（a方案）。

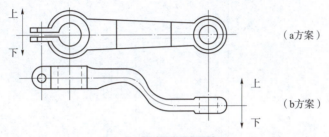

（a方案）

（b方案）

图5-8 起重臂的分型面

应尽量使铸型只有一个分型面，以便采用工艺简便的两箱造型。多一个分型面，铸型就增加一些误差，使铸件的精度降低。图5-9（a）所示的三通，其内腔必须采用一个T字型芯来形成，但不同的分型方案，其分型面数量不同。当中心线 *ab* 呈垂直时（见图5-9（b）），铸型必须有三个分型面才能取出模样，即用四箱造型。当中心线 *cd* 呈垂直时（见图5-9（c）），铸型有两个分型面，必须采用三箱造型。当中心线 *ab* 和 *cd* 都呈水平位置时（见图5-9（d）），因铸型只有一个分型面，故采用两箱造型即可。显然，图5-9（d）是合理的分型方案。

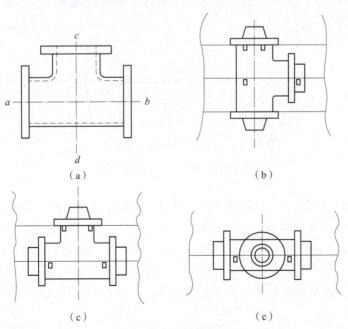

（a）　　　　　　　　　　　　　（b）

（c）　　　　　　　　　　　　　（c）

图5-9 三通的分型方案

图 5-10 所示的支架分型方案是避免用活块的例子。按图中方案Ⅰ，凸台必须采用四个活块制出，而下部两个活块的部位较深，取出困难。当改用方案Ⅱ时，可省去活块，仅在 A 处稍加挖砂即可。

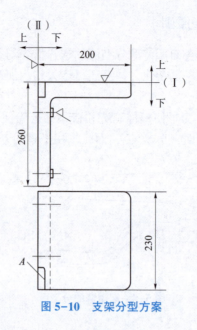

图 5-10　支架分型方案

铸件的内腔一般是由型芯形成的，有时可用型芯简化模样的外形，制出妨碍起模的凸台、侧凹等。但制造型芯需要专门的工艺装备，并增加下芯工序，会增加铸件成本。因此，选择分型面时应尽量避免不必要的型芯。

如图 5-11 所示的轮形铸件，由于轮的圆周面外侧内凹，在批量不大的生产条件下，多采用三箱造型。但在大批量生产条件下，采用机器造型，需要改用图中所示的环状型芯，使铸型简化成只有一个分型面，这种方法尽管增加了型芯的费用，但可通过机器造型所取得的经济效益得到补偿。

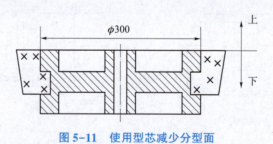

图 5-11　使用型芯减少分型面

（2）尽量使铸件全部或大部分置于同一砂箱，以保证铸件精度，如图 5-12 所示。

（3）尽量使型腔及主要型芯位于下型。这样便于造型、下芯、合箱和检验铸件壁厚。但下型型腔也不宜过深，并尽量避免使用吊芯和大的吊砂，如图 5-13 所示。

注意：选择分型面的上述诸原则，对于某个具体的铸件来说难以全面满足，有时甚至互相矛盾。因此，必须抓住主要矛盾，全面考虑；至于次要矛盾，则应从工艺措施上设法解决。

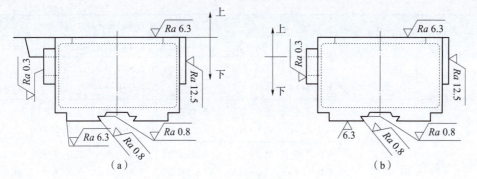

图 5-12　车床床身铸件

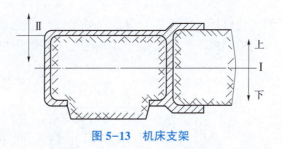

图 5-13　机床支架

二、工艺参数的确定

在铸造工艺方案初步确定之后，还必须选定铸件的机械加工余量、起模斜度、型芯头、最小铸出孔及槽等具体参数。

1. 加工余量

在铸件上为切削加工而增大的尺寸称为机械加工余量。零件图上所有标注粗糙度符号的表面均需机械加工，均应标注机械加工余量。其数值取决于铸件生产批量、合金的种类、铸件的大小、加工面与基准面之间的距离及加工面在浇注时的位置等。

采用机器造型，铸件精度高，余量可减小；手工造型误差大，余量应加大。铸钢件因表面粗糙，余量应加大；非铁合金铸件价格昂贵，且表面光洁，余量应比铸铁小。铸件的尺寸越大或加工面与基准面之间的距离越大，尺寸误差也越大，故余量也应随之加大。浇注时铸件朝上的表面因产生缺陷的概率较大，所以其余量应比底面和侧面大。灰铸铁的机械加工余量如表 5-1 所示。

表 5-1　灰铸铁的机械加工余量　　　　　　　　　　　　　　　单位：mm

铸件最大尺寸	浇注时位置	加工面与基准面之间的距离					
		<50	50~120	120~260	260~500	500~800	800~1 250
<120	顶面	3.5~4.5	4.0~4.5	—			
	底、侧面	2.5~3.5	3.0~3.5				
120~260	顶面	4.0~5.0	4.5~5.0	5.0~5.5	—		
	底、侧面	3.0~4.0	3.5~4.0	4.0~4.5			

铸件最大尺寸	浇注时位置	加工面与基准面之间的距离					
		<50	50~120	120~260	260~500	500~800	800~1 250
260~500	顶面	4.5~6.0	5.0~6.0	6.0~7.0	6.5~7.0	—	—
	底、侧面	3.5~4.5	4.0~4.5	4.5~5.0	5.0~6.0		
500~800	顶面	5.0~7.0	6.0~7.0	6.5~7.0	7.0~8.0	7.5~9.0	—
	底、侧面	4.0~5.0	4.5~5.0	4.5~5.5	5.0~6.0	6.5~7.0	
800~1 250	顶面	6.0~7.0	6.5~7.5	7.0~8.0	7.5~8.0	8.0~9.0	8.5~10
	底、侧面	4.0~5.5	5.0~5.5	5.0~6.0	5.5~6.0	5.5~7.0	6.5~7.5

2. 起模斜度

在造型和制芯时，为了使模样（或型芯）易于从砂型（或芯盒）中取出，需在模型或芯盒的起模方向上做出一定的斜度，此斜度称为起模斜度，如图 5-14 所示。

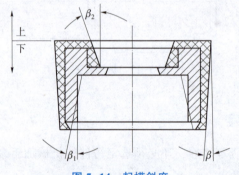

图 5-14　起模斜度

在铸造工艺图上，加工表面上的起模斜度应结合加工余量直接表示出，而不加工表面上的斜度（结构斜度）仅需用文字注明即可。

起模斜度的大小取决于该垂直壁的高度、造型方法及表面粗糙度等因素。通常，随垂直壁高度的增加，其起模斜度应减小；机器造型的起模斜度较手工造型的小；外壁的起模斜度也小于内壁的。一般起模斜度在 $0.5° \sim 5°$。

3. 型芯头

型芯头是在砂型铸造中，为了形成铸件的内腔形状或为了简化模型的外形轮廓，而专门制作的砂体。它主要用于定位和固定砂芯，使砂芯在铸型中有准确的位置。型芯头可分为垂直芯头和水平芯头两大类，如图 5-15 所示。垂直芯头一般有上、下芯头，但短而粗的型芯也可不留芯头。

为便于铸型的装配，芯头、铸型、芯座之间应留有 1~4 mm 的间隙。

4. 最小铸出孔及槽

铸件上的孔和槽铸出与否，取决于铸造工艺的可行性和必要性。一般来说，较大的孔、槽应当铸出，以减少切削加工工时，节约金属材料，并可减小铸件上的热节；较小的孔则不必铸出，用机加工较经济。对于零件图上不要求加工的孔、槽以及弯曲孔等，一般均应铸出。表 5-2 所示为铸件的最小铸出孔尺寸。

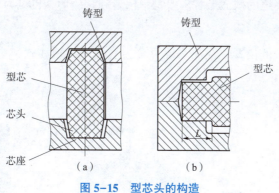

图5-15　型芯头的构造

（a）垂直芯头；（b）水平芯头

表5-2　铸件的最小铸出孔尺寸

生产批量	最小铸出孔直径/mm	
	灰铸铁件	铸钢件
大量	12~15	—
成批	15~30	30~50
单件、小批	30~50	50

三、浇注系统

1. 浇注系统的作用及组成

浇注系统是为金属液流入型腔而开设于铸型中的一系列通道。其作用如下：平稳、迅速地注入金属液；阻止熔渣、砂粒等进入型腔；调节铸件各部分温度，补充金属液在冷却和凝固时的体积收缩。

正确地设置浇注系统，对保证铸件质量、降低金属的消耗具有重要意义。若浇注系统开设的不合理，铸件易产生冲砂、砂眼、渣孔、浇不到、气孔和缩孔等缺陷。典型的浇注系统由外浇口、直浇道、横浇道和内浇道四部分组成，如图5-16所示。对形状简单的小铸件可以省略横浇道。

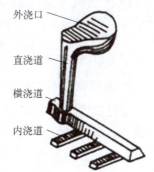

图5-16　浇注系统

（1）外浇口：容纳注入的金属液并缓解液态金属对砂型的冲击。小型铸件通常为漏斗状（称浇口杯），较大型铸件为盆状（称浇口盆）。

（2）直浇道：连接外浇口与横浇道的垂直通道。改变直浇道的高度可以改变金属液的静压力大小和改变金属液的流动速度，从而改变液态金属的充型能力。如果直浇道的高度或直径太小，会使铸件产生浇不足的现象。为便于取出直浇道棒，直浇道一般做成上大下小的圆锥形。

（3）横浇道：将直浇道的金属液引入内浇道的水平通道，一般开设在砂型的分型面上，其截面形状一般是高梯形，并位于内浇道的上面。横浇道的主要作用是分配金属液进入内浇道和起挡渣作用。

（4）内浇道：直接与型腔相连，并能调节金属液流入型腔的方向和速度、调节铸件各部分的冷却速度。内浇道的截面形状一般是扁梯形和月牙形，也可为三角形。

2. 浇注系统的类型

按金属液导入型腔的位置，浇注系统可分为底注式、顶注式、中注式、阶梯式等，如图 5-17 所示。

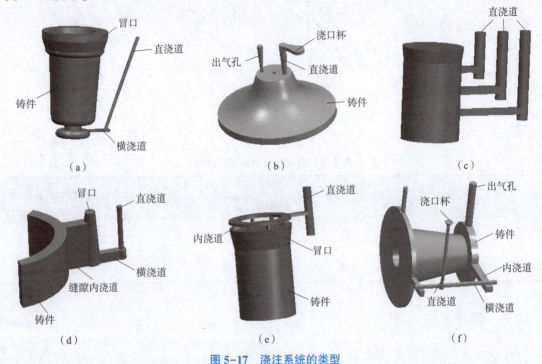

图 5-17　浇注系统的类型

(a) 底注式；(b) 顶注式；(c) 阶梯式；(d) 缝隙式；(e) 雨淋式；(f) 中注式

四、整模造型注意事项

1. 造型工具

手工造型常用的砂箱和造型工具如图 5-18 所示。

2. 整模造型方法

整模造型的模样是一个整体，其特点是造型时模样全部放在一个砂箱（下箱）内，分型面为平面。图 5-19 所示为齿轮坯整模造型工艺过程。

3. 造型操作要领

（1）造型前需检查模样是否符合工艺要求。

（2）安放模样应考虑模样易从砂型中取出，应留有一定的吃砂量，一般距砂箱 25 cm，考虑好浇冒系统的安放位置。

（3）开始填砂时，应用手按住模样，以免移动，并随时用手将模样周围的砂按紧。

（4）捣砂是一项技术性较强的工作。捣砂过松，浇注时铸型会涨大，使铸件尺寸增大，也易产生粘砂；捣砂过紧，使铸型的退让性、透气性不好。

（5）排气：常用的排气方法有两种，即扎通气孔和安装出气冒口。扎通气孔时，通气针要与型面垂直。通气孔的大小一般为 2~3 mm。通气孔的深度应保持通气针尖距模样有一

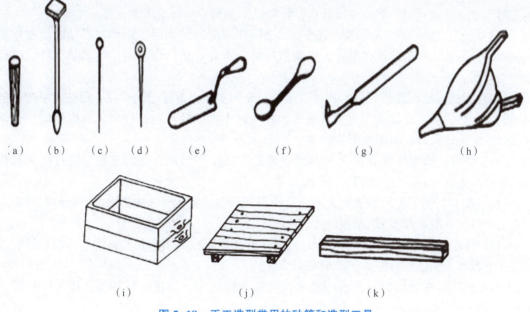

图 5-18　手工造型常用的砂箱和造型工具

(a) 浇口棒；(b) 砂冲子；(c) 通气针；(d) 起模针；(e) 墁刀；

(f) 秋叶；(g) 砂勾；(h) 皮老虎；(i) 砂箱；(j) 底板；(k) 刮砂板

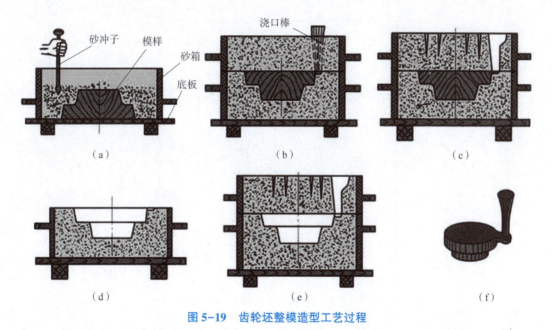

图 5-19　齿轮坯整模造型工艺过程

(a) 造下砂型；(b) 造上砂型；(c) 开外浇口、扎通气孔；(d) 起出模样；(e) 合型；(f) 带浇口铸件

定的距离，通常扎到砂箱 2/3 的高度。通气孔的数目一般保持在每平方分米内不少于 5 个。

　　（6）定位：常用的定位方法有划线定位和定位销定位两种。

　　（7）安放浇冒系统：一般直浇道开设在距离模样 20～30 mm 处，若太近，在浇注时易冲塌型砂，产生夹砂；若太远，浇注液态金属时不易充满型腔，产生冷隔或浇不足。

（8）开箱：开箱前，要用撬棒在上下箱搭手间将上下砂箱稍微左右撬动，使型壁与模样之间产生微小的间隙，然后方可开箱；开箱时，上型必须垂直水平提起。

（9）松模：松模前，应用水笔沾些水，把模样四周的砂润湿，以增加黏结力，刷水要一刷而过，不要让水单独留在某处，以免造成部分水分过多，浇注时产生大量气体，使铸件产生气孔。

（10）起模：松模操作完后，便可以起模。先用木槌向下敲击起模钉，使粘在模样上的砂型脱落，然后慢慢地将其向上垂直提起，并同时用木槌轻轻敲打模样，待模样即将全部取出时，要快速上提，不能偏斜或摆动。

（11）修型：修型可以弥补由于春砂或起模等操作不当而引起的不足，进行修型操作时，应遵循先内后外，先上后下的顺序。

（12）涂料：为了使砂型表面光滑，进而得到符合粗糙度要求的铸件，必要时对砂型表面涂上涂料，一般有湿型和干型两种涂料。

（13）合箱：合箱时仔细检查壁厚、气眼、有无压坏或碰坏型芯和铸型，型腔是否有浮砂以及上箱有无局部型砂脱落、砂型有无裂缝。

（14）紧固：在紧固时，注意压铁放在箱带和箱边上，防止压坏砂型；用卡子和螺栓紧固。

五、绘制衬套铸造工艺图

图 5-20 所示为衬套零件图。

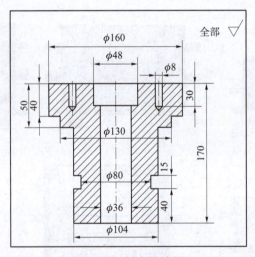

图 5-20　衬套零件图

1. 铸造分析

铸造生产时，首先要根据铸件的结构特征、技术要求、生产批量、生产条件等因素，确定铸造工艺方案。其主要内容包括浇注位置、分型面、铸造工艺参数（机械加工余量、起模斜度、铸造圆角、收缩率、芯头等）的确定，然后用规定的工艺符号或文字绘制成铸造工艺图。铸造工艺图是指导铸造生产的技术文件，也是验收铸件的主要依据。

2. 材料选择

衬套是起衬垫作用的环套，衬套的作用是避免轴直接和座孔对磨，减少对轴的损害，起到保护轴的作用，使轴在衬套内做往复和旋转运动。因此，衬套要求具有很好的强度、耐磨性、减振性等。综合其性能要求及经济效益，选择 HT200 作为衬套铸件的材料。

3. 工艺方案的确定

1）铸造方法的选择

由于衬套的精度要求不是很高，砂型铸造可以铸造各种不同类型、尺寸的铸件，砂型铸造方便灵活，且砂型铸造的成本低廉，综合铸造工艺的特点、铸件的要求及经济效益考虑，衬套应该用砂型铸造。

2）造型的选择

由于衬套是小批量单个生产，因此为了便于铸造，且符合经济效益的要求，应采用手工造型。

3）浇注位置和分型面

按照浇注位置和分型面的选择原则，衬套应该用整模造型。零件上 ϕ48 mm 的孔要铸出，但内孔的小台阶不铸出，故采用简单的圆棒型芯；为简化铸造工艺，ϕ8 mm 的小孔和铸件侧壁的小台阶和小凹槽均不铸出。铸件高度不大，可采用两箱整体模造型、垂直浇注。分型面选在 ϕ160 mm 的端面处，采用二箱整体模造型。

4. 工艺参数的确定

1）机械加工余量和公差

铸件的尺寸公差精度等级 CT，从高到低有 1、2、…、16 共 16 个等级；加工余量等级 MA，从精到粗可分为 A、B、C、D、E、F、G、H、J 共 9 个级别。表 5-3 所示为砂型铸造常用铸造合金单件和小批生产时公差精度等级及与之配套的加工余量等级。

表 5-3　砂型铸造常用铸造合金单件和小批生产时公差精度等级及与之配套的加工余量等级

造型材料	CT/MA					
	铸钢	灰铸铁	球墨铸铁	可锻铸铁	铜合金	轻金属合金
干、湿砂型	13~15/J	13~15/H	13~15/H	13~15/H	13~15/H	12~14/H
自硬砂	12~14/J	11~13/H	11~13/H	11~13/H	10~12/H	9~11/H

铸件的公差精度等级和加工余量等级确定后，加工余量数值可根据 GB/T 11350—1989 选取；公差的数值可按 GB 6414—1986 选取。

一般铸铁件上直径 <30 mm、铸钢件上直径 <40 mm 的孔可以不铸出，而采用机械加工。

综合分析，衬套铸件各个面都要加工，故都应有余量。砂型铸造灰铸铁件的公差精度等级及配套的加工余量等级为 14/H。顶面和孔的加工余量等级降一级（取 J 级），加工余量数值可参照 GB/T 11350—1989 选取，ϕ160 mm 和 ϕ104 mm 圆周面双侧加工，每侧余量为 6.0 mm，底面的加工余量为 6.0 mm，顶面的加工余量为 7.0 mm，内孔每侧的加工余量为 6.0 mm。

2）起模斜度

起模斜度需要增减的数值可按有关标准选取，采用黏土砂造型时的起模斜度可按 JB/T 5105—1991 确定。

衬套铸件应在垂直于分型面处（平行于起模方向），按增厚法确定起模斜度。取宽度 $a = 1.0$ mm。

3）收缩率

为补偿铸件在冷却过程中产生的收缩，使冷却后的铸件符合图样的要求，需要放大模样的尺寸，放大量取决于铸件的尺寸和该合金的线收缩率。一般中小型灰铸铁件的线收缩率约取 1%；非铁金属的铸造收缩率约取 1.5%；铸钢件的铸造收缩率约取 2%。

衬套铸件由于是小批生产，因此铸件各尺寸方向的铸造收缩率可取相同的数值，取铸造收缩率为 1%。

4）铸造圆角

铸造内圆角的大小可按相邻两壁平均壁厚的 1/5～1/3 选取，外圆角的半径取内圆角的一半。

衬套铸件的铸造圆角按（1/5～1/3）壁厚的方法，取 $R_内$ 为 8 mm，$R_外$ 为 4 mm。

5）芯头

衬套铸件的芯头为垂直芯头。查有关手册得芯头尺寸，图 5-21 所示为铸造工艺图。

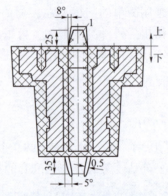

图 5-21　铸造工艺图

模块六　实现金属的神奇变化，锻造过硬本领

模块引入

　　锻造和冲压都是对坯料施加外力，使其产生塑性变形，改变形状、尺寸并改善性能，以获得零件或毛坯的加工方法，统称锻压。

　　本模块学习中，主要分为两个部分：锻造材料准备及加热规范和锻造工艺。本模块将围绕这两个部分开展教学。

　　本模块属于教师引领、学生自学模式，在通览内容基础上，了解材料的锻造准备工作，掌握材料的锻造工艺。

学习目标

锻造工艺

知识目标：

1. 了解材料的锻造原理；

2. 掌握材料的锻造工艺。

技能目标：

1. 能够判断材料是否适合锻造处理；

2. 能够熟练分析锻造工艺是否合理。

素养目标：

1. 具备独立自主的学习能力；

2. 具备团队合作的能力；

3. 具备敬业精神，热爱劳动。

模块分析

模块内容	任务分解	学习课时	重点、难点
锻造	熟知锻造方法	1	锻造加热规范
	熟知锻造工艺	1	锻造特点、分类、应用及发展趋势

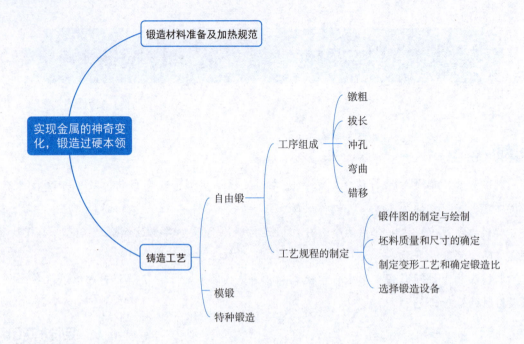

实现金属的神奇变化，锻造过硬本领
- 锻造材料准备及加热规范
- 铸造工艺
  - 自由锻
    - 工序组成
      - 镦粗
      - 拔长
      - 冲孔
      - 弯曲
      - 错移
    - 工艺规程的制定
      - 锻件图的制定与绘制
      - 坯料质量和尺寸的确定
      - 制定变形工艺和确定锻造比
      - 选择锻造设备
  - 模锻
  - 特种锻造

任务1　熟知锻造方法

任务描述

　　锻造是金属最重要的加工工艺之一，锻造工艺有许多种类。请各位同学以组为单位，利用课程内容查阅锻造工艺相关概念，以下图工件图为设计对象，利用自由锻工艺设计该零件锻造过程，并以不同方式在最终小组评价中展示出来。组长科学分工，小组成员共同协作，调动小组成员学习积极性、主动性。

　　题目：为修复一台大型设备，需制造一个圆锥齿轮，如图所示。试选择锻造方法，绘出锻件图，制定锻造基本工序并画出变形图。（单边余量取10，锻造公差取±5）

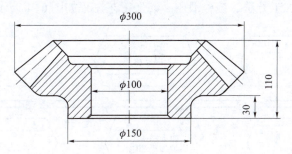

任务准备

　　1. 请认真查阅资料，总结出锻造工艺相关概念。

　　2. 摩拳擦掌（请完成以下题目，检测自己对锻造工艺知识前期掌握情况）。

　　（1）自由锻造工序如何分类？各工序变形有何特点？

　　（2）何为镦粗？何为拔长？

　　（3）平砧镦粗时，坯料的变形与应力分布有何特点？

　　（4）试分析如图所示的几种镦粗缺陷产生的原因。

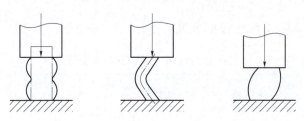

任务计划

　　小组成员将收集的信息进行汇总，并根据信息制定包括计划目标、工作步骤和组员分工等信息的多套可行性方案，编写以下计划单。（计划单设计示例如下）

姓名	计划分工	预计完成时间/天	任务目标和步骤	职务	计划内容展示
××	网络、书籍查阅	1	任务目标：查阅锻造工艺相关概念并整理自由锻工艺流程，设计材料的工艺过程。具体步骤：任务划分—任务实施—任务总结	组长	以思维导图、实物模拟演示等形式完成
××	走访企业	1		副组长	
××	精品课程资源查阅	1		组员	
××	汇总并制作	1		组员	

知识链接

锻造和冲压都是对坯料施加外力，使其产生塑性变形，改变形状、尺寸并改善性能，以获得零件或毛坯的加工方法，统称锻压。锻造工艺流程如图 6-1 所示。

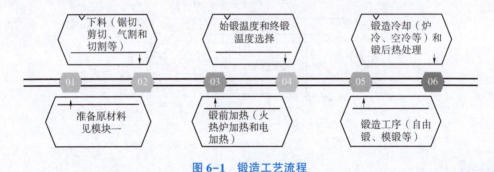

图 6-1　锻造工艺流程

1. 自由锻

自由锻是利用冲击力或压力，使金属在上、下砧铁之间，产生塑性变形而获得所需形状、尺寸以及内部质量锻件的一种加工方法。自由锻造时，除与上、下砧铁接触的金属部分受到约束外，金属坯料朝其他各个方向均能自由变形流动，不受外部的限制，故而得名。

自由锻工艺主要工序如图 6-2 所示。

自由锻主要工序概念分解如表 6-1 所示。

表 6-1　自由锻主要工序概念分解

自由锻工艺	特点	图例
镦粗	使毛坯高度减小、横断面积增大的锻造工序	（a）　　　（b） （a）全镦粗；（b）局部镦粗

自由锻工艺	特点	图例
拔长	使毛坯横断面积减小、长度增加的锻造工序	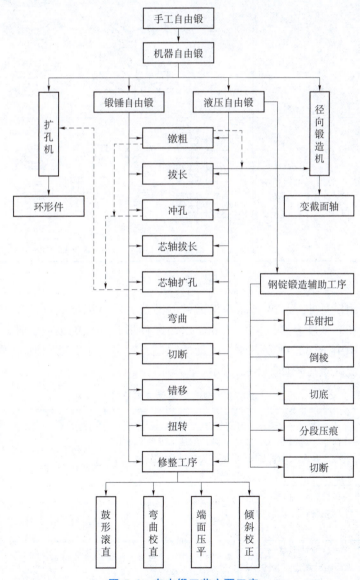反复90°翻转法　　沿螺旋线翻转法
冲孔	在坯料上冲出透孔或不透孔的锻造工序	撒煤粉　冲子坯料　冲子坯料垫环　双面冲孔　　单面冲孔

图 6-2　自由锻工艺主要工序

模锻主要工艺如表6-2所示。

表6-2　模锻主要工艺

模锻工艺	特点	图例
锤上模锻	锤上模锻所使用的设备有蒸汽空气模锻锤、无砧座锤、高速锤等	 原始料坯　拔长　滚挤　弯曲　预锻　终锻　毛边　锻件　切边模
胎模锻	胎模锻一般用自由锻造方法制坯，然后在胎模中成型	 （a）　（b）　（c）　（d）　（e） （a）摔模；（b）扣模；（c）开式套模；（d）闭式套模；（e）合模

2. 模锻

模锻是指利用模具使毛坯变形而获得锻件的锻造方法。用模锻方法生产的锻件称为模锻件。模锻时，在高强度金属锻模上预先制出与锻件形状一致的模膛，使坯料在模膛内变形，在变形过程中由于模膛对金属坯料流动的限制，锻造终了时能得到和模膛形状相符的锻件。锻造工艺优缺点比较如表6-3所示。

表6-3　锻造工艺优缺点比较

工艺名称	优点	缺点	应用范围
自由锻	所用工具简单、通用性强，生产准备周期短，因而应用范围较为广泛	锻件的精度较低，加工余量大，劳动强度大，生产率低	应用于单件、小批量生产，修配以及大型锻件的生产和新产品的试制等
模锻	生产率高，操作较简单，锻件形状、尺寸比较精确，切削加工余量少	变形力较大，制造锻模的成本较高	大批量生产形状比较复杂、精度要求较高的中小型锻件
胎模锻	较高生产率、锻件形状与尺寸精度高、表面粗糙度低、余量少、节约金属材料且锻件成本低	劳动强度大、模具寿命短且生产率低	中小批量生产，在无模锻设备的中小型工厂中应用广泛

小组成员根据课堂讲解，以及小组讨论，选择自由锻工艺开始设计规定材料的工艺过程。小组成员进行决策、实施，细化完成步骤，明确组员分工，确定完成时间，制定评价指标等充实方案的工作，进行任务实施，并且需要及时检查、不断调整计划，以确保方案目的的实现。小组成员需要根据自身知识储备和以往经验整体把握小组的完成进度，及时处理和记录相关内容。（决策表示例如下）

姓名	调整分工	完成时间/天	任务目标和步骤	教师指导意见	调整内容展示
××			任务目标：查阅资料，修改设计材料自由锻工艺及操作过程。 具体步骤：任务划分—任务实施—任务总结		以 PPT、思维导图、视频或者文字等形式完成
××					
××					
××					

考核评分

　　小组完成本次主体工作任务后，按照原计划或课后实施决策进行组内自检和组间互检，查缺补漏。在所有小组完成本次任务后，全体学生和教师根据各小组的阶段性成果进行组内自评、组间互评和教师点评。各小组吸取经验，为下一次任务做准备。

考核构成	考核指标	考核标准	知识目标	能力目标	德育目标	占总分比
过程考核	学习态度	态度端正，学习主动，虚心请教，课前思考，上课认真、课后反思	10%	20%	70%	10%
	学习纪律	遵守纪律，不迟到、不早退，无缺课	0	0	100%	10%
	学习责任	工作认真，能为实践结果承担责任	10%	20%	70%	15%
	合作	能与小组成员保持良好的合作关系，能采用合适的方式表达不同意见，与他人合作顺利	25%	20%	55%	15%
成果考核	成果展示类型	能够运用现代化手段收集素材	50%	30%	20%	10%
	成果制作效果	内容准确、体例清晰、美观	10%	70%	20%	20%
	成果讲解效果	条理清晰、表达准确、时间控制合理	45%	50%	5%	20%

小组成果展示

（请将本任务展示结果文档粘贴于此）

任务 2　熟知锻造工艺

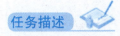
任务描述

锻造材料准备及加热规范锻造工艺流程是金属锻造中必须学习的内容，请各位同学以组为单位，利用课程内容查阅锻造材料准备及加热规范锻造工艺流程，并认真修改任务1中锻造工艺设计，更换锻造方法，进行对比，筛选优异的锻造方法，并以不同方式在最终小组评价中展示出来。组长科学分工，小组成员共同协作，调动小组成员学习积极性、主动性。

任务准备

1. 请认真查阅资料，总结出锻造材料准备及加热规范锻造工艺流程。

2. 摩拳擦掌（请完成以下题目，检测自己对锻造知识前期掌握情况）。

1）选择题。

（1）下列是自由锻造特点的是（　　）。

A. 精度高　　　　　B. 精度低　　　　　C. 生产效率高　　　　　D. 大批量生产

（2）下列是锻造特点的是（　　）。

A. 省料　　　　　　B. 生产效率低　　　C. 降低力学性能　　　　D. 适应性差

（3）下列是模锻特点的是（　　）。

A. 成本低　　　　　B. 效率低　　　　　C. 操作复杂　　　　　　D. 尺寸精度高

（4）锻造前对金属进行加热，目的是（　　）。

A. 提高塑性　　　　B. 降低塑性　　　　C. 增加变形抗力　　　　D. 以上都不正确

（5）空气锤的动力是（　　）。

A. 空气　　　　　　B. 电动机　　　　　C. 活塞　　　　　　　　D. 曲轴连杆机构

（6）为防止坯料在镦粗时产生弯曲，坯料原始高度应比其直径的（　　）小。

A. 1 倍　　　　　　B. 2 倍　　　　　　C. 2.5 倍　　　　　　　D. 3 倍

2）判断题。

（1）空气锤的吨位用锤头的质量表示。（　　）

（2）自由锻只适用于单件生产。（　　）

（3）坯料加热温度越高越便于锻造。（　　）

（4）一般情况下，锻造冲孔前应先将坯料镦粗，以减小冲孔深度。（　　）

（5）弯曲是自由锻的基本工序之一。（　　）

（6）过热的钢料是无可挽回的废品，锻打时必然开裂。（　　）

3）同学之间相互合作，分组调研锻造成型方法出现在什么时代，有什么历史典故。

任务计划

小组成员将收集的信息进行汇总，并根据信息制定包括计划目标、工作步骤和组员分

工等信息的多套可行性方案，编写以下计划单。（计划单设计示例如下）

姓名	计划分工	预计完成时间/天	任务目标和步骤	职务	计划内容展示
××	网络、书籍查阅	1	任务目标：查阅锻造材料准备及加热规范锻造工艺流程，修改材料锻造工艺。 具体步骤：任务划分—任务实施—任务总结	组长	以思维导图、撰写调查报告等形式完成
××	走访企业	1		副组长	
××	精品课程资源查阅	1		组员	
××	汇总并制作	1		组员	

知识链接

制定工艺规程、编写工艺卡片是进行锻造生产必不可少的技术准备工作，是组织生产、规范操作、控制和检查产品质量的依据。制定工艺规程，必须结合生产条件、设备能力和技术水平等实际情况，力求技术上先进、经济上合理、操作上安全，以达到正确指导生产的目的。

1. 自由锻造工艺规程制定

自由锻造工艺规程主要内容：根据零件图绘制锻件图、计算坯料的质量与尺寸，确定锻造工序、选择锻造设备、确定坯料加热、冷却及热处理规范和填写工艺卡片等，如图6-3所示。

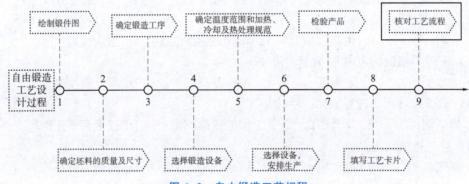

图6-3 自由锻造工艺规程

1）绘制锻件图

锻件图以零件图为基础，结合锻造工艺特点绘制而成。绘制时主要考虑以下因素：

① 余块（敷料）：为简化锻件形状、便于锻造而多留出的那一部分金属，如键槽、窄环形沟槽、台阶结构等。

② 锻件余量：在零件的加工表面上为切削加工而增加的尺寸。锻件余量的大小与零件的材料、形状、尺寸、批量大小、生产实际条件等因素有关。零件越大，形状越复杂，余量越大。

③ 锻件公差：锻件名义尺寸的允许变动量。根据锻件形状、尺寸、锻造方法查表确定。

2）计算坯料的质量和尺寸

（1）确定坯料质量。

自由锻所用坯料的质量为锻件的质量与锻造时各种金属消耗的质量之和，可由下式计算：

$$G_{坯料} = G_{锻件} + G_{烧损} + G_{料头}$$

式中：$G_{坯料}$——坯料质量（kg）；

$G_{锻件}$——锻件质量（kg）；

$G_{烧损}$——加热时坯料因表面氧化而烧损的质量（kg），第一次加热取被加热金属质量分数的 2%~3%，以后各次加热取 1.5%~2.0%；

$G_{料头}$——锻造过程中被冲掉或切掉的那部分金属的质量（kg），如冲孔时坯料中部的料芯、修切端部产生的料头等。

对于大型锻件，当采用钢锭作坯料进行锻造时，还要考虑切掉的钢锭头部和尾部的质量。

（2）确定坯料尺寸。

根据坯料质量即可确定坯料尺寸。在计算坯料尺寸前，首先要考虑锻造比。

锻造比是指坯料在锻造前、后横截面积的比值。

对于拔长工序来说，其锻造比 $Y_{拔}$ 可按下式计算：

$$Y_{拔} = \frac{A_0}{A_1} = \frac{L_1}{L_0}$$

式中：A_0，A_1——拔长前、后坯料的横截面积；

L_0，L_1——拔长前、后坯料的长度。

对于镦粗工序来说，其锻造比 $Y_{镦}$ 可按下式计算：

$$Y_{镦} = \frac{A_1}{A_0} = \frac{H_0}{H_1}$$

式中：A_0，A_1——镦粗前、后坯料的横截面积；

H_0，H_1——镦粗前、后坯料的高度。

确定坯料的尺寸时，应满足对锻件的锻造比要求，并应考虑变形工序对坯料尺寸的限制。采用镦粗法锻造时，为避免镦弯，坯料的高径比 $H_0/D_0 < 2.5$。但为下料方便，坯料高径比还应大于 1.25。

根据坯料质量，由下式求出坯料体积 $V_{坯料}$。

$$V_{坯料} = G_{坯料}/\rho$$

式中：ρ——金属密度。对于钢铁 $\rho = 7.85$ kg/mm³。

然后，求出坯料横截面积 A_0，采用拔长法锻造时，由下式求得：

$$A_0 = Y_{拔} A_1$$

由锻后横截面积 A_1 可求出 A_0（坯料为钢锭时，锻造比 $Y_{拔}$ 取 2.3~3.0；坯料为轧材时，$Y_{拔}$ 取 1.3~1.5），最后可求出坯料直径或边长。

3）确定自由锻造工序

自由锻造工序的选取应根据工序特点和锻件形状来确定。一般而言，盘类零件多采用镦粗（或拔长-镦粗）和冲孔等工序；轴类零件多采用拔长、切肩和锻台阶等工序。一般锻件的分类及所需锻造工序如表 6-4 所示。

表 6-4　一般锻件的分类及所需锻造工序

锻件类别	图例	锻造工序
盘类零件		镦粗（或拔长-镦粗），冲孔等
轴类零件		拔长（或镦粗-拔长），切肩，锻台阶等
筒类零件		镦粗（或拔长-镦粗），冲孔，在芯轴上拔长等
环类零件		镦粗（或拔长-镦粗），冲孔，在芯轴上扩孔等
弯曲类零件		拔长，弯曲等

4）选择设备吨位

根据锻件形状尺寸查有关手册选择设备吨位。

5）确定锻造温度范围

坯料开始锻造的温度和终止锻造的温度之间的间隔，称为锻造温度范围。在保证不出现加热缺陷的前提下，始锻温度应取得高一些，以便有较充裕的时间锻造成型，减少加热次数。在保证坯料还有足够塑性的前提下，终锻温度应定得低一些，以便获得内部组织细密、力学性能较好的锻件，同时也可延长锻造时间，减少加热火次。

6）填写工艺卡片

2. 锻件结构工艺性

良好的结构工艺性能使锻件成型方便、节约金属、保证质量及提高生产率。

1）自由锻件的结构工艺性

自由锻件的设计原则：在满足使用性能的前提下，锻件的形状应尽量简单，易于锻造。

（1）尽量避免锥体或斜面结构。

锻造具有锥体或斜面结构的锻件，需制造专用工具，且锻件成型也比较困难，从而使工艺过程复杂，不便于操作，影响设备使用效率，应尽量避免，如图6-4所示。

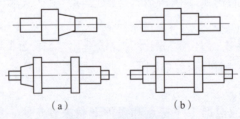

（a）　　　　　　　（b）

图 6-4　轴类锻件结构

（2）避免几何体的交接处形成空间曲线。

图 6-5（a）所示的圆柱面与圆柱面相交，锻件成型十分困难。改成图 6-5（b）所示

的平面相交，消除了空间曲线，使锻件成型容易。

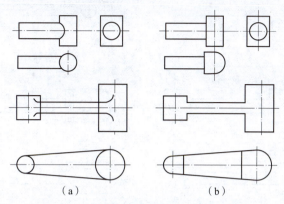

图 6-5　自由锻造锻件结构工艺性举例

（3）避免加强肋，凸台，工字形、椭圆形或其他非规则截面及外形。

图 6-6（a）所示的锻件结构，难以用自由锻造方法获得，若采用特殊工具或特殊工艺来生产，会降低生产率，增加产品成本。改进后的结构如图 6-6（b）所示。

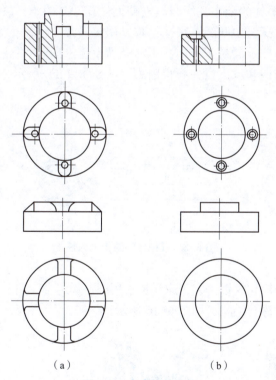

图 6-6　盘类锻件结构

（4）合理采用组合结构。

锻件的横截面积有急剧变化或形状较复杂时，可设计成由数个简单件构成的组合体。每个简单件锻造成型后，再用焊接或机械连接方式构成整体零件，如图 6-7 所示。

2）模锻件结构工艺性

（1）模锻件要有合理的分模面、模锻斜度和圆角半径。

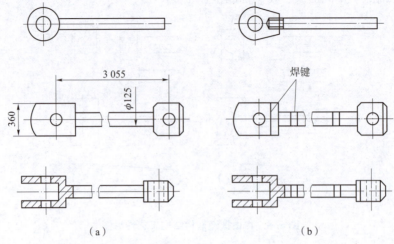

图 6-7　复杂件结构

（2）为了使金属容易充满模膛，减少加工工序，零件外形应力求简单、平直和对称，尽量避免零件截面差别过大或具有薄壁、高筋、凸起等结构。

图 6-8（a）所示零件的最小截面与最大截面之比小于 0.5，故不宜采用模锻方法制造，且该零件凸缘薄而高，中间凹下很深，难以用模锻方法锻制。图 6-8（b）所示零件扁而薄，模锻时薄的部分金属易于冷却，不易充满模膛。图 6-8（c）所示零件有一个高而薄的凸缘，使模锻制造和取出锻件都很困难。图 6-8（d）所示零件具有较好的结构工艺性。

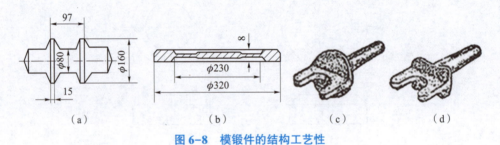

图 6-8　模锻件的结构工艺性

（3）为减少余块，简化模锻工艺，应尽量采用锻—焊组合工艺，如图 6-9 所示。

（4）应避免多孔或深孔结构，如图 6-10 所示。

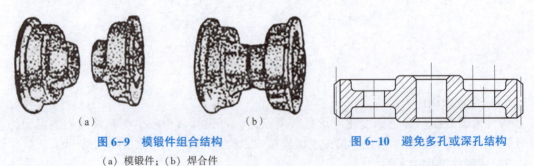

图 6-9　模锻件组合结构　　　　　　　图 6-10　避免多孔或深孔结构
（a）模锻件；（b）焊合件

任务实施

小组成员根据课堂讲解，以及小组讨论，修改任务 1 中锻造工艺设计，并更换锻造方法，进行对比，筛选优异的锻造方法。小组成员进行决策、实施，细化完成步骤，明确组员分工，确定完成时间，制定评价指标等充实方案的工作，进行任务实施，并且需要及时检查、不断调整计划，以确保方案目的的实现。小组成员需要根据自身知识储备和以往经验整体把握小组的完成进度，及时处理和记录相关内容。（决策表示例如下）

姓名	调整分工	完成时间/天	任务目标和步骤	教师指导意见	调整内容展示
××			任务目标：查阅资料，修改任务 1 中锻造工艺设计，并更换锻造方法，进行对比，筛选优异的锻造方法。 具体步骤：任务划分—任务实施—任务总结		以 PPT、思维导图、视频或者文字等形式完成
××					
××					
××					

考核评分

小组完成本次主体工作任务后，按照原计划或课后实施决策进行组内自检和组间互检，查缺补漏。在所有小组完成本次任务后，全体学生和教师根据各小组的阶段性成果进行组内自评、组间互评和教师点评。各小组吸取经验，为下一次任务做准备。

考核构成	考核指标	考核标准	知识目标	能力目标	德育目标	占总分比
过程考核	学习态度	态度端正，学习主动，虚心请教，课前思考，上课认真、课后反思	10%	20%	70%	10%
	学习纪律	遵守纪律，不迟到、不早退，无缺课	0	0	100%	10%
	学习责任	工作认真，能为实践结果承担责任	10%	20%	70%	15%
	合作	能与小组成员保持良好的合作关系，能采用合适的方式表达不同意见，与他人合作顺利	25%	20%	55%	15%
成果考核	成果展示类型	能够运用现代化手段收集素材	50%	30%	20%	10%
	成果制作效果	内容准确、体例清晰、美观	10%	70%	20%	20%
	成果讲解效果	条理清晰、表达准确、时间控制合理	45%	50%	5%	20%

小组成果展示

（请将本任务展示结果文档粘贴于此）

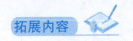

一、金属塑性变形的实质

金属在外力作用下首先要产生弹性变形，当外力增大到内应力超过材料的屈服点时，就会产生塑性变形。锻压成型加工需要利用塑性变形。

1. 实质

金属塑性变形是金属晶体每个晶粒内部的变形和晶粒间的相对移动、晶粒转动的综合结果。单晶体的塑性变形主要通过滑移的形式实现。即在切应力的作用下，晶体的一部分相对于另一部分沿着一定的晶面产生滑移，如图 6-11 所示。

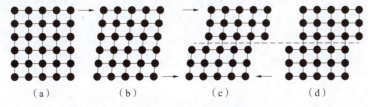

图 6-11　单晶体滑移示意图

（a）未变形；（b）弹性变形；（c）弹塑性变形；（d）塑性变形

单晶体的滑移是通过晶体内的位错运动来实现的，而不是沿滑移面所有原子同时做刚性移动的结果，所以滑移所需要的切应力比理论值低得多。位错运动滑移机制的示意图如图 6-12 所示。

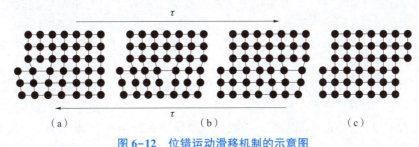

图 6-12　位错运动滑移机制的示意图

（a）未变形；（b）位错运动；（c）塑性变形

多晶体金属的塑性变形中单个晶粒变形与单晶体相似。而多晶体变形比单晶体复杂得多。

2. 塑性变形对金属组织和性能的影响

通常将塑性变形分为冷变形（再结晶温度以下的塑性变形）和热变形（再结晶温度以上的塑性变形）。

1）冷变形

金属在常温下经过塑性变形后，内部组织将发生如图 6-13 所示变化，一是晶粒沿最大变形方向的伸长；二是晶格与晶粒均发生扭曲，产生内应力；三是晶粒间产生碎晶。

金属材料在塑性变形时，随着变形程度的增加，金属材料的强度和硬度提高，但塑性和韧性下降，这种现象称为冷变形强化，也称为加工硬化。

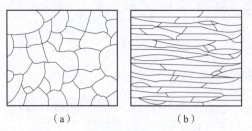

图6-13 冷轧前后金属晶粒形状的变化

（a）冷轧前退火组织状态；（b）冷轧后的组织状态

显然冷变形强化可以强化金属材料，特别是对于一些不能用热处理进行强化的金属，如纯金属和一些合金。另外，冷变形强化会给金属进一步变形带来困难，比如冷拔钢丝会越拉越硬，必须在变形工序间安排中间退火来消除加工硬化，恢复材料塑性，才能继续变形。

2）热变形

对冷变形强化组织进行加热，变形金属将相继发生回复、再结晶和晶粒长大三个阶段的组织变化。

（1）回复。

当金属温度提高到一定程度，原子热运动加剧，使不规则原子排列变为规则排列，消除晶格扭曲，内应力大为下降，但晶粒的形状、大小和金属的强度、塑性变形不大，这种现象称为回复。

（2）再结晶。

当变形金属被加热到较高温度时，由于原子活动能力增大，晶粒的形状开始发生变化，由破碎拉长的晶粒变为完整的等轴晶粒。这种冷变形组织在加热时重新彻底改组的过程称为再结晶。

再结晶也是一个晶核形成和长大的过程，但不是相变过程，再结晶前后新旧晶粒的晶格类型和成分完全相同。

再结晶后组织的复原，导致金属的强度、硬度下降，塑性、韧性提高，加工硬化消失。

再结晶不是一个恒温过程，它是自某一温度开始，在一个温度范围内连续进行的过程，发生再结晶的最低温度称再结晶温度。一般为该金属熔点的40%，即 $T_{再} \approx 0.4T_{熔}$。

图6-14所示为冷变形后的金属在加热过程中发生回复与再结晶过程的组织变化示意图。

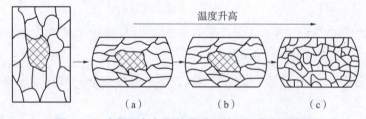

图6-14 金属回复与再结晶过程的组织变化示意图

（a）变形后的组织；（b）回复后的组织；（c）再结晶组织

通过再结晶，金属的性能恢复到变形前的水平。金属在常温下进行压力加工，常安排中间再结晶退火工序。在实际生产中为缩短生产周期，通常再结晶退火温度比再结晶温度高 100~200 ℃。

（3）晶粒长大。

再结晶完成后，若继续升高加热温度或延长保温时间，将发生晶粒长大，这是一个自发的过程。晶粒的长大是通过晶界迁移进行的，是大晶粒吞并小晶粒的过程。晶粒粗大会使金属的强度尤其是塑性和韧性降低，使锻造性恶化。

热变形时加工硬化与再结晶过程同时存在，而加工硬化又几乎同时被再结晶消除。由于热变形是在高温下进行的，金属在加热过程中表面易产生氧化皮，从而使精度和表面质量较低。自由锻、热模锻、热轧、热挤压等工艺都属于热变形加工。

3. 金属的冷加工和热加工

在金属学中，冷、热加工的界限是以再结晶温度来划分的。低于再结晶温度的加工为冷加工，如钢在常温下进行的冷冲压、冷轧、冷挤压等。高于再结晶温度的加工为热加工，如热锻、热轧、热挤压等。

热加工与冷加工相比，其优点是塑性良好，变形抗力低，容易加工变形，但高温下金属容易产生氧化皮，所以制件的尺寸精度低，表面粗糙。

金属经塑性变形及再结晶，可使原来存在的不均匀、晶粒粗大的组织得以改善，或将铸锭组织中的气孔、缩松等压合，得到更致密的再结晶组织，提高金属的力学性能。

二、金属的可锻性

金属的可锻性是衡量材料受压力加工时获得优质零件难易程度的指标。若金属材料在锻压加工时塑性好，变形抗力小，则锻造性好；反之，则锻造性差。因此，金属材料的锻造性常用其塑性及变形抗力来衡量。

金属材料的锻造性主要取决于材料的本质及其变形条件。

1. 材料的本质

1）化学成分

不同化学成分的合金材料具有不同的锻造性。纯金属比合金的塑性好，变形抗力小，因此纯金属比合金的锻造性好；合金元素的含量越高，锻造性越差，因此低碳钢比高碳钢的锻造性好；相同碳含量的碳钢比合金钢的锻造性好；低合金钢比高合金钢的锻造性好。

2）组织结构

金属的晶粒越细，塑性越好，但变形抗力越大。金属的组织越均匀，塑性也越好。相同成分的合金，单相固溶体比多相固溶体塑性好，变形抗力小，锻造性好。

2. 变形条件

1）变形温度

随变形温度的提高，金属原子的动能增大，削弱了原子间的引力，滑移所需的应力下降，金属的塑性增加，变形抗力降低，锻造性好。但变形温度过高，晶粒将迅速长大，从而降低了金属及合金材料的力学性能，这种现象称为"过热"。当变形温度进一步提高，接近金属材料的熔点时，金属晶界产生氧化，锻造时金属及合金易沿晶界产生裂纹，这种现象称为"过烧"。过热可通过重新加热锻造和再结晶使金属或合金恢复原来的力学性能，但过热使锻造火次增加，而过烧则使金属或合金报废。因此，金属及合金的锻造温度必须控制在一定的温度范围内，其中碳钢的锻造温度范围可根据铁—碳平衡状态图确定。

2）变形速度

变形速度是指单位时间内的变形量。金属在再结晶以上温度进行变形时，加工硬化与回复、再结晶同时发生。采用普通锻压方法（低速）时，回复、再结晶不足以消除由塑性变形所产生的加工硬化，随变形速度的增加，金属的塑性下降，变形抗力增加，锻造性降低。因此，塑性较差的材料（如铜和高合金钢）宜采用较低的变形速度（即用液压机而不用锻锤）成型。当变形速度高于临界速度时，产生大量的变形热，加快了再结晶速度，金属的塑性增加，变形抗力下降，锻造性提高。因此生产上常用高速锤锻造高强度、低塑性等难以锻造的合金。

3）变形方式（应力状态）

变形方式不同，变形金属的内应力状态也不同。拉拔时，坯料沿轴向受到拉应力，其他方向为压应力，这种应力状态的金属塑性较差。镦粗时，坯料中心部分受到三向压应力，周边部分上、下和径向受到压应力，而切向为拉应力，周边受拉部分塑性较差，易镦裂。挤压时，坯料处于三向压应力状态，金属呈现良好的塑性状态。实践证明，拉应力的存在会使金属的塑性降低，三向受拉金属的塑性最差。三个方向上压应力的数目越多，则金属的塑性越好。

三、锻造工艺规程制定

模锻生产的工艺规程包括制定模锻锻件图、确定模锻工步、选择模锻设备、计算坯料尺寸及安排修整工序等。

1）制定模锻锻件图

锻件图是根据零件图按模锻工艺特点制定的。它是设计和制造锻模、计算坯料以及检查锻件的依据。制定模锻锻件图时应考虑以下几个问题：

（1）分模面。

分模面即上、下锻模在模锻件上的分界面。锻件分界面位置选择的合适与否，关系到锻件成型、出模、材料利用率等一系列问题。确定分模面时应遵循下列原则：

① 要保证模锻件能从模膛中取出。一般情况下，分模面应选在模锻件最大尺寸的截面上。

② 要保证金属容易充满模膛，有利于锻模制造和便于取出锻件。分模面应选在使模膛深度最浅的位置上。

③ 要保证按选定的分模面制成锻模后上、下两模沿分模面的模膛轮廓一致，以便在安装锻模和生产中易于发现错模现象，及时调整锻模位置。

④ 要保证锻模容易制造。分模面最好做成平面，且上、下模膛深度基本一致。

⑤ 要保证锻件上所加的余块最少。

根据以上原则可知，如图 6-15 所示的 d—d 分模面是最合理的分模面。

（2）余量、公差、余块。

模锻时金属坯料是在锻模中成型的，因此模锻件的尺寸较精确，其余量、公差和余块均比自由锻小得多。余量、公差与工件形状尺寸、精度要求等因素有关。成品零件中的各种细槽、齿轮齿间、横向孔以及其他妨碍出模的凹部均应加余块，直径小于 30 mm 的孔一般不锻出。

（3）模锻斜度。

为使锻件容易从模膛中取出，在垂直于分模面的锻件表面上必须有一定斜度，如

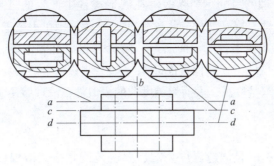

图 6-15　分模面比较图

图 6-16 所示。模锻斜度与模锻深度有关，一般为 5°~15°。

（4）模锻圆角半径。

为使金属容易充满模腔，增大锻件强度，避免模锻内尖角处产生裂纹，减缓锻模外尖角处的磨损，提高锻模使用寿命，在模锻件上所有平面的交角处均需做成圆角，如图 6-17 所示。模腔深度越深，圆角半径取值越大。一般外圆角：$r = 1.5~12$ mm；内圆角：$R = (2~3)r$。

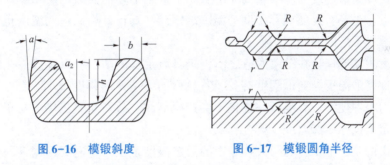

图 6-16　模锻斜度　　　　图 6-17　模锻圆角半径

2）确定模锻工步

模锻工步主要是根据锻件的形状和尺寸来确定的。模锻件按形状可分为两大类：一类是长轴类零件，如台阶轴、连杆等；另一类是盘类零件，如齿轮、法兰盘等。

长轴类零件的模锻工步包括拔长、滚压、弯曲、预锻、终锻等。

盘类零件的模锻工步包括镦粗、预锻、终锻。

3）选择模锻设备

常用模锻设备的基本选用原则是设备使用特性必须适应模锻件参数和技术要求。

4）计算坯料尺寸

其步骤与自由锻件类同。坯料质量包括锻件、毛边、连皮、钳口料头和氧化皮。一般飞边是锻件质量的 20%~25%，氧化皮是锻件和飞边质量的 2.5%~4.0%。

5）安排修整工序

坯料在锻模内制成模锻件后，为保证锻件质量，还需要经过以下修整工序：

（1）切边和冲孔。刚锻制成的模锻件，一般带有毛边和连皮，需在压力机上使用切边模将它们切除。切边和冲孔根据不同情况可在热态或冷态下进行。

（2）校正。在切边和其他工序中都可能引起锻件变形，因此切边后可在终锻模内或专门的校正模内进行校正。

（3）热处理。热处理的目的是消除锻件在锻造过程中产生的过热组织或加工硬化，改善锻件组织和切削加工性，提高锻件的力学性能，一般采用正火或退火。

（4）清理。为了提高模锻件的表面质量，模锻件表面必须清理，用喷砂法、酸洗法等去除锻件表面的氧化皮、污垢及其他表面缺陷（如毛刺）等。

（5）精压。对于要求精度高、表面粗糙度低的模锻件，清理后还应在压力机上进行精压。

四、锻造温度

锻造加热规范主要指的是锻造温度。锻造温度范围是指始锻温度和终锻温度之间的一段温度间隔。确定锻造温度的基本原则是，能保证金属在锻造温度范围内具有较高的塑性和较小的变形抗力，并得到所要求的组织和性能。锻造温度范围应尽可能宽一些，以减少锻造火次，提高生产率。碳含量对钢的锻造上限温度具有最重要的影响。对于碳钢，始锻温度随含碳量的增加而降低。对于合金结构钢和合金工模具钢，通常始锻温度随含碳量的增加降低得更多。

始锻温度应理解为钢或合金在加热炉内允许的最高加热温度。从加热炉内取出毛坯送到锻压设备上开始锻造之前，根据毛坯的大小、运送毛坯的方法以及加热炉与锻压设备之间距离的远近，毛坯有几度到几十度的温降。因此，真正开始锻造的温度稍低，在始锻之前，应尽量减小毛坯的温降。

终锻温度主要应保证在结束锻造之前钢仍具有足够的塑性，以及锻件在锻后获得再结晶组织。锻件终锻温度与变形程度有关。若最后的锻造变形程度很小，变形量不大，不需要大的锻压力，即使终锻温度低一些也不会产生裂纹。故对精整工序、校正工序，终锻温度允许比规定值低 50~80 ℃。

需要指出的是，根据状态图大致确定的锻造温度范围，还需要根据钢的塑性图、变形抗力图等资料加以精确化。这是因为状态图是在实验室中一个大气压及缓慢冷却的条件下作出的，状态图上的临界点与钢在锻造时的相变温度并不一致。常用钢材的锻造温度范围如表 6-5 所示。

表 6-5　常用钢材的锻造温度范围

钢类	始锻温度/℃	终锻温度/℃	钢类	始锻温度/℃	终锻温度/℃
碳素结构钢	1 200~1 250	800	高速工具钢	1 100~1 150	900
合金结构钢	1 150~1 200	800~850	耐热钢	1 100~1 150	800~850
碳素工具钢	1 050~1 150	750~800	弹簧钢	1 100~1 150	800~850
合金工具钢	1 050~1 150	800~850	轴承钢	1 080	800

模块七　焊接——融通心心相印之路

模块引入

　　焊接也称作熔接，是一种以加热、高温或高压的方式接合金属或其他热塑性材料的制造工艺及技术。近代焊接技术从 1885 年出现碳弧焊开始，直到 20 世纪 40 年代才形成较完整的焊接工艺体系，特别是 40 年代出现优质电焊条后，焊接技术突飞猛进。

　　本模块属于教师引领、学生自学模式，在通览内容基础上，了解焊接工艺，掌握不同焊接方法的特点。

学习目标

焊接概述

知识目标：

1. 了解焊接工艺；

2. 掌握不同焊接方法的特点。

技能目标：

1. 能够判断材料是否适合焊接处理；

2. 能够熟练分析焊接工艺是否合理。

素养目标：

1. 具备独立自主的学习能力；

2. 具备团队合作的能力；

3. 具备敬业精神，热爱劳动。

模块分析

模块内容	子任务	学习课时	重点、难点
电弧焊	认识焊接方法	1	焊接特点、分类、应用及发展趋势
	熟悉不同焊接方法的特点	1	手工电弧焊、埋弧自动焊、气体保护电弧焊

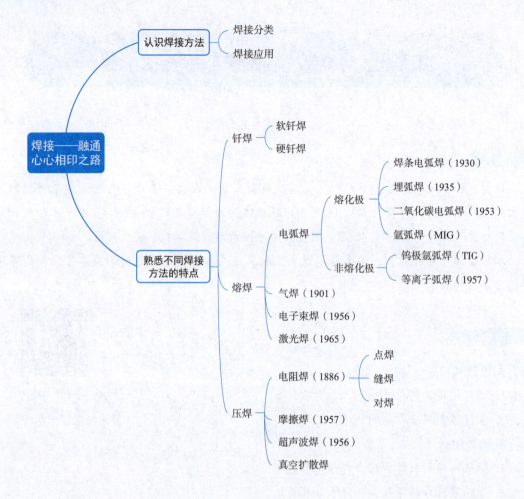

焊接——融通心心相印之路
- 认识焊接方法
  - 焊接分类
  - 焊接应用
- 熟悉不同焊接方法的特点
  - 钎焊
    - 软钎焊
    - 硬钎焊
  - 熔焊
    - 电弧焊
      - 熔化极
        - 焊条电弧焊（1930）
        - 埋弧焊（1935）
        - 二氧化碳电弧焊（1953）
        - 氩弧焊（MIG）
      - 非熔化极
        - 钨极氩弧焊（TIG）
        - 等离子弧焊（1957）
    - 气焊（1901）
    - 电子束焊（1956）
    - 激光焊（1965）
  - 压焊
    - 电阻焊（1886）
      - 点焊
      - 缝焊
      - 对焊
    - 摩擦焊（1957）
    - 超声波焊（1956）
    - 真空扩散焊

任务 1 认识焊接方法

任务描述

　　焊接是金属铸造中最重要的加工应用之一，请各位同学以组为单位，利用课程内容查阅焊接分类以及应用，并以不同方式在最终小组评价中展示出来。组长科学分工，小组成员共同协作，调动小组成员学习积极性、主动性。

任务准备

　　1. 请认真查阅资料，总结出焊接分类以及应用等相关内容。

　　2. 摩拳擦掌（请完成以下题目，检测自己对焊接知识前期掌握情况）。

　　填空题：

　　（1）焊接过程的实质是用加热和加压等手段借助于金属原子的＿＿＿＿＿与＿＿＿＿＿作用，使分离的金属材料牢固地连接起来。

　　（2）焊接方法可分为熔化焊、压力焊和钎焊三大类，电弧焊属于＿＿＿＿＿，电阻焊属于＿＿＿＿＿。

　　（3）焊接方法的种类很多，通常按焊接过程的特点分为＿＿＿＿＿和＿＿＿＿＿及钎焊等三类。

　　（4）埋弧自动焊的焊接热源是电弧，保护方法是熔渣，它适用于＿＿＿＿＿焊缝和＿＿＿＿＿焊缝的焊接。

任务计划

　　小组成员将收集的信息进行汇总，并根据信息制定包括计划目标、工作步骤和组员分工等信息的多套可行性方案，编写以下计划单。（计划单设计示例如下）

姓名	计划分工	预计完成时间/天	任务目标和步骤	职务	计划内容展示
××	网络、书籍查阅	1	任务目标：查阅焊接分类方式以及应用	组长	以思维导图、PPT、诗歌等形式完成
××	走访企业	1		副组长	
××	精品课程资源查阅	1	具体步骤：任务划分—任务实施—任务总结	组员	
××	汇总并制作	1		组员	

知识链接

一、焊接分类

　　焊接的分类方法很多，根据焊接过程中加热程度和工艺特点的不同，焊接可以分为熔焊、压焊和钎焊三大类，每一类又包括许多焊接方法，如熔焊可分为电弧焊、气焊、电子束焊、激光焊等。

二、焊接应用

近几年来，我国在大型焊接钢结构的开发与应用方面创造了中华人民共和国成立以来的最高水平，有的已成为世界第一。

北京奥运会主场馆——鸟巢（中国八大现代建筑之一）（见图 7-1），建筑顶面呈鞍形，长轴为 332.3 m，短轴为 296.4 m，最高点高度为 68.5 m，最低点高度为 42.8 m。钢结构大量采用由钢板焊接而成的箱形构件。

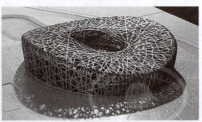

图 7-1　鸟巢

香港中银大厦（见图 7-2）自 1982 年年底开始规划设计，至 1990 年 3 月 19 日银行乔迁开始营业，历时 7 年有余，大厦基地面积约 8 400 m²，地上 70 层，总高度为 369 m。结构采用 4 角 12 层高的巨形钢柱支撑。

图 7-2　香港中银大厦

国家大剧院（见图 7-3）工程总投资 26 亿元，主体建筑呈"巨蛋"形，其椭球形穹顶长轴为 212.2 m，短轴为 143.64 m，高度为 46.28 m，焊接钢结构的总质量达 6 475 t，为世界最大的穹顶。

图 7-3　国家大剧院

中央电视台新台址地处东三环路以东、光华路以北、朝阳路以南，CBD 规划范围内。中央电视台新台址用地面积总计 187 000 m²，总建筑面积约 55 万 m²，最高建筑约 230 m，用钢 12.18 万 t，工程建设总投资约 50 亿元，于 2009 年 1 月竣工，如图 7-4 所示。"世界第一钢拱桥"——上海卢浦大桥，投资 22 亿余元，全长 8 722 m，主桥长 750 m，跨度 550 m，跨度比排名第二的美国西弗吉尼亚大桥长出 32 m。它是世界上首座采用箱形拱结构的特大型拱桥，主拱截面世界最大，高 9 m，宽 5 m，桥下可通过 7 万 t 级的轮船。它也是世界上首座完全采用焊接工艺连接的大型拱桥（除合拢接口采用栓接外），现场焊接焊缝总长度达 4 万多米，用 3.4 万 t 厚度为 30～100 mm 的细晶粒钢焊接而成。

图 7-4　中央电视台楼

 任务实施

　　小组成员根据课堂讲解，以及小组讨论，选择焊接分类方式以及应用进行介绍。小组成员进行决策、实施，细化完成步骤，明确组员分工，确定完成时间，制定评价指标等充实方案的工作，进行任务实施，并且需要及时检查、不断调整计划，以确保方案目的的实现。小组成员需要根据自身知识储备和以往经验整体把握小组的完成进度，及时处理和记录相关内容。（决策表示例如下）

姓名	调整分工	完成时间/天	任务目标和步骤	教师指导意见	调整内容展示
××			任务目标：更新前期焊接分类方式及应用资料。 具体步骤：任务划分—任务实施—任务总结		以 PPT、思维导图、视频或者文字等形式完成
××					
××					
××					

 **考核评分**

　　小组完成本次主体工作任务后，按照原计划或课后实施决策进行组内自检和组间互检，

查缺补漏。在所有小组完成本次任务后，全体学生和教师根据各小组的阶段性成果进行组内自评、组间互评和教师点评。各小组吸取经验，为下一次任务做准备。

考核构成	考核指标	考核标准	知识目标	能力目标	德育目标	占总分比
过程考核	学习态度	态度端正，学习主动，虚心请教，课前思考，上课认真、课后反思	10%	20%	70%	10%
	学习纪律	遵守纪律，不迟到、不早退，无缺课	0	0	100%	10%
	学习责任	工作认真，能为实践结果承担责任	10%	20%	70%	15%
	合作	能与小组成员保持良好合作关系，能采用合适方式表达不同意见，与他人合作顺利	25%	20%	55%	15%
成果考核	成果展示类型	能够运用现代化手段收集素材	50%	30%	20%	10%
	成果制作效果	内容准确、体例清晰、美观	10%	70%	20%	20%
	成果讲解效果	条理清晰、表达准确、时间控制合理	45%	50%	5%	20%

小组成果展示

（请将本任务展示结果文档粘贴于此）

常用焊接方法

任务2 熟知不同焊接方法的特点

任务描述

焊接是金属铸造中最重要的加工应用之一，请各位同学以组为单位，利用课程内容查阅常用焊接方法及分析不同材料适宜采用哪种焊接方法，总结对比不同焊接方法的区别，并以不同方式在最终小组评价中展示出来。组长科学分工，小组成员共同协作，调动小组成员学习积极性、主动性。

任务准备

1. 请认真查阅资料，总结出不同焊接方法的区别及使用方法。
2. 摩拳擦掌（请完成以下各题，检测自己对常用焊接方法知识前期的掌握情况）。
1）填表格。
比较不同的焊接方法。

焊接方法	热源	保护方式	焊接材料	可焊焊位
手工电弧焊				
埋弧自动焊				
氩弧焊				
电阻焊				
CO_2 气体保护焊				

2）填空题。
（1）手工电弧焊的电焊条是由＿＿＿和＿＿＿两部分组成的。
（2）手弧焊焊条焊芯的主要作用是＿＿＿和＿＿＿。
（3）焊条药皮种类较多，但大致可分为＿＿＿和＿＿＿两大类。
（4）CO_2 气体保护焊的热源是＿＿＿，用＿＿＿保护熔池。
3）选择题。
（1）防止和减少焊接变形的工艺措施中减少了变形而内应力却增大的措施有（　　）。
A. 反变形和加工余量法　　　　　　　B. 使焊缝尽量对称分布
C. 使焊缝焊接次序合理　　　　　　　D. 采用刚性夹持法
（2）焊接 T 形梁，由于焊缝在结构上分布不对称，焊缝发生纵向收缩而引起的变形是（　　）。
A. 收缩变形　　　B. 扭曲变形　　　C. 角变形　　　D. 弯曲变形
（3）为了减少焊接应力与变形，焊接时应该（　　）。
A. 将焊件刚性固定　　　　　　　　　B. 快冷，快焊

C. 采用大的焊接规范　　　　　　　　　　D. 焊前预热，焊后缓冷

（4）手工电弧焊时，为了减少工件的熔化量，应采用（　　）。

A. 交流电弧　　　　B. 直流电弧　　　　C. 直流正接电弧　　　　D. 直流反接电弧

（5）下列焊接方法中可焊空间位置只限于立焊位置的有（　　）。

A. 氩弧焊　　　　　　B. CO_2 气体保护焊　　C. 手工电弧焊　　　　　D. 电渣焊

（6）埋弧自动焊生产效率高，主要是（　　）。

A. 采用了粗焊丝　　　　　　　　　　B. 焊件表面覆盖一层焊剂

C. 电弧电压较高　　　　　　　　　　D. 选取了大的电流密度

（7）埋弧自动焊必须使焊丝与（　　）配用。

A. 焊条　　　　　　　B. 熔剂　　　　　　C. 焊剂　　　　　　　　D. 钎料

（8）下列焊接方法中只适用于平焊的是（　　）。

A. 手工电弧焊　　　　B. 电渣焊　　　　　C. 埋弧自动焊　　　　　D. CO_2 气体保护焊

（9）焊接结构设计的关键是（　　）。

A. 设计合理的接头形式　　　　　　　B. 尽量多采用型材

C. 选择合适的结构材料　　　　　　　D. 合理布置焊缝位置

 任务计划

　　小组成员将收集的信息进行汇总，并根据信息制定包括计划目标、工作步骤和组员分工等信息的多套可行性方案，编写以下计划单。（计划单设计示例如下）

姓名	计划分工	预计完成时间/天	任务目标和步骤	职务	计划内容展示
××	网络、书籍查阅	1	任务目标：查阅不同焊接方法的区别及使用方法。具体步骤：任务划分—任务实施—任务总结	组长	以思维导图、PPT、诗歌等形式完成
××	走访企业	1		副组长	
××	精品课程资源查阅	1		组员	
××	汇总并制作	1		组员	

 **知识链接**

一、熔焊

　　在三类焊接方法中，应用最多的是熔焊，其中电弧焊（又称焊条电弧焊）是目前应用最普遍的，也是其他种类焊接方法的基础，是用手工操纵焊条进行焊接的电弧焊方法，焊接过程如图 7-5 所示。

　　手工电弧焊以焊条和焊件作为两个电极，被焊金属称为焊件或母材。焊接时因电弧的高温和吹力作用使焊件局部熔化。在被焊金属上形成一个椭圆形，充满液体金属的凹坑，这个凹坑称为熔池。随着焊条的移动、熔池冷却凝固后形成焊缝。焊缝表面覆盖的一层渣壳称为熔渣。焊条熔化末端到熔池表面的距离称为电弧长度。从焊件表面至熔池底部距离称为熔透深度。手工电弧焊的设备简单，操作方便灵活，适应性强，能进行全位置焊接，

适合焊接多种材料，尤其适于结构形状复杂、焊缝短或弯曲的焊件和各种不同空间位置的焊缝焊接。手工电弧焊的主要缺点是焊接质量不够稳定，生产效率较低，劳动强度大，对操作者的技术水平要求较高。

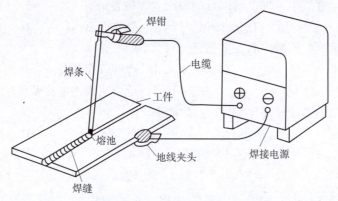

图 7-5　手工电弧焊焊接过程

二、埋弧自动焊

埋弧自动焊是电弧在焊剂层下燃烧进行焊接的方法，其电弧的引燃、焊条送进和电弧移动都采用机械来完成。埋弧自动焊通常用于碳钢、低合金结构钢、不锈钢和耐热钢等中厚板结构的长直缝以及直径大于 300 mm 环缝的平焊。此外，它还用于耐磨、耐腐蚀合金的堆焊，大型球墨铸铁曲轴以及镍合金、铜合金等材料的焊接。埋弧焊的优点：焊接质量好，生产率高，节省焊接材料，易实现自动化，劳动条件好，强度低，操作简单。埋弧焊的缺点：适应性较差，焊前准备工作量大；焊接电流强度大，不适于 3 mm 以下薄板；难以完成铝、钛等强氧化性金属及合金的焊接，设备一次性投资较大。埋弧自动焊的焊接过程如图 7-6 所示。

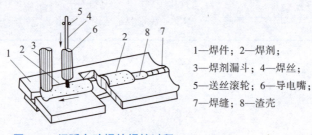

1—焊件；2—焊剂；
3—焊剂漏斗；4—焊丝；
5—送丝滚轮；6—导电嘴；
7—焊缝；8—渣壳

图 7-6　埋弧自动焊的焊接过程

三、气体保护电弧焊

气体保护电弧焊是用外加气体作为电弧介质并保护电弧区的熔滴和熔池及焊缝的电弧焊。常用保护气体有惰性气体（氩气、氦气和混合气体）和活性气体（二氧化碳气体）两种，分别称为惰性气体保护焊和 CO_2 气体保护焊。

1. 氩弧焊

保护气体有氩气（Ar）和氦气（He），或其混合气体，分别称为氩弧焊和氦弧焊及混合气体保护焊。氩弧焊分为钨极氩弧焊和熔化极氩弧焊，如图 7-7 所示。

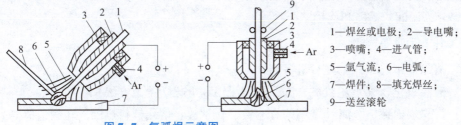

1—焊丝或电极；2—导电嘴；
3—喷嘴；4—进气管；
5—氩气流；6—电弧；
7—焊件；8—填充焊丝；
9—送丝滚轮

图 7-7　氩弧焊示意图

① 钨极氩弧焊：电极材料可用纯钨或钨合金，一般采用铈钨极，其在焊接过程中不熔化，故需采用焊丝。焊接电流较小，适于薄板焊接。钨极氩弧焊一般采用直流正接，以减少钨极烧损，但焊接铝、镁金属时，为去除氧化物而利用"阴极破碎"可采用直流反接。

② 熔化极氩弧焊：采用焊丝作为电极，可使用大电流，适于中厚板焊接。熔化极氩弧焊一般采用直流反接。

氩弧焊适于焊接铝、镁、钛及其合金，稀有金属锆、钼，不锈钢，耐热钢，低合金钢等。

2. CO_2 气体保护焊

CO_2 气体保护焊采用 CO_2 为保护气体，其焊接过程如图 7-8 所示。CO_2 在高温下会分解氧化金属，故不能焊接易氧化的非铁金属和不锈钢。同时需采用能脱氧和渗合金的特殊焊丝。

CO_2 气体保护焊可分为自动 CO_2 气体保护焊和半自动 CO_2 气体保护焊（送丝自动，电弧移动手工）。其设备包括主电路系统、控制系统、焊枪、供气系统、冷却系统。CO_2 气体保护焊适于焊接低碳钢和强度级别不高的普通低合金结构钢。

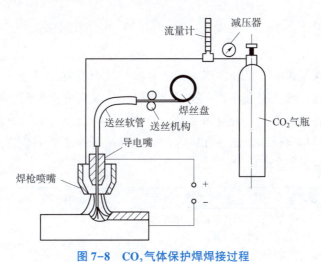

图 7-8　CO_2 气体保护焊焊接过程

四、钎焊

钎焊是把被连接材料（又称母材）加热到适当的温度，并使填充材料（又称钎料）熔化，利用毛细作用使液态钎料填充固态母材之间的缝隙，经母材与钎料发生相互作用，然后冷却凝固，从而形成冶金结合的一类连接方法。

钎焊分为浸润、铺展和连接三个阶段。

1. 工件表面准备

（1）清除油污（常用的是有机溶剂）。

（2）清除氧化物（可用机械方法、化学浸蚀和电化学浸蚀方法）。

（3）母材表面镀覆金属（常用的有电镀、化学镀、熔化钎料热浸、轧制包覆等）。

2. 零件的装配和固定

经过表面准备处理的零件在实施钎焊前必须先按图纸进行装配，可以用来固定零件的方法很多。对于尺寸小、结构简单的零件，可采用较简易的固定方法，诸如依靠自重、紧配合、滚花、翻边、扩口、旋压、模锻、收口、咬边、开槽和弯边、夹紧、定位销、螺钉、铆接、点焊等。对于结构复杂、生产量较大的焊件，主要装配固定方法是使用夹具。

3. 钎料的放置

在各种钎焊方法中，除火焰钎焊和烙铁钎焊外，大多数是将钎料预先安置在接头上的。放置钎料应遵循下述原则：

（1）尽可能利用钎料的重力作用和钎料间隙的毛细作用来促进钎料填缝。

（2）保证钎料填缝时间隙内钎剂和气体有排出道路。

（3）钎料要安放在不易润湿或加热中温度较低的零件上。

（4）安放要牢靠，不致在钎焊过程中因意外干扰而错动位置。

（5）应使钎料的填缝路程最短。

（6）防止对母材产生明显的熔蚀或钎料局部堆积。

任务实施

小组成员根据课堂讲解，以及小组讨论，选择焊接分类方式以及应用进行介绍。小组成员进行决策、实施，细化完成步骤，明确组员分工，确定完成时间，制定评价指标等充实方案的工作，进行任务实施，并且需要及时检查、不断调整计划，以确保方案目的的实现。小组成员需要根据自身知识储备和以往经验整体把握小组的完成进度，及时处理和记录相关内容。（决策表示例如下）

姓名	调整分工	完成时间/天	任务目标和步骤	教师指导意见	调整内容展示
××			任务目标：掌握更新前期焊接分类方式。 具体步骤：任务划分—任务实施—任务总结		以 PPT、思维导图、视频或者文字等形式完成

考核评分

小组完成本次主体工作任务后，按照原计划或课后实施决策进行组内自检和组间互检，查缺补漏。在所有小组完成本次任务后，全体学生和教师根据各小组的阶段性成果进行组内自评、组间互评和教师点评。各小组吸取经验，为下一次任务做准备。

考核构成	考核指标	考核标准	知识目标	能力目标	德育目标	占总分比
过程考核	学习态度	态度端正，学习主动，虚心请教，课前思考，上课认真、课后反思	10%	20%	70%	10%
	学习纪律	遵守纪律，不迟到、不早退，无缺课	0	0	100%	10%
	学习责任	工作认真，能为实践结果承担责任	10%	20%	70%	15%
	合作	能与小组成员保持良好的合作关系，能采用合适的方式表达不同意见，与他人合作顺利	25%	20%	55%	15%
成果考核	成果展示类型	能够运用现代化手段收集素材	50%	30%	20%	10%
	成果制作效果	内容准确、体例清晰、美观	10%	70%	20%	20%
	成果讲解效果	条理清晰、表达准确、时间控制合理	45%	50%	5%	20%

小组成果展示

(请将本任务展示结果文档粘贴于此)

一、焊接质量分析

1. 焊接缺陷

在焊接生产过程中，由于设计、工艺、操作中各种因素的影响，往往会产生各种焊接缺陷。焊接缺陷不仅会影响焊缝的美观，还有可能减小焊缝的有效承载面积，造成应力集中引起断裂，直接影响焊接结构使用的可靠性。表7-1列出了常见的焊接缺陷及其产生的原因。

表7-1 常见的焊接缺陷及其产生的原因

缺陷名称	示意图	特　征	产生原因
气孔		焊接时，熔池中的过饱和 H、N 以及冶金反应产生的 CO，在熔池凝固时未能逸出，在焊缝中形成的空穴	焊接材料不清洁；弧长太长，保护效果差；焊接规范不恰当；冷速太快；焊前清理不当
裂纹		热裂纹：沿晶开裂，具有氧化色泽，多在焊缝上，焊后立即开裂 冷裂纹：穿晶开裂，具有金属光泽，多在热影响区，有延时性，可发生在焊后任何时刻	热裂纹：母材硫、磷含量高；焊缝冷速太快，焊接应力大；焊接材料选择不当 冷裂纹：母材淬硬倾向大；焊缝含氢量高；焊接残余应力较大
夹渣		焊后残留在焊缝中的非金属夹杂物	焊道间的熔渣未清理干净；焊接电流太小；焊接速度太快；操作不当
咬边		在焊缝和母材的交界处产生的沟槽和凹陷	焊条角度和摆动不正确；焊接电流太大、电弧过长
焊瘤		焊接时，熔化金属流淌到焊缝区之外的母材上所形成的金属瘤	焊接电流太大、电弧过长、焊接速度太慢；焊接位置和运条不当
未焊透		焊接接头的根部未完全熔透	焊接电流太小、焊接速度太快；坡口角度太小、间隙过窄、钝边太厚

2. 焊接质量检验

在焊接之前和焊接过程中，应对影响焊接质量的因素进行认真检查，以防止和减少焊接缺陷的产生；焊后应根据产品的技术要求，对焊接接头的缺陷情况和性能进行成品检验，以确保使用安全。

焊后成品检验可以分为破坏性检验和非破坏性检验两类。破坏性检验主要包括焊缝的化学成分分析、金相组织分析和力学性能试验，主要用于科研和新产品试生产。非破坏性检验的方法很多，由于不对产品产生损害，因而在焊接质量检验中占有很重要的地位。

常用的非破坏性检验方法有以下几种。

1）外观检验

用肉眼或借助样板、低倍放大镜（5~20倍）检查焊缝成形、焊缝外形尺寸是否符合要求，焊缝表面是否存在缺陷。所有焊缝在焊后都要经过外观检验。

2）致密性检验

对于储存气体、液体、液化气体的各种容器、反应器和管路系统，都需要对焊缝和密封面进行致密性试验，常用方法如下：

（1）水压试验。

水压试验主要检查承受较高压力的容器和管道。这种试验不仅用于检查有无穿透性缺陷，同时也用于检验焊缝强度。试验时，先将容器中灌满水，然后将水压提高至工作压力的1.2~1.5倍，并保持5 min以上，再降压至工作压力，同时用圆头小锤沿焊缝轻轻敲击，检查焊缝的渗漏情况。

（2）气压试验。

气压试验用于检查低压容器、管道和船舶舱室等的密封性。试验时将压缩空气注入容器或管道，在焊缝表面涂抹肥皂水，以检查渗漏位置。也可将容器或管道放入水槽，然后向焊件中通入压缩空气，观察是否有气泡冒出。

（3）煤油试验。

煤油试验用于不受压的焊缝及容器的检漏。方法是在焊缝一侧涂上白垩粉水溶液，待干燥后，在另一侧涂刷煤油。若焊缝有穿透性缺陷，则会在涂有白垩粉的一侧出现明显的油斑，由此可确定缺陷的位置。如在15~30 min内未出现油斑，即可认为合格。

3）磁粉检验

磁粉检验用于检验铁磁性材料的焊件表面或近表面处缺陷（裂纹、气孔、夹渣等）。将焊件放置在磁场中磁化，使其内部通过分布均匀的磁力线，并在焊缝表面撒上细磁铁粉，若焊缝表面无缺陷，则磁铁粉均匀分布；若表面有缺陷，则一部分磁力线会绕过缺陷，暴露在空气中，形成漏磁场，则该处出现磁粉集聚现象。根据磁粉集聚的位置、形状、大小可相应判断出缺陷的情况。

3. 渗透探伤

该法只适用于检查工件表面难以用肉眼发现的缺陷，对于表层以下的缺陷无法检出。常用荧光检验和着色检验两种方法。

4. 荧光检验

荧光检验是把荧光液（含MgO的矿物油）涂在焊缝表面，荧光液具有很强的渗透能力，能够渗入表面缺陷中，然后将焊缝表面擦净，在紫外线的照射下，残留在缺陷中的荧光液会显出黄绿色反光。根据反光情况，可以判断焊缝表面的缺陷状况。荧光检验一般用于非铁合金工件表面探伤。

5. 着色检验

着色检验是将着色剂（含有苏丹红染料、煤油、松节油等）涂在焊缝表面，遇有表面裂纹，着色剂会渗透进去。经一定时间后，将焊缝表面擦净，喷上一层白色显像剂，保持15~30 min后，若白色底层上显现红色条纹，即表示该处有缺陷存在。

6. 超声波探伤

该法用于探测材料内部缺陷。当超声波通过探头从焊件表面进入内部遇到缺陷和焊件底面时，分别发生反射。反射波信号被接收后在荧光屏上出现脉冲波形，根据脉冲波形的高低、间隔、位置，可以判断出缺陷的有无、位置和大小，但不能确定缺陷的性质和形状。超声波探伤主要用于检查表面光滑、形状简单的厚大焊件，且常与射线探伤配合使用，用超声波探伤确定有无缺陷，发现缺陷后用射线探伤确定其性质、形状和大小。

7. 射线探伤

利用 X 射线或 γ 射线照射焊缝，根据底片感光程度检查焊接缺陷。由于焊接缺陷的密度比金属小，故在有缺陷处底片感光度大，显影后底片上会出现黑色条纹或斑点，根据底片上黑斑的位置、形状、大小即可判断缺陷的位置、大小和种类。X 射线探伤宜用于厚度在 50 mm 以下的焊件，γ 射线探伤宜用于厚度为 50~150 mm 的焊件。

二、焊接成本分析

1. 焊接结构的影响

焊接结构尽可能选用工字钢、槽钢等各种型材，以减少焊缝数量和简化焊接工作，同时也能提高结构的强度和刚性。

2. 工件材料的影响

在满足使用性能的前提下，应尽量选择焊接性好的金属材料来制造焊接结构。低碳钢和强度级别低的低合金结构钢具有良好的焊接性。

3. 选用焊条的影响

一般应尽可能选用价格较低的酸性焊条，以降低成本，对于特殊情况，如焊接受冲击载荷或动载荷的工件，可采用碱性焊条。

4. 焊接方法的影响

应根据焊接现场设备条件及工艺可能性、金属的焊接性、焊接方法的特点和结构要求等来选择焊接方法。

金属材料热处理及加工应用实训手册

主　编　尹文艳
副主编　张　珺　张江娜

前　言

　　"金属材料与热处理"是在若干基础学科和生产实践的基础上发展起来的一门学科，但它们的主要理论都是通过实训并总结了实训的规律而建立起来的。因此，实训不仅可使学生通过自己的实践来验证课堂理论，加深理解，做到理论联系实际，而且也可培养学生观察问题、发现问题、分析问题和解决问题的能力。此外，实训对培养学生严肃认真的工作作风、实事求是的科学态度和辩证唯物主义世界观都有不可忽视的作用。因此，在"金属材料与热处理"课程教学中必须充分重视实训教学。

　　《金属材料热处理及加工应用》说明书式实训手册针对当前职业教育的特点，编写团队利用兰州资源环境职业技术大学冶金工程学院实训室相关仪器设备，并结合金属材料及热处理相关实训项目进行编制汇总。本书对实训的操作过程以文字和图与形式进行了详细叙述，共编制 16 个实训项目。根据要求，分成必做实训和选做实训两类。在实训过程中，必做实训指的是高职专科和职业本科学生必做实训。六个选做实训中，各校可根据具体条件与要求，针对职业本科学生开展实训。同时，实训中相关操作视频，请登录学银在线教学平台，加入"金属材料热处理及加工应用"课程学习（课程负责人尹文艳），有具体操作视频讲解。

　　本书由尹文艳主编，参与编写还有张珺、张江娜、张龙、马巍、智福鹏和赵国宏。另外，参与本书中图片搜集的有兰州资源环境职业技术大学冶金工程学院的其他老师和实训室管理员刘莉，以及 2018 级、2019 级、2020 级、2021 级、2022 级全体学生，在此表示衷心的感谢。

　　由于编者水平有限，难免考虑不周，安排不当，甚至有错误之处，殷切希望使用本书的同志提出宝贵意见。

编　者

2023 年 6 月

目　录

实训一　金属材料发展历史的点点滴滴实训 ………………………………… 1

实训二　金属材料拉伸实训 ………………………………………………… 2

实训三　金属材料硬度实训 ………………………………………………… 6

实训四　金属材料冲击实训 ………………………………………………… 10

实训五　金相显微镜操作实训 ……………………………………………… 12

实训六　金相样品的制备实训 ……………………………………………… 14

实训七　铁碳合金相图认识实训 …………………………………………… 21

实训八　热处理炉操作实训 ………………………………………………… 23

实训九　钢的退火与正火实训 ……………………………………………… 27

实训十　钢的淬火与回火实训 ……………………………………………… 30

实训十一*　钢的奥氏体晶粒度判定实训 …………………………………… 35

实训十二*　不锈钢晶间腐蚀实训 …………………………………………… 38

实训十三*　钢中夹杂物测定实训 …………………………………………… 41

实训十四*　火花鉴定实训 …………………………………………………… 47

实训十五*　断口检验实训 …………………………………………………… 49

实训十六*　酸浸检验实训 …………………………………………………… 52

附件　《金属材料热处理及加工应用》实训报告册 ……………………… 54

实训一　金属材料发展历史的点点滴滴实训

一、实训目的

教师组织学生参观实训室。学生以组为单位，收集不同金属材料冶炼过程和后续生产资料。鼓励学生参观当地博物馆，收集不同金属材料的发展历史，并以不同方式展现出来。

二、实训过程

（1）教师带领学生参观实训室，以及学生自发参观甘肃省博物馆。

（2）学生参观实训室及查询资料后，进行汇报表演。

三、实训结果

学生以小组为单位进行汇报后，填写实训报告册。

实训二　金属材料拉伸实训

拉伸实训

一、实训目的

（1）测定低碳钢材料在常温、静载条件下的屈服极限、强度极限、延伸率、断面收缩率、抗拉强度。

（2）观察低碳钢、铸铁在拉伸过程中出现的各种现象。

（3）比较低碳钢和铸铁力学性能的特点和试件断口，分析其破坏原因。

二、实训原理

见模块一。

三、实训步骤

1. 掌握拉伸试验机的构造

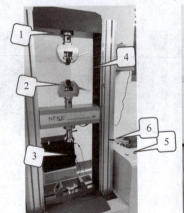
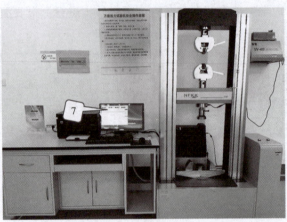

1—上夹具；2—下夹具；3—压缩平台；4—标尺；5—电源；6—遥控控制；7—电脑操作界面

2. 测试过程

（1）选择好夹具，开启电源预热 15 min。

（2）开启主机，机器运行，检查有无异常测量。

（3）测量试样直径、长度（观看视频）。

（4）安装试样，先下后上，注意右边图试样最后安装位置（利用遥控器或者电脑界面 ）。

1—数据线；2—串口；3—力臂；4—刀刃；5—标距杆

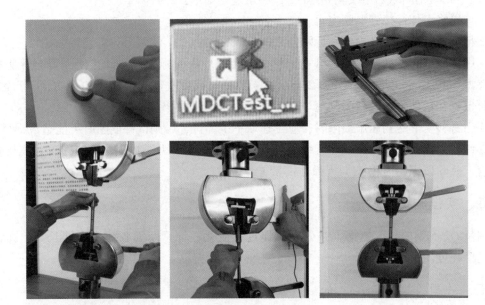

（5）编辑实训方案，并选择新试验，输入试验原始值。

  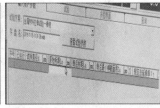

（6）输入拉伸速度，清零位移和感应力，单击软件"开始运行"按钮（由黄变灰）开始拉伸。

 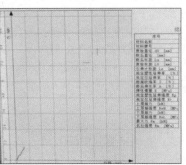

（7）注意曲线变化。实训完毕，单击"生成报告"按钮，打印报告。取下工件，测量直径和长度变化，计算相关数值

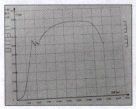

（8）如果测量低碳钢的弹性模量 E，测量过程如下：

①首先将引伸计接到电脑主机。

②将标距杆垫片卡在力臂和标距杆之间，压紧两力臂，使两刀刃垂直接触试样。

③用弹簧或橡皮筋将引伸计绑在试样上，装好后取出标距杆垫片，使力臂与标距杆之间保持大约 0.5 mm 的间距，如图 2 所示；采用弹簧或橡皮筋固定的目的是防止刀刃滑动，固定时也可在试件上做轻微的刻痕与刀刃卡住；调零引伸计，进行试验。

④当材料变形达到屈服极限时，应迅速取下引伸计，否则试件崩断时可能造成损坏。

⑤计算数据利用拉伸曲线中直线上两点间应力 a、b 的力增量变化，与拉伸距离增量变化比值，并除以原始面积 A_0，得弹性模量 E。

四、实训结果

测量 Q235 钢的拉伸数据，并分析拉伸过程变化，计算断面收缩率和伸长率，弹性极限，抗拉强度。

五、注意

（1）试验员不要随便进入试验空间或离开试验现场，以免发生意外事故。

（2）试验操作过程中，注意数据计算的准确性。

拉伸机操作过程中出现的问题及解决方法如表 1 所示。

表 1　拉伸机操作过程中出现问题及解决方法

序号	出现状况	产生原因	解决办法
1	（1）拉伸过程中，显示器上会出现拉伸曲线，未出现材料应该有的变形过程，曲线变成一条水平曲线； （2）拉伸过程中，没有达到预热条件，位移和感应力不能清零； （3）软件曲线图的坐标选择错误或者重新设置实训速度	预热时间不足 15 min	拉伸前必须预热 15 min
2	实训值的结果偏小或者偏大	实训前负荷没有清零，或者清零顺序不对或校准值被改动过	（1）拉伸机操作过程中，上下夹具位置一定要合适，否则出现达到上限位。放样时，一定先放上夹具，再放下夹具。 （2）清零顺序是位移清零、横梁当前位置清零、力传感器清零

序号	出现状况	产生原因	解决办法
3	力值可以清零，做实训时力值无反应	双空间传感器实训机，做实训时传感器没有在控制面板上插好或校准值被修改	检查实训机所做实训的传感器是否连接正确，检查校准值是否正确
4	实训运行方向不对	（1）实训方案的方向设置错误。 （2）校准系数正负错误。 （3）硬件参数设置错误	（1）进入编辑实训方案，选择正确的实训方向。 （2）软件联机后，进入校准界面，拉伸的校准系数是正值，压缩的校准系数是负值。 （3）软件脱机后进入硬件参数设置的力传感器，确定力的方向、横梁方向，以及空间方向
5	试样拉伸前量程确定		（1）以最大量程是 100 kN，Q235 为例：Q235 最大抗拉强度是 375~460 MPa。 （2）利用拉伸试验机量程以及材料的最大抗拉强度，根据应力 $=F/A$，$100/460=A$，$R=8.3$ mm，$D_{max}=16.6$ mm，如果计算出的直径比实际的直径大，则可以拉断。 （3）利用最大量程和所给材料的实际尺寸，计算出最大抗拉强度，如果应力大于材料的最大抗拉强度，则可以拉断，以直径 10 mm 为例，$100×10^3/(3.14×25)=1\ 270$ MPa，实训测量是 418 MPa，可以拉断
6	曲线生成过程		（1）编辑方案，一定要设计好方案，将需要的拉伸参数设定好，打印曲线，选定生成报告。如果点击多界面，就会显示多个图。如果选择由多界面到单界面，则只需双击，界面即回到单界面。 （2）选择生成报告，需要显示设定参数，必须生成 Excel 后，如抗拉强度、屈服强度等值才有所显示。 （3）生成报告中，单击哪条曲线对钩，即生成哪条曲线
7	直径读数		利用千分尺、游标卡尺读数
8	试验温度要求		必须在 10~25 ℃拉伸

实训三 金属材料硬度实训

金属材料洛氏
硬度实训

一、实训目的

（1）了解 HR-150A 洛氏硬度计的构造及使用方法；

（2）初步掌握洛氏硬度值的测定方法；

（3）初步建立碳钢含碳量与其硬度间的关系。

二、实训原理

见模块 2。

符号及名称如表 1 所示。

维氏硬度计
操作替

表 1 符号及名称

符号	名称	单位
F_0	初试验力	N
F_1	主试验力	N
F	总试验力	N
S	给定标尺的单位	mm
N	给定标尺的硬度值	
h	卸除试验力后，在初试验力下压痕残留的深度（残余压痕深度）	mm
HRA	洛氏硬度 = $100\,h/0.002$	
HRB		
HRC	洛氏硬度 = $130 - h/0.002$	

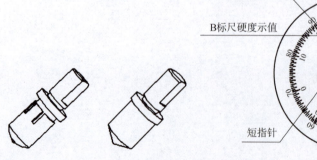

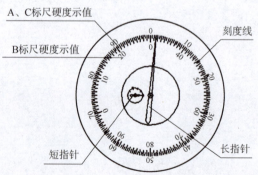

A、C标尺硬度示值

刻度线

B标尺硬度示值

短指针

长指针

洛氏硬度压力标尺如表2所示。

表2　洛氏硬度压力标尺

硬度符号	压头类型	总载荷/N	有效硬度值范围	应用举例
HRA	试验载荷为588.4 N，120°金刚石圆锥体	588（60）	70~85	硬质合金、表面淬火层或渗碳层
HRB	1.588 mm 淬火钢球	980（100）	25~100	非铁合金、退火钢
HRC	试验载荷 1 471.1 N，120°金刚石圆锥体	1 470（150）	20~67	淬火钢、调质钢

三、实训操作步骤

1. 掌握 HR-150A 洛氏硬度计的构造

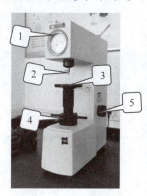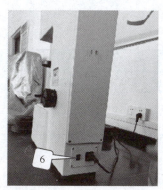

1—表盘；2—压头；3—工作台；4—手轮；5—载荷手柄；6—电源开关

2. 测试过程

（1）选择实训力和压头。

（2）标准块测试调零点。

（3）试样置载物台，无冲击地与压头接触。

（4）利用手轮顺时针旋转载物台，使小指盘指针由黑点到红点，大指针转动三圈。

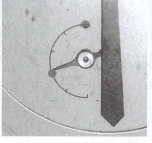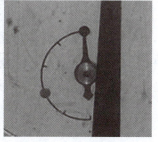

（5）转动表盘 C 位对准。

（6）施加主载荷。

（7）主载荷保持 5 s 后，HRC 按表盘外圈 C 开始的黑字读取的读数即所测洛氏硬度值，逆时针转动手轮，使工件下降。再取点，求平均值。

四、实训结果

项目材料处理状态	试验规范			测得硬度值			
	压头	总载荷 F/kgf（N）	硬度标尺	第一次	第二次	第三次	平均硬度值
20#							
T10							

五、思考题

（1）根据测定的试样硬度，分析非合金钢 W_c 与硬度间的关系。

（2）根据以上实训分析，试推断：$W_c = 0.45\%$，$W_c = 1.2\%$ 的铁碳合金硬度比 20 钢、T10 钢硬度高？还是低？

*六、拓展实训（数显维氏硬度实训）

1. 掌握数显维氏硬度计的构造

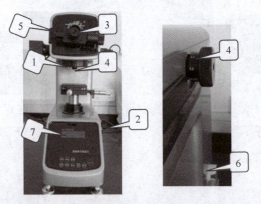

1—压头；2—手轮；3—观察孔；4—载荷；5—图像调节器；5—左右前后调节器，显示器上对角线长度；
6—急停键（拔出机器可以正常使用）；7—显示表盘

2. 测试过程

（1）打开电源，选择试验力，与红点对齐，将工件放在载物台上，旋转手轮直至在观察孔可以看见清晰的图像，利用图像调节器，并通过观察孔，将两根黑线重合，并单击基线置零（只要不断电，只需操作一次）。

 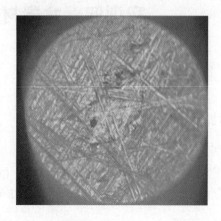

（2）单击"启动"按钮，经过卸载后看镜头观察压痕（如果图像不清晰，可以利用手轮调节），利用图像调节器将两根黑线相切于压痕两边。

3）按下按钮，确定第一点，旋转调节器90°，按下按钮，得到硬度数值，通过左右前后调节器可以再次测量其他点。

实训四　金属材料冲击实训

冲击实验实训

一、实训目的

（1）掌握常温与低温下材料冲击性能的实训方法。

（2）测定金属和高分子材料的冲击吸收功（冲击韧性），观察分析两类
材料的冲击断口形貌，并用能量法或断口形貌法确定金属材料的冷脆转变温度 t_K。

二、实训原理

见模块一。

三、实训步骤

1. 掌握冲击试验机的构造

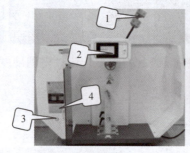

1—冲击摆锤；2—控制面板；3—电源开关；4—打印出口；5—支架

2. 测试过程

（1）查表查询相关材料的冲击韧性，选取摆锤。

（2）卡尺测量缺口试样的宽度和缺口处的剩余厚度。

（3）打开摆锤冲击试验仪的

（4）开关检查设备，测量空摆锤的摆动幅度。

（5）放试样与摆锤冲击方向相同。

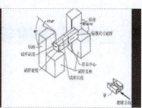

（6）设置参数设置模式。

（7）摆锤复位关好设备安全门，按下冲击按钮开始冲击。

（8）打印试验数据，分析和总结，并关闭试验机电源。

四、实训结果

各小组测试所给材料的冲击强度，小组讨论后填写工单。

实训五　金相显微镜操作实训

金相显微镜
操作实训

一、实训目的

（1）掌握 4X 金相显微镜的构造及使用方法。

（2）初步掌握利用金相显微镜分析物质组织结构的测定方法。

二、实训原理

见模块二

三、实训步骤

1. 4X 金相显微镜构造

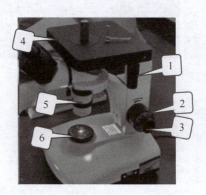

1—载物台前后左右位置旋钮；2—粗调；3—微调；4—载物台；5—视场光栅；6—孔径

2. 金相显微镜操作过程

（1）打开电源。

（2）调节光亮度。

（3）同时打开孔径光阑。

（4）调节目镜。

（5）调节载物台。

（6）选择放大倍数。

（7）放试样于载物台，调节载物台高度。

（8）调节微调，观察金相。

（9）实训完关闭微调旋钮和电源。

四、实训结果

观察 45 钢热处理前组织，并学会操作金相显微镜。

五、思考题

金相显微镜操作过程中，放大倍数选择是由低到高，还是由高到低？

实训六　金相样品的制备实训

金相制样

一、实训目的

掌握钢的金相试样制备。

二、实训原理

见模块二。

三、实训步骤

（一）金相试样切割

（1）打开总电源开关。

（2）打开总水源开关。

（3）放入试样，调整切割尺度（5~10 cm），固定钢材。

（4）打开切割机开关。

（5）打开碰水嘴管。

（6）放下支撑板。

（7）进行切割。

（8）关闭切割机电源开关。

（9）取出试样。

（10）关闭水源电源。

（11）清理操作台。

（二）金相试样镶嵌

（1）插上电源、打开开关、打开盖。

（2）上升工作台，清洁工作台表面。

（3）降下工作台并加料。

（4）盖上压盖。

（5）设置镶嵌温度、保温时间。

（6）保存并启动，到达时间取样，关机。

（三）金相试样粗磨

（1）操作砂轮机前必须穿好工作服，戴好防尘口罩、护目镜及手套。

（2）检查砂轮完好。

（3）打开总电源和机器开关

（4）打磨试样前，应站于砂轮机侧面，双手握持，注意力集中，注意一定角度

（5）磨完试样之后，关闭电源开关。

（四）金相试样细磨步骤

第一步	 用320目砂纸进行打磨	 磨试样时钢要和桌面垂直， 打磨至试样上所有的划痕均从一边到另一边	 将试样表面和手清洗干净
第二步	用600目的砂纸进行打磨	磨试样时钢要和上次方向垂直， 打磨至试样上所有的划痕均从一边到另一边	将试样表面和手清洗干净
第三步	 用800目的砂纸进行打磨	 磨试样时钢要和上次方向垂直， 打磨至试样上所有的划痕均从一边到另一边	 将试样表面和手清洗干净
第四步	用1 200目的砂纸进行打磨	 磨试样时钢要和上次方向垂直， 打磨至试样上所有的划痕均从一边到另一边	 将试样表面和手清洗干净

第五步	 用 2 000 目的砂纸进行打磨	 磨试样时钢要和上次方向垂直， 打磨至试样上所有的划痕均从一边到另一边	 将试样表面和手清洗干净

（五）金相制样抛光步骤说明书

1. 抛光操作规程

（1）在排水管出口处放置容器或将排水管通向排水口，使废液排出。

（2）将润湿的抛光布通过钢圈固定到抛光盘上，保证钢圈水平，抛光布表面平整无褶皱，最后盖上保护罩压紧。

（3）将总电源开关打开，按下绿色启动按钮，电动机启动，即可以进行抛光工作。

（4）抛光时，要一边在抛光布上加适量的抛光液或抛光剂和水，一边抛光。先粗抛（左）后精抛（右）。

（5）抛光完毕，按下红色停止按钮，关闭总电源，并对设备检查和维护。

（6）用酒精溶剂冲洗试样表面。

（7）用热吹风对试样表面以 45°角吹干。

PG-2C 金相试样抛光机如下：

2. 抛光注意事项

（1）使用时不允许对试样加过大压力，以免电动机过载而致其损坏或撕裂织物。

（2）抛光时人员不要聚集，身体保持正直状态抛光，不要低头去观察。

（3）启动已安装好的抛光机之前一定检查好钢圈和保护罩是否松动。

（4）抛光织物应紧贴在抛光盘上，不允许使用已破损的织物，以免在抛光时试样有飞出的危险。

（5）本机不使用时应及时做好清洁保养工作，盖上塑料盖以免灰尘或其他异物落入抛光织物上而影响以后的抛光效果。

（6）本机长期使用后，应及时更换电动机轴承内润滑油。

抛光材料选择请参考表1。

表1　抛光材料选择参考表

金属材质	粗抛光	精抛光
硬质金属/合成材料	呢绒或丝绒抛光布+w5 抛光剂	丝绒抛光布+w3.5 抛光剂
软质钢/奥氏体不锈钢、铁素体钢	呢绒或丝绒抛光布＋w3.5 抛光剂	丝绒抛光布＋w1.5 抛光剂
有色金属/铸造铝	丝绒抛光布+w3.5 抛光剂	丝绒或丝绸抛光布+w1 抛光剂
钛合金	呢绒或帆布抛光布＋w3.5 抛光剂	丝绒+w0.5 或 w1 抛光剂（w0.3、w0.5 纳米级氧化铝抛光液）

金属材质	粗抛光	精抛光
镁合金	丝绒抛光布+w3.5 抛光剂	丝绸抛光布+w1 抛光液/高分子合成抛光布+纳米级 SiO_2 抛光液
铸铁/GGG/GGL	呢绒抛光布+w5 抛光剂	丝绒抛光布+w2.5 抛光剂
硬和中硬钢	呢绒或帆布抛光布+w5 抛光剂	丝绒抛光布+w2.5 抛光剂
不锈钢	呢绒或丝绒抛光布+w5 抛光剂	丝绒抛光布+w1 抛光剂
铝合金	丝绒抛光布+w2.5 抛光剂	丝绸抛光布+w1 或 w0.5 抛光剂或纳米级氧化铝抛光液

备注：w7 以上用帆布，w5 用呢绒，w1.5~3.5 用平绒、丝绒、真丝绒，w0.5~1 用丝绸。w 表示金刚石悬浮粒度大小等级。

硬质合金 w5~w7，钢铁、铸铁 w2.5~w3.5，软材、铝 w0.5~w1。

（六）金相试样浸蚀步骤

1. 表面浸入法

（1）试样表面清理干净，抛光面放入预先配置的浸蚀溶液中。

（2）浸蚀后快速用水或酒精冲干净。

（3）冷风 45°吹干。

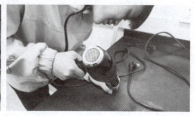

2. 表面擦拭法

（1）试样表面清理干净，棉签沾取浸蚀液擦拭抛光面。

（2）浸蚀后快速用水或酒精冲干净，一般浸蚀到表面稍微发暗。

（3）冷风 45°吹干。

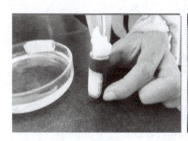

四、实训结果

制取 45 钢金相试样，并分析制取过程中出现的问题，以及观察 45 钢的金相组织。问题及处理方法如表 2 所示。

表 2 金相制样时常出现的问题及处理方法

序号	步骤	目的	出现问题	要求
1	制样	获得金相试样	样品过热，组织成分影响，高低不均匀导致硬度变化较大	必须用水充分冷却
				用力均匀，试样高低均匀
2	磨光	表面光滑、平整	划痕较深，未能完全去除前一道砂纸的磨痕	与前一号砂纸磨痕方向呈90°或者45°
				单程单方向
				换砂纸，冲洗试样
			磨制试样发黑、鼓包	磨制时间不易太长，用力不易过大
3	抛光	抛掉磨面上的痕迹；消除磨面上的形变扰乱层，得到光亮的镜面	布料容易破	粗抛采用帆布、尼纶；细抛采用短毛软呢绒
			试样发热表面变灰暗	用力不易过大
			出现曳尾现象，抛光布易破	试样逆着抛光盘的转动，由抛光盘边缘到中心往复运动
			麻点	减少抛光时间及湿度
			表面杂质较多	用清水冲洗，再用无水酒精清洗，吹干
			划痕较多	（1）抛光后出现杂乱无章的划痕，说明存在交叉污染，停止添加抛光液，用水清洗抛光布表面和样品。 （2）抛光时金刚石研磨膏粗抛转速高，氧化铝或者氧化镁最后细抛（必须用蒸馏水或者去矿物质水制成悬浮液）转速低。 （3）抛光后自检仍出现平行线，抛光不彻底，继续抛光。 （4）抛光后划痕出现垂直，说明没有消除上一道砂纸划痕，需要重新磨光
			浮凸	减少抛光时间，使用短毛绒布，或者使用金刚石抛光膏代替抛光液
			磨料嵌入	使用固定的磨料
			抛光面变得晦暗而有黑斑	抛光液太少
4	浸蚀	获得显微组织信息	试样浸蚀不足	重新抛光后再浸蚀
			不经抛光重复浸蚀	在晶粒界形成"台阶"
			浸蚀太深	抛光后再浸蚀，必要时回到细砂纸上磨光
			酒精冲洗后，表面出现蓝色或者花瓣	酒精未及时挥发

实训七　铁碳合金相图认识实训

**铁碳合金相图
认识实训**

一、实训目的

（1）掌握铁碳合金相图基本组织。

（2）提高小组团队合作能力。

二、实训内容

1. 铁碳合金相图基本组成拼图（表1）

表1　铁碳合金相图基本组成

特性点	温度/℃	w_C/%	特性点的含义
A	1 538	0	纯铁的熔点或结晶温度
C	1 148	4.3	共晶点，发生共晶转变 $L_{4.3} \rightleftharpoons A_{2.11} + Fe_3C$
D	1 227	6.69	渗碳体的熔点
E	1 148	2.11	碳在奥氏体中的最大溶碳量，也是钢与生铁的化学成分分界点
F	1 148	6.69	共晶渗碳体的成分点
G	912	0	$\alpha\text{-}Fe \rightleftharpoons \gamma\text{-}Fe$ 同素异构转变点
S	727	0.77	共析点，发生共析转变 $A_{0.77} \rightleftharpoons F_{0.0218} + Fe_3C$
P	727	0.021 8	碳在铁素体中的最大溶碳量
K	727	6.69	共析渗碳体的成分点
Q	室温	0.000 8	碳在铁素体中的最大溶碳量

2. 铁碳合金相图结晶过程拼图

以碳钢为主。

3. 铁碳合金相图含碳量分类拼图

当 $w_C < 0.021\ 8\%$ 时，工业纯铁的室温组织是铁素体和少量三次渗碳体（$F+Fe_3C_{\text{Ⅲ}}$）；当 $w_C = 0.021\ 8\% \sim 0.77\%$ 时，亚共析钢的室温组织是铁素体和珠光体（F+P）；当 $w_C = 0.77\%$ 时，共析钢的室温组织是珠光体（P）；当 $w_C = 0.77\% \sim 2.11\%$ 时，过共析钢的室温组织是珠光体和二次渗碳体（$P+Fe_3C_{\text{Ⅱ}}$）；当 $w_C = 2.11\% \sim 4.3\%$ 时，亚共晶铸铁的室温组织是珠光体、二次渗碳体和低温莱氏体（$P+Fe_3C_{\text{Ⅱ}}+Ld'$）；当 $w_C = 4.3\%$ 时，共晶铸铁的室温组织是低温莱氏体（Ld'）；当 $w_C > 4.3\%$ 时，过共晶铸铁的室温组织是低温莱氏体和一次渗碳体

（Ld'+Fe_3C_I）；当 $w_C=6.69\%$ 时，组织为单相的渗碳体。

三、实训过程

（1）铁碳合金相图实物拼图和电子拼图。

（2）根据铁碳合金相图之歌，画铁碳合金相图。

（3）通过你来做我来猜，你来写我来说等游戏，学生记忆铁碳合金相图游戏记忆点线。

四、实训结果

利用工作页和小组竞赛成绩综合评定，分数最终计入实训成绩。

实训八　热处理炉操作实训

一、实训目的

（1）掌握 KSL-1200X 可控制气氛加热炉和 SX-10-12 箱式电阻炉的构造及使用方法。

（2）掌握 KSL-1200X 可控制气氛加热炉和 SX-10-12 箱式电阻炉的操作过程。

二、操作原理

见模块三。

三、操作过程

1. 掌握 KSL-1200X 热处理的构造

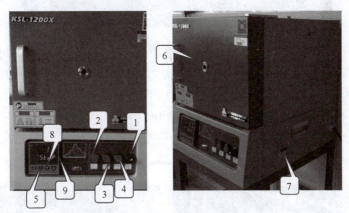

1—主板开关；2—加热指示灯；3—加热开始按钮；4—加热停止按钮；5—调温和时间面板；
6—炉门；7—炉电源开关；8—运行时实际炉内温度；9—运行时设定温度

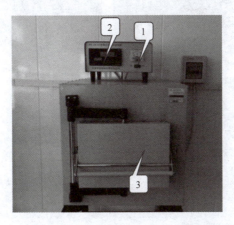

1—加热开关；2—控制面版；3—炉门

2. 测试过程

1）KSL-1200X 可控制气氛加热炉操作过程

（1）放好试样，打开电源，并关好炉门，打开炉子侧面电源开关和操作台主页面开关。

（2）按 ◀ 开始设置温度和时间。按下 ↻ 设置相应段数的温度和时间。按 ∧ ∨ 设置加热温度和加热时间的大小。注意 2 和 3 段，3 和 4 段加热温度相同，依次类推。假设在第六段终止，则设时间为−121。设置完成后，同时按下 ↻ 和 ◀ 回到主页面。

（3）操作主台面绿色按钮，按下 ∨ 约 2 s，出现 RUN，红色指示灯显示，开始加热。

（4）按住 ∧ 键约 2 s，出现 STOP，按下红色按钮，关闭旋钮开关，关闭炉侧开关，关闭台后开关。

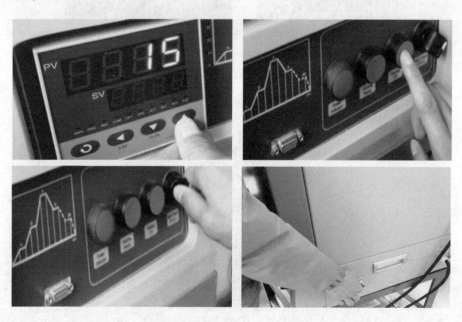

段数

加热时间

段数

加热温度

2）SX-10-12 箱式电阻炉操作过程

（1）放好试样，打开电源，并关好炉门。

（2）打开电源，依次设置加热温度和时间。

（3）加热完毕后，关闭电源，取出试样。

四、实训结果

设置 45 钢正火温度和时间。

五、注意

（1）加热过程中，如果中途开炉门后，加热被动停止，需要再次按下绿色按钮，加热方可继续。

（2）加热结束后，操作人员需要取样安全，防止烫伤。

实训九　钢的退火与正火实训

钢的退火实训

一、实训目的

初步分析退火与正火对改善钢的过热组织与机械性能的作用

二、实训原理

见模块三。

钢的正火实训

三、实训步骤

（1）每组领取具有过热粗大晶粒的 45 钢（退火）和 20 钢（正火），分别做好标记。

（2）将其中两块试样分别进行退火与正火，以消除过热组织。试样在退火和正火前，应先确定其加热温度、保温时间及冷却方法。以 20 钢正火为例，加热温度 855 ℃和在空气冷却。

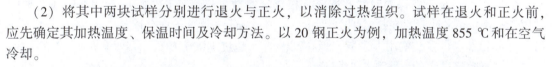

（3）分别测定具有过热组织及经退火、正火的试样硬度，并做好记录，利用金相显微镜观察金相组织。

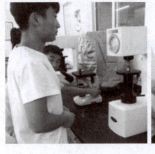

四、实训结果

填写工作页，并分析碳钢的显微组织，绘出显微组织示意图。

五、实训注意

热处理时应注意安全操作：
（1）在取放试样时，应切断电炉的电源。
（2）炉门开、关要快。炉门打开时间不能过长，以免炉温下降和损害炉膛的耐火材料与电阻丝的寿命。
（3）在炉中取放试样时，夹钳应擦干，不能沾水或油。
（4）在炉中取放试样时，操作者应戴上手套，以防烧伤。

六、知识扩充

1. 保温时间取值要求

（1）一般情况下，保温时间的选择常根据经验数据进行计算。如碳素钢在箱式电炉中常用 1 min/mm 来计算。在盐浴炉中常用 15~20 s/mm 来计算。合金钢是碳素钢的 1.3~1.8 倍，合金元素含量多，就用大系数。但在高温时（超过 1 000 ℃），有效厚度大的，系数取下限值；有效厚度小的，系数取上限值。

钢种差异：对于碳钢及低合金钢，碳化物溶解及奥氏体均匀化所需时间都甚短，因此根据情况可以采用"零"保温淬火，这样可在保证零件性能的前提下，缩短工艺周期，减少淬火裂纹。对于高合金钢，淬火加热保温时间则要适当延长，以保证碳化物的溶解和奥氏体化，可按保温时间每毫米 0.5~0.8 min 估算，淬火温度取上限时用 0.5 min，淬火温度靠下限时取 0.8 min。

对于 45 钢、40Cr 钢等结构钢零件可采用下式计算保温时间：

$$\tau = K\ (10+0.6D+0.2G)$$

式中：τ——加热时间（min）；

　　　a——加热保温时间系数（min/mm），参照表 1 选取；

　　　K——工件装炉方式修正系数，单层排放加热，通常取 1.0；料盘装料加热，取 1.1~1.2；小件散装堆放加热，$K=1.3~1.4$；

　　　D——工件有效厚度（mm）；

　　　G——工件装炉总质量（kg）。

注：式中边界条件加热工作在 10 mm 以上，装载工件量在 50 kg 以上。

表 1　加热保温时间系数 a

min/mm

钢种	工件直径/50 mm	800~900 ℃	750~850 ℃盐浴炉中加热或预热	1 100~1 300 ℃盐浴炉中加热
碳素钢	≤50	1.00~1.20	0.30~0.40	—
	>50	1.20~1.50	0.40~0.50	—
低合金钢	≤50	1.20~1.50	0.45~0.50	—
	>50	1.50~1.80	0.50~0.55	—
高合金钢	—	—	0.30~0.35	0.17~0.20
高速工具钢	—	0.65~0.85	0.30~0.35	0.16~0.18

（2）完全退火保温时间。当装炉量不大时，在箱式炉中的保温时间可按下式计算：

$$t = K\alpha D_{min}$$

式中：t——保温时间；

D——工件有效厚度（mm）；

K——加热系数，一般取 1.5~2.0；

α——加热系数，一般在 0.7~0.8 min/mm。

若装炉量过大，则根据情况延长保温时间。对于亚共析钢锻、轧件，一般可用下列经验公式计算保温时间：

$$t = (3~4) + (0.2~0.5)Q(h)$$

式中：Q——装炉量（t）。

2. 加热要求

（1）加热方式要求，如表 2 所示。

表 2　五种不同的加热方式

加热方式	定义	应用环境
随炉升温	工件随炉温加热	一般较大的铸件
温加热	工件放入预先已加热到要求温度的炉子中进行加热	高碳钢及高合金钢
超温装料	炉温始终高于规定的加热温度的情况下加热	低碳钢和高碳钢
超温加热	先将工件在某一个中间温度进行预热，再放入要求温度的炉子中加热	低碳钢和高碳钢
分段预热	加热温度分段	工件内部易存在偏析、夹杂物等缺陷

（2）钢加热时间要求。

（2）加热时间。加热时间受钢的化学成分、工件尺寸、形状、装炉量、加热类型、炉温和加热介质等因素的影响，可根据热处理手册中介绍的经验公式来估算，也可由实训来确定。

$$\tau = aKD$$

式中：τ——加热时间（min）；

a——加热保温时间系数（min/mm），参照表 1 选取；

K——工件装炉方式修正系数，通常取 1.0~1.5；

D——工件有效厚度（mm）。

实训十　钢的淬火与回火实训

钢的淬火实训

一、实训目的

初步分析淬火与回火对改善钢的过热组织与机械性能的作用。

二、实训原理

见模块三。

钢的回火实训

三、实训步骤

（1）学生按组领取实训试样，并打上钢号，以免混淆，并且核对工件数量、材质及尺寸，检查工件有无裂纹、尖角及锈蚀等影响淬火质量的缺陷。

（2）各组将45钢分别按它们的正常淬火温度加热、保温后取出，在水中冷却后，测定淬火后硬度，并作好记录。同时，45钢淬火后的样，冷却后回火实训。

（3）观察钢热处理状态的金相试样的显微组织，区别其组织组成物及形态特征，并绘出几种组织示意图。

三、实训结果

填写工作页，并分析碳钢的显微组织，绘出显微组织示意图。

四、实训注意

热处理时应注意安全操作：

（1）在取放试样时，应切断电炉的电源。

（2）炉门开、关要快。炉门打开时间不能过长，以免炉温下降和损害炉膛的耐火材料与电阻丝的寿命。

（3）在炉中取放试样时，夹钳应擦干，不能沾水或油。

（4）在炉中取放试样时，操作者应戴上手套，以防烧伤。

五、知识扩充

1. 淬火冷却介质选择

冷却是淬火的关键工序，既要保证淬火钢件获得马氏体组织，又要保证钢件不开裂和尽量减小变形。因此，选择适宜的冷却方式非常关键。理想的淬火冷却曲线如下图所示。在 C 曲线"鼻尖"附近快速冷却，使冷却曲线避开 C 曲线"鼻尖"（不碰上），就可以获得马氏体组织。而在"鼻尖"以上及以下温度范围可以放慢冷却速度，以减小热应力。但是迄今为止，还没有完全满足理想冷却速度的冷却介质。最常用的冷却介质有水、盐水、碱水和油等。

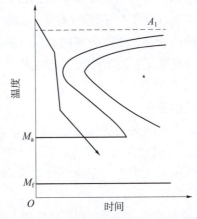

水是最廉价而冷却能力又强的一种冷却介质，但水淬时工件表面易形成蒸汽膜，降低冷却速度，淬火变形和开裂倾向较大，它仅适用于形状简单、尺寸不大的碳钢淬火。水温对水的冷却特性影响很大，水温升高，高温区的冷却速度显著下降，而低温区的冷却速度仍然很高。因此，淬火时水温不应超过 30 ℃，加强水循环和工件的搅拌可以加速工件在高温区的冷却速度。所以一般认为，自来水的主要缺点是低温冷却速度过快，使很多工件在其中淬火开裂。用水做冷却介质，除了它的一大缺点，即低温冷却速度过快以外，还遇到了其他问题。例如，多个工件采取比较密集的方式同时入水，淬火后会有显著的硬度差异；又如，像大型圆锯片之类的大薄件，在自来水中淬火后，往往会出现特别大的变形翘曲。引起这些问题原因是，水的冷却特性对水温变化太敏感。由此可见，水温对冷却特性的影响很大。所以自来水的第二大缺点是冷却特性对液温变化太敏感。

油也是一种常用的淬火冷却介质，目前主要采用矿物油，如锭子油、机油、柴油等。它的主要优点是在低温区的冷却速度比水小很多，从而可以显著降低淬火工件的应力，减小工件变形和开裂倾向；缺点是在高温区的冷却速度也比较小。油的温度通常应保持在20~60 ℃，为了减小工件产生变形淬裂的危险，有时也常在80~100 ℃的热油中冷却，因为油温在80~100 ℃时冷却能力变化不大。所以，它适用于过冷奥化比较稳定的合金钢淬火。另外，油也应注意保持清洁，经常清除杂质，不能使油脂变浓而降低冷却能力。油使用时间过长（2~3 年）应进行过滤或更换新油。油温升高，黏度降低，冷却能力稍有增加，故生产中一般温度在20~80 ℃为宜。若在冬天，应对油进行预热。油号越高，则黏度越大，冷却能力就越低，可以通过提高油温，降低油的黏度来增加其冷却能力，这一点与水不同。但是油温不能提高，否则容易着火，发生危险。工件入油切不可露出油面，以免高热工件表面的油液发生燃烧。油应黏度小，闪亮要高。

由于传统淬火介质的使用效果多不理想，已越来越难以满足热处理生产的需要，所以有必要对传统的淬火介质进行改进。

（1）在水中加入无机盐和有机聚合物。这样可以不同程度地降低工件淬火的低温冷却速度，因而能有效地防止工件的淬裂和变形，或者获得更高的淬火硬度和更深的淬硬层深度，从而提高工件淬火质量。

（2）在淬火油中加入添加剂。对于淬火油，在保留其原有优点的基础上，提高其冷却速度和改善其某些特性后，其仍然是很有前途的淬火介质。如在淬火油中添加催冷剂、光亮剂等，形成高效多用新型淬火油，这样可以获得更强的冷却能力和更合理的冷却速度分布以及更长的使用寿命；或者更能保持工件表面的光亮性，更能减少工件变形和开裂，从而实现一油多用。此外，改进淬火装置，使用物理的方法（搅拌、喷淋、超声波等）来强化冷却，也可以提高淬火油的冷却速度，满足淬火工艺要求。

此外，还有盐水、碱水、聚乙烯醇水等冷却介质，它们的冷却能力介于水和油之间，适用于油淬不硬而水淬开裂的碳钢淬火。

盐水常用是氯化钠水溶液。常用的是质量分数为10%~15%的氯化钠水溶液，盐水温度为20~40 ℃。其冷却均匀性好，淬透能力强，淬火硬度高，能减少淬火裂纹、变形和软点的产生，无污染，成本低，广泛用于碳素工具钢及部分结构钢工件的淬火。但盐水对工件有锈蚀作用，所以淬火后要进行清洗。

碱水常用的是氢氧化钠溶液。常用质量与数是10%和50%两类。当采用质量与数是10%的氢氧化钠溶液时，在高温区的冷却速度比纯水和盐水都高，而在低温区的冷却速度比纯水和盐水稍低，因而工件淬火后硬度高且均匀，不易产生裂纹和变形，工件表面光亮美观，适用于淬透性较低的钢的淬火；当质量分数为50%时，在高温区和低温区的冷却速度都显著降低，适用于易产生变形和裂纹钢的淬火。但氢氧化钠溶液腐蚀性较强，使用时要注意防护。

目前，我国已研制成功一些新品种的无机物水溶液淬火剂，并在热处理生产中获得一定程度的应用。例如，氯化钙、氯化锌水溶淬火剂，具有良好的淬硬淬透冷却能力，工件淬火开裂小，变形小，且无毒无害，可用于45 钢、T10 钢、40Cr 钢等钢材的淬火，是值得推广的新型无机物水溶液淬火剂。

2. 淬火中常见缺陷（见表1）

表1　钢的常见淬火缺陷和预防措施

缺陷分类	产生原因	预防和补救的措施
变形	1）工件的形状不对称或厚薄悬殊； 2）机械加工应力大，淬火前未消除； 3）加热和冷却不均匀； 4）工件的加热夹持方式不当； 5）淬火组织的转变	1）改进工件的结构设计，合理选材，调整加工余量，增加工艺孔； 2）增加预热或去应力退火工艺； 3）采用多次预热、预冷淬火、双液淬火、分级淬火等多种操作方法； 4）合理支承捆绑淬火加热条件； 5）对变形工件进行校直
硬度低	1）原材料有混料现象； 2）加热温度低，保温时间短； 3）加热温度过高，保温时间过长，增加了奥氏体的稳定性； 4）加热时工件表面脱碳； 5）钢材内有超标的其他杂质	1）对钢材进行火花鉴别； 2）按正常的淬火工艺规范操作，重新淬火前应先正火或退火处理； 3）以大于临界冷却速度的冷速快速冷却； 4）采用冰冷处理提高硬度； 5）对盐浴定期进行脱氧捞渣，或采用保护气氛加热； 6）选用复合技术要求的钢材
开裂	1）由于轧制不当，出现缩孔、夹层白点原材料混料现象； 2）重复淬火中间未退火处理，未及时回火； 3）淬火温度过高，引起组织的过热、断口白亮光； 4）原始组织中碳化物偏析严重或未球化	1）严格控制产品质量，确保原材料的合格； 2）改进设计，确保厚薄均匀，无引起淬火开裂的缺陷； 3）淬火前应进行退火处理； 4）采取正火处理或进行球化退火
软点	1）工件表面局部脱碳或附着有脏物； 2）淬火介质中有杂质或使用温度过高； 3）工件的冷却方式不当，工件之间互相接触； 4）预备热处理不当，在钢中保留了大量的大块铁素体	1）选择合适的预先热处理工艺； 2）保持介质的清洁，合理降温，防止工件的脱碳； 3）更换淬火冷却介质； 4）工件要分散冷却； 5）重新淬火，但应经正火或退火处理方可进行
脱碳	1）在氧化性气氛中加热； 2）盐浴脱氧捞渣不良； 3）加热温度过高，保温时间过长	1）采用保护气氛加热或表面涂料保护，定期对盐浴脱氧捞渣； 2）按工艺规范执行，对已脱碳的淬火件采用渗碳的方法加以补救
腐蚀	盐浴中硫酸盐含量超过工艺规定的范围	1）选择符合技术要求的加热用盐； 2）用镁铝合金或木炭除去盐浴中的硫酸盐

3. 淬火操作方法

工件浸入淬火介质的方法是淬火工艺中极为重要的一环，如果浸入方式不当，会使工件冷却不均匀，不仅会造成较大的内应力，而且会引起变形甚至开裂。

1）浸入方式最根本的原则

（1）淬入时保证工件得到最均匀的冷却。

（2）保证工件以最小阻力方向淬入。

（3）考虑工件重心稳定。

2）不同工件淬火时应遵循的方法

（1）对长轴类（包括丝锥、钻头、铰刀等长形工具）、圆筒类工件，应轴向垂直淬入。

淬入后，工件可上下垂直运动。

（2）薄刃工件应使整个刃口同时淬入；薄片件应垂直淬入，使薄片两面同时冷却，大型薄片件应快速垂直淬入，速度越快，变形越小。

（3）圆盘形工件应使轴向与淬火介质液面保持水平淬入。

（4）厚薄不均的工件，应使厚的部分先淬入。截面不均匀的长形工件，可水平快速淬入或倾斜淬入。

（5）对有凹面或不通孔的工件，应使凹面和孔朝上淬入，以利于排除孔内的气泡。

（6）长方形有贯通孔的工件（如冲模），应垂直斜向淬入，以增加孔部的冷却。

4. 第二类回火脆性的抑制和防止措施

第二类回火脆性的抑制和防止措施如下：

（1）在钢的冶炼过程中，减少钢水中 P、Sb、Sn 等有害杂质的含量，防止其在晶界的偏聚。

（2）向钢中添加 $0.2\% \sim 0.5\%$ Mo 或 $0.4\% \sim 1.0\%$ W 元素。Mo 用来减缓 P 等杂质的元素向晶界的偏聚和扩散，或选用含 Mo 或 W 的钢种，两种元素通过阻止杂质元素的扩散而削弱它们在晶界中的富集。

（3）高温回火结束后快速冷却，或尽量缩短零件在脆性温度下的停留时间以及回火后快冷。

（4）采用不完全淬火或两相去淬火，可获得细小的晶粒，减轻和消除回火脆性；另一方面是杂质能够集中于铁素体内，避免了向晶界的偏聚。

（5）进行奥氏体晶粒的细化。

（6）采用高温形变热处理，可消除钢的回火脆性。

（7）零件进行长时间渗氮处理时，应选用回火脆性敏感度较低的钼钢。零件的气体渗氮是在 $500 \sim 550$ ℃范围内进行的，时间长（$40 \sim 70$ h），渗层较厚，通常为 $0.3 \sim 0.6$ mm。氮化用作要求耐磨性好、疲劳强度高的精密零件的热处理工艺，但需要注意的是为了降低零件的表面脆性，在达到要求的渗层后，应进行退氮处理，这一过程是十分重要的环节，否则造成零件的早期失效，直接影响到零件的正常使用。

实训十一 * 钢的奥氏体晶粒度判定实训

一、实训目的

（1）了解显示和测定钢的奥氏体晶粒度的方法，验证加热温度和保温时间对奥氏体晶粒大小影响的规律性。

（2）掌握钢铁材料晶粒度评级的实训技术。

二、实训原理

晶粒度定义见模块四。

1. 氧化法

氧化法就是利用奥氏体晶界容易氧化这个特点，根据沿晶界分布的氧化物来测定奥氏体晶粒的大小。测定方法是首先将试样的检验面抛光，随后将抛光面朝上置于炉中。对碳素钢和合金钢，当含碳量小于或等于 0.35% 时，一般在（900±10）℃加热 1 h。含碳量大于0.35% 时，一般可在（860±10）℃加热 1 h，然后淬入冷水或盐水。根据氧化情况，将试样适当倾斜 8~15 ℃进行研磨和抛光，直接在显微镜下测定奥氏体晶粒的大小，（抛光浸蚀后在过渡带内可以看到已氧化的原奥氏体晶界的黑色网络），为了显示清晰，可用 15% 的盐酸酒精溶液进行浸蚀。

2. 比较法

测定时，将制备好的试样，在放大 100 倍的金相显微镜下，和一套标准级别图片相比较，当视野内晶粒大小与某一级别图片相当时，该图片的晶粒度号数便定为试样的晶粒度号。

如果晶粒度级别用 G 表示，而在放大 100 倍条件下一平方英寸（645 mm²）面积内的晶粒个数是 n，那么它们之间的关系是：$n = 2^{G-1}$。

如果在不同的放大倍数下观察，也可以与标准图片比较，但按照下式折算：

$$G = G \pm n \times 10^2$$

式中：G——在 n 倍放大倍数下，看到的相当于 100 倍评级图的晶粒度级别；

n——测定晶粒度时所用的放大倍数；

+——放大倍数大于 100 倍时使用；

-——放大倍数小于 100 倍时使用。

也可以采用表 1 的折合晶粒度表对照折合。

表 1　不同倍数晶粒度对照

其他放大倍数	放大 100 倍的晶粒度											
	No. −1	No. 0	No. 1	No. 2	No. 3	No. 4	No. 5	No. 6	No. 7	No. 8	No. 9	No. 10
50×	1	2	3	4	5	6	7	8				
200×					1	2	3	4	5	6	7	8
300×						1	2	3	4	5	6	7
400×							1	2	3	4	5	6

三、实训步骤

（1）按实训金相样品的制备和显微组织的显露方法制备样品，并加热制得样品。

（2）用比较法评定出实训用钢的晶粒度大小：在放大 100 倍的金相显微镜下观察，并和标准级别图片比较评定出实训用钢的晶粒度大小。

（3）若在 100 倍未观察到金相组织晶粒度，则按照如下公式进行换算：

$$N = N' + \frac{20 \lg \dfrac{m}{100}}{3}$$

式中：N——100 倍奥氏体晶粒度级别；

N'——不在 100 倍下观察试样时，先按照 100 倍晶粒度的标准图片或 100 倍晶粒度测量目镜进行评级；

m——实际观察晶粒度的金相显微镜放大倍数。

因此，经过换算后，对一些常用倍数：

$m = 50$ 倍，$N = N' - 2$；

$m = 100$ 倍，$N = N' - 0.7$；

$m = 200$ 倍，$N = N' + 2$；

$m = 400$ 倍，$N = N' + 4$。

四、试验数据

实训报告要求简要地写出实训目的、方法、操作要点、实训结果及分析讨论等项；其中，实训结果一项，除完整填写本人此次实训获得的结果外，需完整收集本次实训组内（建议每组实训人员 4~6 名）所有结果（包括不同温度与不同保温时间），用统计后的数据（平均值）绘成曲线以供下列分析讨论之用。(参考表格如下)

奥氏体化温度/℃		840	900	1 060
A 晶粒度	比较法			
奥氏体化保温时间/h		0.5	1	1.5
A 晶粒度	比较法			

五、思考

（1）加热温度对 A 晶粒度的影响规律；

（2）保温时间对 A 晶粒度的影响规律。

实训十二* 不锈钢晶间腐蚀实训

一、实训目的

（1）掌握不锈钢的晶间腐蚀的概念。

（2）掌握不锈钢的晶间腐蚀的测定方法。

二、实训原理

奥氏体不锈钢在许多介质环境中容易发生晶间腐蚀、点腐蚀、缝隙腐蚀、应力腐蚀、腐蚀疲劳等腐蚀类型。在其中加入不同元素可得到不同特性，加 Mo 改善点蚀和耐缝隙腐蚀，降低 C 含量或加入 Ti 和 Nb 可减少晶间腐蚀倾向，加 Ni 和 Cr 可改善高温抗氧化性和强度，加 Ni 改善抗应力腐蚀性能。

晶间腐蚀是一种常见的局部腐蚀，遭受这种腐蚀的不锈钢，表面看来还很光亮，但只要轻轻敲击便会破碎成细粒。由于晶间腐蚀不易检查，会造成设备突然破坏，所以危害性极大。奥氏体不锈钢是工业中应用最广的不锈钢之一，多半在 $427 \sim 816\ ℃$ 的敏化温度范围内，在特定的腐蚀环境中易发生晶间腐蚀，晶间腐蚀也会加快整体腐蚀。

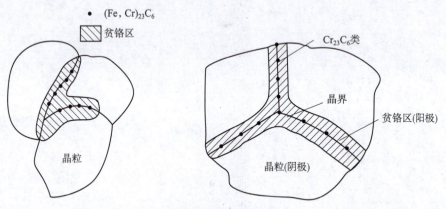

图1　晶间腐蚀示意图

典型的奥氏体不锈钢一般是在固溶处理状态下使用，于常温下腐蚀介质中工作，它的耐蚀性能是基于钝化作用。奥氏体不锈钢含有较高的铬，铬易氧化形成致密的氧化膜，能提高钢的电极电位，因此具有良好的耐蚀性能。当含铬量 18%、含镍量 8% 时，能得到均匀的奥氏体组织，且含铬和镍量越高，奥氏体组织越稳定，耐蚀性能就越好，故通常没有晶间腐蚀现象。但如果再次加热到 $450 \sim 850\ ℃$ 或在此温度区间工作，且钢中含碳量超过

0.02%～0.03%，又缺少 Ti、Nb 等能控制碳的元素时，处于腐蚀介质中往往就可以见到晶间腐蚀现象。

热处理工艺的影响——固溶处理、敏化处理、稳定化处理。

（1）固溶处理。为了保证 304 奥氏体不锈钢具有最好的耐蚀性，必须使其具有单相奥氏体组织，因此对奥氏体不锈钢进行固溶化处理。固溶处理，就是将奥氏体不锈钢加热到 1 100 ℃左右，使碳化物相全部或基本溶解，C 固溶于奥氏体中，然后快速冷却至室温，使 C 达到过饱和状态。强化固溶体，并提高韧性及抗腐蚀性能，消除应力与软化，以便继续加工或成型，这样就不会在晶界处形成"贫铬区"，也就会降低发生晶间腐蚀的概率。不锈钢在加热过程中，在敏化温度区停留时间越短，发生晶间腐蚀的机会越小。经过固溶处理后，钢中碳化物全部溶于奥氏体组织，然后采取水淬快冷，不让奥氏体在冷却过程中有析出或发生相变。这样在室温状态下，可以获得单相奥氏体组织，消除晶间腐蚀倾向。

（2）敏化处理。一般在 420～850 ℃范围内停留时间过长，奥氏体不锈钢会由于碳化铬的析出而造成晶间贫铬，增加材料的晶间腐蚀倾向，这个温度范围即敏化区间。

所谓敏化处理，一般是指已经经过固溶处理的奥氏体不锈钢，在 500～850 ℃加热缓慢冷却时，将铬从固溶体中以碳化铬的形式析出，造成奥氏体不锈钢的晶界腐蚀敏感性，这就是敏化处理，是用来衡量奥氏体不锈钢晶界腐蚀倾向的，即一种检测手段。

（3）稳定化处理。稳定化处理通常为固溶处理的后续处理工艺，一般针对含 Ti、Nb 的钢种。将这种钢再加热到 850～900 ℃保温一定时间，在该温度下 $Cr_{23}C_6$ 几乎全部溶解，而 TiC 和 NbC 只是部分溶解。而后缓冷，在冷却过程中，钢中的 C 充分地与 Ti、Nb 等结合，而析出 TiC、NbC，不析出 $Cr_{23}C_6$，提高抗晶间腐蚀性能。如果不进行稳定化处理，在敏化温度区间（450～850 ℃），$Cr_{23}C_6$ 依然会优先沉淀出来，这就是稳定化处理的必要性。对 304 奥氏体不锈钢，其稳定化处理的工艺条件为：将工件加热到 850～900 ℃，保温足够长的时间，快速冷却。

三、实训过程

（1）金相制备 304 不锈钢。

（2）高温 1 000 ℃加热试样。

（3）快速水冷，固溶处理，磨样金相观察。

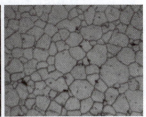

（4）固溶处理后冷却再次敏化加热。

（5）空气中冷却。

（6）金相磨样观察金相。

四、实训结果及考核

五、实训总结

每组将 304 不锈钢晶间腐蚀实训完成，并填写工作单，完成小组讨论及汇报。

实训十三[*]　钢中夹杂物测定实训

一、实训目的

(1) 掌握钢中非金属夹杂物的分类与形态特征。
(2) 掌握使用标准评定钢中非金属夹杂物的级别。

二、实训原理

见模块四。

三、实训仪器

4XC 型金相显微镜、XJG-05 型卧式金相显微镜。

四、实训步骤

(1) 淬火+低温回火处理钢材提高硬度。
(2) 磨制试样。

(3) 吹干试样。
(4) 观察夹杂物。
(5) 分析夹杂物产生原因和级别。

五、实训结果

分析钢的夹杂物,将小组数据汇总(样表如下),并进行分析总结对比。

试样序号	硫化物级别		氧化物级别		氮化物级别		平均级别
1							
2							
3							

六、注意事项

（1）制样过程中磨光宜轻磨，严防往返磨光。抛光时，宜轻抛，切不可压力过大。采用短纤维抛光织物，抛光粉采用氧化镁或金刚石抛光膏等。

（2）抛光表面尽量没有划痕。

（3）试样抛光后，吹净、吹干，不经浸蚀，将其在100倍进行观察评定。

（4）每个试样由每组同学分别取每类夹杂物的最高级别。

（5）每个试样每类夹杂物最高级别的算术平均值。

（6）后附《钢中非金属夹杂物评级图》。

A、B、C、D 和 DS 夹杂物的 ISO 评级图

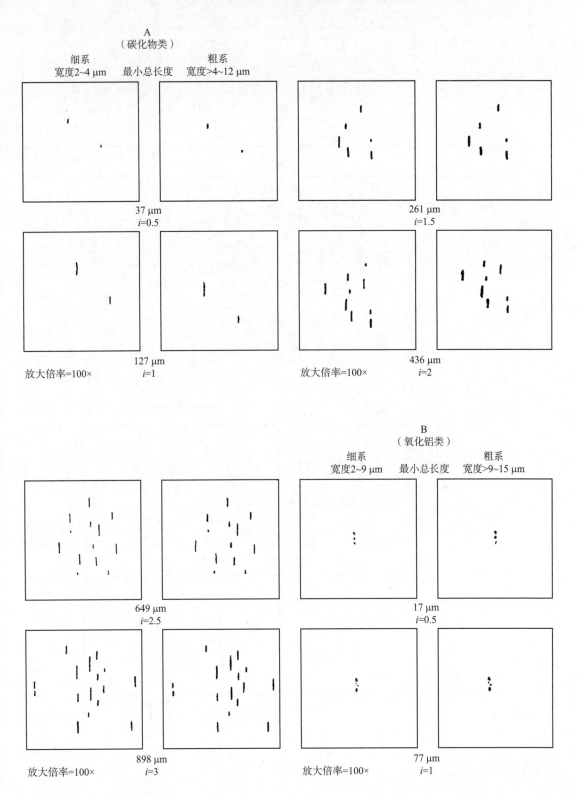

A
（碳化物类）

细系　　　　　　　　　　　粗系
宽度2~4 μm　最小总长度　宽度>4~12 μm

37 μm
i=0.5

261 μm
i=1.5

127 μm
i=1

放大倍率=100×

436 μm
i=2

放大倍率=100×

B
（氧化铝类）

细系　　　　　　　　　　　粗系
宽度2~9 μm　最小总长度　宽度>9~15 μm

649 μm
i=2.5

17 μm
i=0.5

放大倍率=100×

898 μm
i=3

77 μm
i=1

放大倍率=100×

A、B、C、D 和 DS 夹杂物的 ISO 评级图

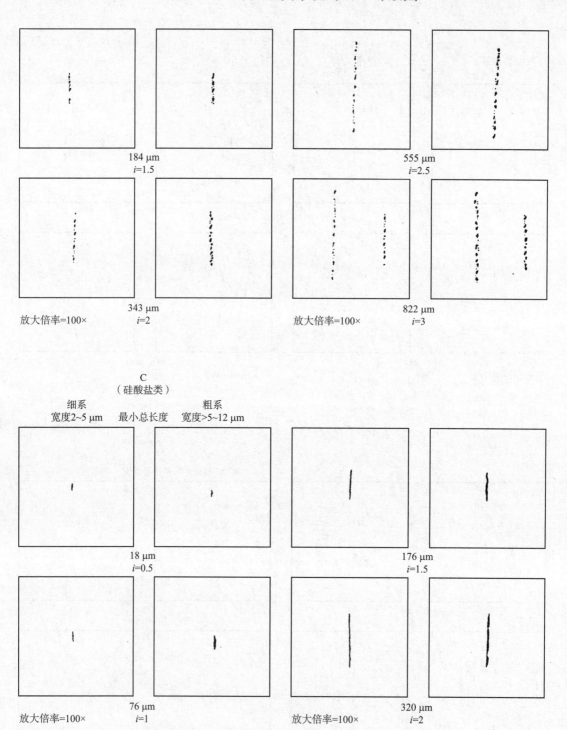

184 μm
i=1.5

555 μm
i=2.5

343 μm
i=2

822 μm
i=3

放大倍率=100×

放大倍率=100×

C
（硅酸盐类）

细系
宽度2~5 μm   最小总长度

粗系
宽度>5~12 μm

18 μm
i=0.5

176 μm
i=1.5

76 μm
i=1

320 μm
i=2

放大倍率=100×

放大倍率=100×

A、B、C、D 和 DS 夹杂物的 ISO 评级图

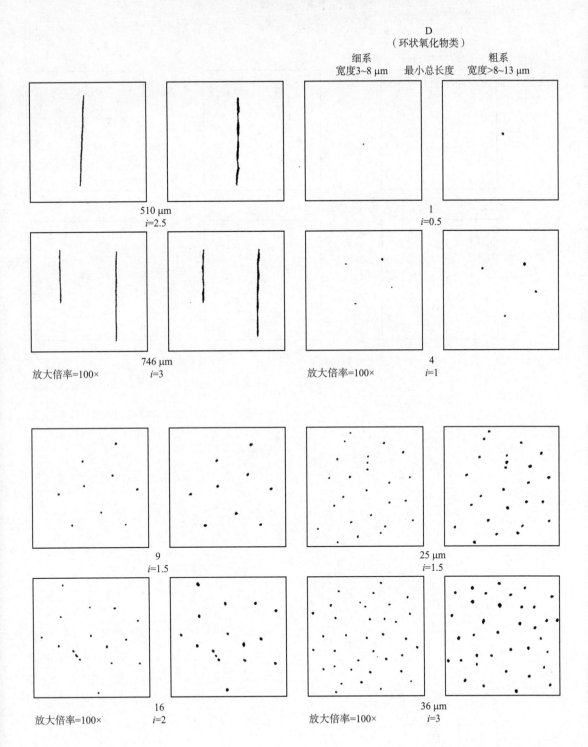

D
（环状氧化物类）

细系
宽度3~8 μm　　最小总长度　　宽度>8~13 μm　粗系

510 μm
$i=2.5$

1
$i=0.5$

746 μm
$i=3$

放大倍率=100×

4
$i=1$

放大倍率=100×

9
$i=1.5$

25 μm
$i=1.5$

16
$i=2$

36 μm
$i=3$

放大倍率=100×

放大倍率=100×

A、B、C、D 和 DS 夹杂物的 ISO 评级图

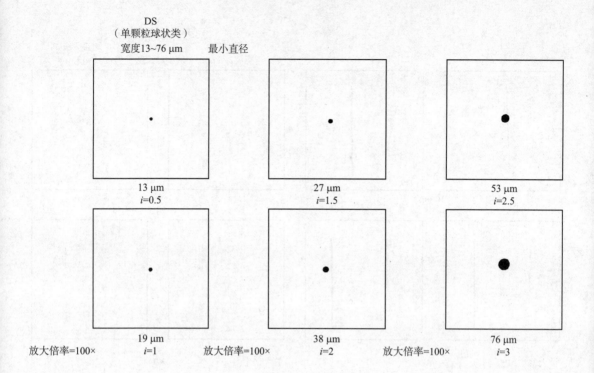

放大倍率=100×   放大倍率=100×   放大倍率=100×

实训十四* 火花鉴定实训

一、实训目的

（1）了解各类钢材在火花鉴定下的不同表现。
（2）掌握对钢材的成分进行大致定性或半量分析。
（3）掌握低碳钢、中碳钢、不锈钢的火花特征。

二、实训原理

当钢铁材料的试样在砂轮机上打磨时，磨下的颗粒被磨削热加热至高温状态，并沿砂轮旋转的切线方向抛射，形成光亮的流线。灼热的金属颗粒与空气中的氧作用形成氧化物膜，氧化物进而与钢铁颗粒中的碳作用产生一氧化碳，当此气体压力足够时，将使氧化膜爆裂而形成火花，根据火花的形状、色泽和亮度等，可判断材料中的含碳量。同时，合金元素也能影响火花的特征，例如可促进或抑制火花的把爆裂等，因此火花鉴定法还能区别钢铁中主要合金元素的种类。

三、实训步骤

（1）布置好鉴定场地（环境暗、空旷、无杂物）。
（2）按顺序依次打开总电源以及砂轮机电源。

（3）接一杯水在打磨前沾湿钢材起到降温效果。

（4）进行打磨并观察火花，拍照记录分析。

四、实训结果

根据火花，通过翻阅书籍，询问老师，集体讨论后判断并标出试样牌号。

五、注意事项

（1）工作场地应有一定亮度，但又不能太亮，也不能太暗。白天可在室内光线不太明亮处、夜晚应在稍暗的灯光下工作。这样既能减少火花对眼睛的刺激，又能清晰辨别火花形状与色泽。

（2）试样与砂轮接触应有适当的压力，压力过大砂轮宜磨损，火花过密；压力过小，火花的形态又不能完全表现出来。

（3）磨削试样时应使火花束大致方向水平发射，这有利于观察火花束的各部分。

（4）实训时最好带上护目镜，工作量大时还可以戴上口罩以防飞扬的铁末的伤害。

（5）实训过程中应用同一设备在同样的环境下记录实训过程，作为后续研究资料。

实训十五* 断口检验实训

一、实训目的

(1) 掌握断口宏观分析的方法，了解断口宏观分析的意义及典型宏观断口的形貌特征。

(2) 了解扫描电镜在断口分析中的应用，识别几种常见的断口微观形貌。

二、实训原理

宏观断口分析：用肉眼、放大镜、低倍实体显微镜来观察断口形貌特征，断口裂源的位置、裂纹扩展方向以及各种因素对断口形貌特征影响称为断口宏观分析。

从断裂机理可知，任何断裂过程总是包括裂纹形成、缓慢扩展、快速扩展至瞬时断裂几个阶段。通过宏观断口分析人们可以看到，由于材质不同，受载情况不同，上述各断裂阶段在断口留下的痕迹也不同，因此我们掌握了常见的宏观断口特征以后，就可以在事故分析中根据宏观断口特征来推测断裂过程和断裂原因，本实训主要观察下列几种断口。

1. 拉伸试样断口

断口特征：低碳钢拉伸断口外形呈杯锥状，整个断口可分为三个区，中心部位为灰色纤维区，纤维区四周为辐射状裂纹扩展区，边缘是剪切唇，剪切唇与拉伸应力轴交角为45°。铸铁试样断口为结晶状断口，呈光亮的金属光泽，断口平齐。

2. 疲劳断口

轴类零件多在交变应力下工作，发生疲劳断裂后宏观断口上常可看到光滑区和粗糙区两部分，前者为疲劳裂纹形成和扩展区，有时可见贝纹线，蛤壳或海滩波状花样，这种特征线是机器开始和停止时，或应力幅发生突变时疲劳裂纹扩展过程中留下的痕迹，是疲劳宏观断口的重要特征。断口中粗糙区为裂纹达到临界尺寸后失稳破断区，它的特征与静载拉伸断口中的放射区及剪切唇相同，对于脆性材料，此区为结晶状脆性断口。

3. 氢脆断口

含 Ni、Cr 等元素的铸钢断口会出现此类断口。由于材料中含有过量的氢，沿某些薄弱部位聚集，造成很大的压应力从而形成裂纹，断口往往是灰白色基体上显现出白色的亮区，或者呈现以材料内部缺陷为核心的银白色斑点，称为鱼眼型白点。

4. 冲击断口

系列冲击试验后的断口（保存在干燥起器皿中）。冲击断口上一般可以观察到三个区，缺口附近为裂纹源，然后是纤维区、放射区、二次纤维区及剪切唇，剪切唇沿缺口的其他三侧分布。温度降低时冲击试样断口上各区的比例将发生变化，纤维区减少，放射区增加。

5. 瓷状断口

淬火或淬火后经低温回火的共析、过共析成分的合金工具钢、轴承钢可能出现此类断口。出现细而有绸缎光泽，呈亮灰色，类似瓷器破碎后的断口。瓷状断口对于淬火后低温回火的钢来说属于正常断口。

三、实训步骤

（1）选择试样，断口保持干燥。

氢脆断口　　　　　　　拉伸断口和氢脆断口　　　　　　　疲劳断口

（2）用相机拍下整个零件的图片，用相机拍下整个断口的照片。

（3）用体视显微镜观察断口形貌并拍照记录，分析并找到各个特征区域。

四、实训结果

分析钢的断口形貌，并将小组数据汇总（样表如下），并进行分析总结对比。

表　数据汇总

试样序号	断口类型	图片	产生断口的原因分析
1			
2			
3			

五、思考

（1）金属断口分为几种？

（2）观察金属断口中应注意什么问题？

六、注意问题

（1）取样：最好采用手锯切割试样；采用砂轮切割要注意避免过热；采用线切割前要对断口进行保护；人工启开裂纹时最好将试样冷至材料低温脆性转变温度以下，但之后应及时烘干试样。

（2）除油：一般情况下建议采用汽油或酒精，采用丙酮则发生二次污染的可能性较大。

（3）除锈：除锈前应对断口进行腐蚀产物等的分析，以免清洗后损失该方面的信息。根据材料的成分和锈蚀状态选择清洗液。

实训十六* 酸浸检验实训

一、实训目的

通过肉眼或者放大镜来检验金属材料及其制品的宏观组织和缺陷。

二、实训原理

酸浸试验是显示钢铁材料低倍组织的试验方法。在钢的低倍检验中，酸浸是常用的方法之一，这主要是因为酸浸试验设备简单、操作方便，又能清晰地显示出钢铁材料中存在的各种缺陷组织，如裂纹、夹杂、疏松、偏析以及气孔等，锻件尤其如此。

酸浸试验实质是利用酸液对钢铁材料各部分浸蚀程度的不同，而清晰地显示出钢铁的宏观组织及其缺陷，根据低倍组织的分布以及缺陷存在的情况，可以了解钢铁材料的冶金质量，再通过推断缺陷的产生原因，在工艺上采取切实可行的改进措施，达到提高产品质量的目的。

酸浸试验法又分为热酸浸试验法、冷酸浸试验法及电解腐蚀法等，这些方法在锻件低倍检验中根据要求不同，均可被采用，并按其相应的技术标准及评级标准进行评定。

（1）热酸浸试验法。热酸浸试验法是用热酸对钢制产品的低倍试样进行腐蚀，来显示钢的宏观组织与缺陷等的一种检验方法。

（2）冷酸浸试验法。冷酸浸试验法是采用一定配比的酸液，在室温下对低倍试样或锻件进行腐蚀，来显示钢的宏观组织及缺陷等的一种检验方法。它适用于不易切取低倍试样的锻件、某些耐腐蚀的高合金钢和不锈钢之类的钢种等。

三、实训步骤

（1）切取试样，去除表面油污，配置溶液 1∶1（容积比）工业盐酸水溶液。

（2）试样放在配置好的溶液中，并保持温度 60~80 ℃，时间 15~20 min。

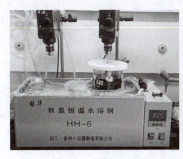

（3）试样从酸槽中取出后迅速用流水冲洗并用刷子除去表面反应物，用碱性水溶液中和后用流水冲洗干净，迅速吹干。

4. 依据 GB/T 1979—2001《结构钢低倍组织缺陷评级图》对低倍组织进行评级。

四、实训结果

利用不同时间浸蚀所得低倍组织分析数据，填入下表，并进行分析总结对比。

表　实训结果

试样序号	酸浸时间/min	缺陷	图
1			
2			
3			

五、注意事项

（1）试验所用酸是工业浓酸，所以操作中应注意安全。

（2）实训时最好带上护目镜，以防浓酸飞溅。

（3）实训过程中应用同一设备，同批次样在同样的环境下记录实训过程，作为后续研究资料。

附件 《金属材料热处理及加工应用》实训报告册

《金属材料热处理及加工应用》课程实训项目

序号	名称	完成成果	重要等级	思政题目	综合目标	对应模块
1	金属材料发展历史的点点滴滴（走进冶金实训室）	照片、实训报告	☆	以史为镜、以史明志，知史爱党、知史爱国	掌握材料发展史	模块一
2	金属材料发展史汇报	PPT、现场演绎、实训报告	☆			
3	材料的力学性能（硬度实验）	照片、实训报告（实验数据图）	☆☆☆☆	秀出你们的技能	掌握材料的力学性能	模块二
4	材料的力学性能实验（冲击和拉伸实验）	照片、实训报告（实验数据图）	☆☆☆☆			
5	金相制样（制备金相试样）	照片、实训报告（实验数据图）	☆☆☆☆	团结一心，其利断金	掌握材料的组织性能	模块三
6	金相显微镜的使用	照片、实训报告	☆☆☆☆			
7	铁碳相图拼图比赛	照片、实训报告	☆☆☆☆			
8	钢的热处理（退火）	照片、实训报告	☆☆☆☆☆	"秀"出你的新手艺	掌握材料的热处理工艺性能	模块四
9	钢的热处理（正火）	照片、实训报告	☆☆☆☆☆			
10	钢的热处理（淬火）	照片、实训报告	☆☆☆☆☆			
11	钢的热处理（回火）	照片、实训报告	☆☆☆☆☆			
12	实训总结	实训报告	☆☆	让我们一起向未来	掌握课程所有关键点和难点	模块四

《金属材料热处理及加工应用》课程实训报告

实训名称	实训一：金属材料发展历史的点点滴滴（走进冶金实训室）		实训日期	
实训场地		实训目的	了解课程内容及实训室设置	

一、实训知识预备

你知道冶金工程学院有哪些实训室吗？

二、实训步骤和方法

请详细叙述各小组同学如何完成本次对冶金工程学院实训室的认识过程。（可以画图或者文字叙述）各小组同学不仅可以参观实训室，也可以主动采访相关老师。（过程资料很重要）

三、实训结果及分析

个人总结冶金工程学院实训室参观感受，要求字数 200 字（发自内心）。

黏贴作品处

《金属材料热处理及加工应用》课程实训报告

实训名称	实训二：金属材料发展史汇报		实训日期	
实训场地		实训目的	掌握材料历史，懂得学习本课程目的	

一、实训知识预备

你知道金属材料发展时间顺序吗？

二、实训步骤和方法

请详细叙述各小组同学如何完成本次对金属材料发展历史的认识过程。（可以画图或者文字叙述。）（过程资料很重要）

三、实训结果及分析

各小组整理此次实训过程资料，请打印后黏贴（发自内心）。

黏贴作品处

《金属材料热处理及加工应用》课程实训报告

实训名称	实训三：材料的力学性能（硬度实验）		实训日期	
实训场地		实训目的	掌握硬度实验操作过程	

一、实训知识预备

（1）硬度分为几种？有什么区别？请举例说明。

（2）金属热处理实训室的硬度计有哪几种？请说明。

二、实训步骤和方法

请每小组同学用自己的方式来叙述洛氏硬度操作过程及注意事项。

三、实训结果及分析

黏贴作品处

《金属材料热处理及加工应用》课程实训报告

实训名称	实训四：材料的力学性能实验（冲击和拉伸实验）		实训日期	
实训场地		实训目的	掌握冲击实验和拉伸实验基本要求	

一、实训知识预备

（1）请叙述材料力学性能实验有哪几种。冶金工程学院中有哪几种？分别在哪个实训室摆放相关仪器？

（2）现在有一个材料需要掌握其的力学性能（抗拉强度、断裂伸长率、冲击强度、硬度），需要做哪些实验可以确定？

二、实训步骤和方法

（1）请每小组同学用自己的方式叙述冲击实验操作过程及注意事项。

（2）请每小组同学用自己的方式叙述拉伸实验操作过程及注意事项。

三、实训结果及分析

分析冲击操作中小组成员操作出现的问题，并写 200 字论述。（过程资料为主）

黏贴作品处

《金属材料热处理及加工应用》课程实训报告

实训名称	实训五：金相制样（制备金相试样）		实训日期	
实训场地		实训设备	掌握金相制样	

一、实训知识预备

（1）金相制样过程是什么？

（2）金相制样中砂纸有哪些种类？抛光液有哪些种类？

二、实训步骤和方法

请每小组同学用自己的方式叙述金相试样制备操作过程及注意事项。（图或者文字）

三、实训结果及分析

分析金相试样操作中小组成员操作出现的问题，并写200字论述。

作品黏贴处

《金属材料热处理及加工应用》课程实训报告

实训名称	实训六：金相显微镜的使用		实训日期	
实训场地		实训目的	掌握金相显微镜操作及金相制样	

一、实训知识预备

请查阅资料，叙述金相显微镜和生物显微镜的不同用处。

二、实训步骤和方法

请每组同学总结金相显微镜操作过程及注意事项。

三、实训结果及分析

分析金相显微镜操作中小组成员操作出现的问题，字数要求 200 字论述。

《金属材料热处理及加工应用》课程实训报告

实训名称	实训七：铁碳相图拼图比赛		实训日期	
实训场地		实训目的	掌握铁碳合金相图组成和结晶过程	

一、实训知识预备

你认为铁碳合金相图学习中的难点有哪些？

二、实训步骤和方法

请每组根据实际要求，开展铁碳合金相图拼图比赛，同时总结如何提高识图能力的方法。

三、实训结果及分析

小组成员根据铁碳合金相图的启发，你们组如果利用 3D 打印设计一种物件，请画出图或者文字叙述，并在课堂上给大家展示介绍（物品要具有可用和可推广性）。

《金属材料热处理及加工应用》课程实训报告

实训名称	实训八、九：钢的热处理（退火）		实训日期	
实训场地		实训目的	掌握退火操作过程	

一、实训知识预备

（1）什么是退火？退火分为几种？退火冷却介质是什么？

（2）热处理过程中，退火的地位是什么？（用自己的话总结）

二、实训步骤和方法

请每组同学总结退火过程及注意事项。

三、实训结果及分析

分析退火操作中小组成员操作出现的问题，要求 200 字论述。

《金属材料热处理及加工应用》课程实训报告

实训名称	实训十一：钢的热处理（正火）		实训日期	
实训场地		实训目的	掌握正火操作过程	

一、实训知识预备

（1）什么是正火？正火应用场合有哪些？正火冷却介质是什么？

（2）热处理过程中，正火和退火如何区分？（用自己的话总结）

二、实训步骤和方法

请每组同学总结正火过程及注意事项。

三、实训结果及分析

分析正火操作中小组成员操作出现的问题，要求 200 字论述。

《金属材料热处理及加工应用》课程实训报告

实训名称	实训十二、十三：钢的热处理（淬火）		实训日期	
实训场地		实训目的	掌握淬火操作过程	

一、实训知识预备

（1）什么是淬火？淬火温度的选择是什么？淬火的冷却介质是什么？

（2）热处理过程中，淬火常出现缺陷有哪些？（用自己的话总结）

二、实训步骤和方法

请每组同学总结淬火过程及注意事项。

三、实训结果及分析

分析淬火操作中小组成员操作出现的问题，要求 200 字论述。

《金属材料热处理及加工应用》课程实训报告

实训名称	实训十四、十五：钢的热处理（回火）		实训日期	
实训场地		实训目的	掌握回火操作过程	

一、实训知识预备

（1）什么是回火？回火过程是什么？回火的冷却介质是什么？

（2）热处理过程中，回火分类有哪些？（用自己话总结）

二、实训步骤和方法

请每组同学总结回火过程及注意事项。

三、实训结果及分析

分析回火操作中小组成员操作出现的问题，要求 200 字论述。

《金属材料热处理及加工应用》课程实训报告

实训名称	实训十六：实训总结			实训日期	
实训场地			实训目的	掌握所有实训必要环节	

亲爱的同学们：

你们好！我们十分感谢你们在这一个学期中，能够积极完成每个实训项目。你们的努力都在每张照片、每个视频中一一展现。希望这几天，你们可以通过不同方式总结本学期课程中的点点滴滴。让我们一起分享吧！

实训感言

分析实训中个人感受，要求 500 字论述。